Curso

La diferencia entre aprobar
y sacar plaza

Auxiliar Administrativo/a

AYUNTAMIENTO DE A CORUÑA

Accede a tu **Curso MAD360** y disfruta de los siguientes recursos:

- Técnicas de Memoria 360.
- MADTEST: Test nivel PRO.
- Temario en formato digital.
- Vídeos.
- Esquemas.
- Planificación de estudio.
- Foro entre opositores hasta la fecha del examen.*
- Recursos y novedades exclusivas.
- Consulta sobre la oposición y el proceso selectivo.
- Actualizaciones legislativas (Boletines Oficiales) hasta 60 días antes de la fecha del examen.*

Para acceder al Curso MAD360** será necesaria la compra de todos los libros para esta especialidad de la edición 2024.

Valida los códigos que encuentras en la última página de tus libros y disfruta de la experiencia MAD360.

Infórmate en: mad.es/registro-campus

NOTA IMPORTANTE:

* Examen de esta categoría profesional correspondiente a la convocatoria publicada en el BOP de A Coruña n.º 166, de 29 de agosto de 2024, o hasta el 30 de noviembre de 2025, lo que se cumpla antes.

** El acceso al CURSO MAD360 estará disponible desde noviembre de 2024 (algunos recursos podrían estar disponibles en fecha posterior). Tendrá una duración de 365 días, desde la validación ce códigos, o hasta el 31 de mayo de 2026, lo que se cumpla antes.

MAD se reserva el derecho a ampliar dichas fechas.

Auxiliar Administrativo/a del Ayuntamiento de A Coruña

Octubre, 2024

Auxiliar Administrativo/a del Ayuntamiento de A Coruña

Test del temario

Autoras

JOSEFA GUILLERMA GANCEDO CONS
Licenciada en Derecho
Jefa de Servicio de Administración Empresarial en la Xunta de Galicia

TERESA MARÍA TORRES FONSECA
Licenciada en Derecho

© 7 Editores Recursos para la Cualificación Profesional y el Empleo, S.L. (7 Editores)
© Las autoras
Primera edición, octubre 2024 (334 páginas)
Derechos de edición reservados a favor de 7 Editores
IMPRESO EN ESPAÑA
Diseño Portada: 7 Editores
Edita: 7 Editores
Avda. San Francisco Javier, 9 · Edificio Sevilla 2 · Planta 11 · Módulos 25-27 · 41018 Sevilla
Teléfono: 954 784 411 · WEB: www.mad.es · e-mail: administracion@7editores.com
ISBN: 978-84-142-8821-4
© "Editorial Mad" y "Eduforma" son nombres comerciales registrados de
7 Editores Recursos para la Cualificación Profesional y el Empleo, S.L.

Índice

TEST PARTE COMÚN

TEMARIO PARTE ESPECÍFICA

PARTE COMÚN

TEST

Constitución española de 1978. Estructura. Título preliminar. Los derechos y deberes fundamentales, sus garantías y suspensión. La reforma constitucional

1. ¿En qué se fundamenta la Constitución Española?

a) En un Estado social y democrático de Derecho.
b) En la indisoluble unidad de la Nación española.
c) En la independencia de los poderes del Estado.
d) En la organización territorial del Estado.

2. Según el artículo 3 de la CE, el castellano es la lengua oficial del Estado y todos los españoles:

a) Tienen el deber de usar y el derecho de conocer el castellano.
b) Tienen el derecho y el deber de conocer el castellano.
c) Tienen el deber de conocer y el derecho de usar el castellano.
d) Tienen el derecho de conocer y usar el castellano.

3. La Constitución Española reconoce y garantiza el derecho a la autonomía:

a) De las nacionalidades que la integran.
b) De las regiones que la integran.
c) De las Comunidades Autónomas que la integran.
d) De las nacionalidades y regiones que la integran.

4. El Preámbulo de la Constitución:

a) Tiene en sí carácter de norma jurídica.
b) Es una declaración de intenciones, destinada a interpretar lo que se quiere alcanzar con el contenido normativo de la Constitución.
c) Se trata de un texto sin fuerza jurídica de obligar.
d) Las respuestas b) y c) son correctas.

5. Señala la respuesta correcta, respecto de la aprobación, ratificación y publicación de la Constitución Española:

a) Aprobada por las Cortes el 31 de octubre de 1978, ratificada por el pueblo en referéndum el 6 de diciembre de 1978 y publicada el 29 de diciembre de 1978.
b) Aprobada por las Cortes el 30 de octubre de 1978, ratificada por el pueblo en referéndum el 16 de diciembre de 1978 y publicada el 27 de diciembre de 1978.
c) Aprobada por las Cortes el 31 de octubre de 1978, ratificada por el pueblo en referéndum el 16 de diciembre de 1978 y publicada el 29 de diciembre de 1978.
d) Aprobada por las Cortes el 10 de octubre de 1978, ratificada por el pueblo en referéndum el 26 de diciembre de 1978 y publicada el 30 de diciembre de 1978.

6. ¿En qué parte de la Carta Magna se establece la exposición de motivos que impulsan la norma constitucional y los objetivos que con ella se pretenden alcanzar?

a) En el Título Preliminar.
b) En el Preámbulo.
c) En el Título I.
d) En el Título II.

7. La Constitución Española fue sancionada por:

a) El Rey.
b) El Presidente del Congreso.
c) Las Cortes Generales.
d) El Presidente del Gobierno.

8. ¿Cuáles de los siguientes españoles de origen pueden ser privados de su nacionalidad?

a) Exclusivamente los miembros de grupos terroristas.
b) Los miembros de grupos terroristas y los que atenten contra el Rey u otro miembro de la Casa Real.
c) Los que atenten contra un miembro de la Familia Real o del Gobierno de la Nación.
d) Ningún español de origen podrá ser privado de su nacionalidad.

9. Según la CE son fundamentos del orden político y la paz social:

a) La dignidad de la persona, los derechos violables que les son inherentes y el respeto a la ley.
b) La dignidad de la persona, el desarrollo limitado de la personalidad y el respeto a la ley.
c) El respeto a la ley, a los reglamentos administrativos y demás disposiciones legales.
d) La dignidad de la persona, los derechos inviolables que le son inherentes, el libre desarrollo de su personalidad, el respeto a la ley y a los derechos de los demás.

10. ¿Cuál de los siguientes es considerado por la CE como uno de los valores superiores del ordenamiento jurídico?

a) La jerarquía normativa.
b) El pluralismo político.
c) La publicidad normativa.
d) La equidad.

11. La forma política del Estado español es:

a) Democracia parlamentaria.
b) Gobierno parlamentario.
c) Monarquía parlamentaria.
d) República democrática.

12. La parte de la CE que regula la estructura de los principales órganos del Estado recibe el nombre de:

a) Parte dogmática.
b) Parte orgánica.
c) Parte estatal.
d) Parte estructural.

13. Según la CE, la soberanía nacional:

a) Corresponde a las Cortes Generales, al estar compuestas por los representantes del pueblo.
b) Corresponde al Rey.
c) Reside en el pueblo español.
d) Corresponde al Gobierno de la Nación elegido directamente por el pueblo.

14. ¿En qué parte de la Carta Magna se señalan los valores superiores del ordenamiento jurídico?

a) En el Preámbulo.
b) En el Título Preliminar.
c) En el Título I.
d) Ninguna respuesta es correcta.

15. ¿Cuál de las siguientes es una de las características de nuestra Constitución de 1978?

a) Consensuada.
b) Corta.
c) Conservadora.
d) Originalidad.

16. Son el fundamento del orden político y de la paz social:

a) El libre desarrollo de la personalidad.
b) Los derechos inviolables que les son inherentes.
c) El respeto a la ley y a los derechos de los demás.
d) Todas las respuestas son correctas.

17. ¿Qué quedará excluido de extradición?

a) Los delitos criminales.
b) Los delitos políticos.
c) Los actos de terrorismo.
d) Ninguno.

18. ¿Qué debe ser democrático, a tenor de lo dispuesto en la Constitución Española, en los sindicatos de trabajadores y las asociaciones empresariales?

a) Su funcionamiento.
b) Su estructura interna.
c) Su funcionamiento y estructura interna.
d) Sus órganos asamblearios.

19. ¿De cuántos Capítulos consta el Título I de la CE de 1978?

a) De tres.
b) De cinco.
c) De dos.
d) De cuatro.

20. El principio en virtud del cual un Reglamento no puede contradecir una ley es el de:

a) Legalidad.
b) Jerarquía normativa.
c) Las respuestas a) y b) son correctas.
d) Seguridad jurídica.

21. Según la Constitución, una norma que imponga una nueva pena más leve para un delito:

a) No se aplica retroactivamente.
b) Puede aplicarse retroactivamente.
c) Ha de ser reglamentaria.
d) Atenta contra el principio de legalidad penal si se aplica retroactivamente.

22. Todos los españoles, respecto al castellano, tienen el:

a) Derecho-deber de conocerlo.
b) Derecho de usar y deber de conocerlo.
c) Derecho-deber de usarlo.
d) Nada de lo anterior.

23. La capital del Estado en España es:

a) La propia de cada Comunidad Autónoma.
b) La villa de Madrid.
c) Aquella donde se establezca en cada momento el Gobierno de la Nación.
d) Aquella en la que resida generalmente el Rey.

24. El Título de la Constitución que trata de la reforma constitucional es el:

a) Primero.
b) Décimo.
c) Noveno.
d) Undécimo.

25. Los principios rectores de la política social y económica se regulan en el siguiente Capítulo y Título de la Constitución:

a) Segundo del Primero.
b) Tercero del Primero.
c) Tercero del Preliminar.
d) Primero del Séptimo.

26. La justicia, según nuestra Constitución, es un/una:

a) Principio de nuestro ordenamiento jurídico.
b) Valor superior del anterior.
c) Manifestación del Estado democrático.
d) Todo lo anterior.

27. Un español de origen puede perder esta nacionalidad:

a) Por sanción administrativa.
b) Cuando libremente renuncie a la misma.
c) Por condena penal.
d) En ningún caso.

28. Constituye el fundamento del orden público y de la paz social, según la Constitución, el/la/los:

a) Derechos inviolables inherentes a la persona.
b) Estado social y democrático de Derecho.
c) Seguridad jurídica.
d) Justicia.

29. Las Comunidades Autónomas deben usar o instalar la bandera española:

a) En sus edificios.
b) En los actos oficiales.
c) Cuando lo solicite el Delegado del Gobierno de la Nación en las mismas.
d) Cuando lo estimen oportuno.

30. Deben tener una estructura interna y un funcionamiento democrático los/las:

a) Partidos Políticos.
b) Colegios Profesionales.
c) Organizaciones Profesionales.
d) Todos ellos.

31. La defensa de la integridad territorial de España se atribuye por la Constitución a/al/a las:

a) Fuerzas y Cuerpos de Seguridad.
b) Fuerzas Armadas.
c) Gobierno de la Nación.
d) Todas las anteriores.

32. El Título de la Constitución que trata de las relaciones entre el Gobierno y las Cortes Generales es el:

a) Cuarto.
b) Quinto.
c) Sexto.
d) Tercero.

33. La Constitución entró en vigor:

a) Al día siguiente de su publicación en el Boletín Oficial del Estado.
b) El 27 de diciembre de 1978.
c) El 29 de diciembre de 1978.
d) Al ser aprobada en la sesión conjunta por el Congreso de los Diputados y el Senado.

34. ¿En qué fecha aprobaron las Cortes Generales la Constitución Española?

a) El 31 de octubre de 1978.
b) El 6 de diciembre de 1978.
c) El 27 de diciembre de 1978.
d) El 29 de diciembre de 1978.

35. ¿Cuál de las siguientes no es una característica de la Carta Magna?

a) Su rigidez.
b) El establecimiento, como forma política del Estado, de la monarquía hereditaria.
c) Su codificación en un solo texto.
d) Su extensión.

36. ¿De cuántos artículos consta la Constitución Española de 1978?

a) De 154.
b) De 163.
c) De 169.
d) De 171.

37. ¿Cuál de los siguientes no es uno de los valores superiores de nuestro ordenamiento jurídico?

a) El pluralismo político.
b) La solidaridad.
c) La libertad.
d) La igualdad.

38. A tenor del artículo 11 de la Constitución, los españoles de origen podrán ser privados de su nacionalidad:

a) Cuando así lo determinen las leyes.
b) Cuando entren al servicio de las armas de un país extranjero.
c) Cuando así lo apruebe el Consejo de Ministros.
d) En ningún caso un español de origen podrá ser privado de su nacionalidad.

39. Las Cortes Generales, ¿en qué Título de nuestra Constitución se recogen?

a) En el Título II.
b) En el Título III.
c) En el Título IV.
d) En el Título VI.

40. Según la Disposición Final de nuestra Constitución, esta entrará en vigor:

a) Al día siguiente de su publicación en el Boletín Oficial del Estado.
b) A los veinte días de la publicación de su texto oficial en el Boletín Oficial del Estado.
c) El mismo día de la publicación de su texto oficial en el Boletín Oficial del Estado.
d) Al año de la publicación de su texto oficial en el Boletín Oficial del Estado.

41. El derecho a la propiedad en nuestra Constitución es un Derecho:

a) Inherente a la condición humana.
b) Absoluto.
c) Que está limitado por la función social de la misma.
d) Ninguna de las respuestas anteriores es correcta.

42. Dispone la Carta Magna que todos contribuirán al sostenimiento de los gastos públicos de acuerdo con su capacidad económica mediante un sistema tributario justo inspirado en los principios de:

a) Legalidad y equidad.
b) Igualdad y progresividad.
c) Publicidad y legalidad.
d) Eficacia y sostenibilidad.

43. En virtud del principio de progresividad tributaria:

a) Se implantarán paulatinamente cada vez mayores tributos.
b) Los tipos impositivos serán regresivos.
c) Prima el principio de igualdad en el pago de los tributos.
d) Nada de lo expuesto es cierto.

44. Según la Constitución, el Estado es:

a) Apolítico.
b) Aconfesional.
c) De bienestar social.
d) Federal.

45. El derecho a la vida se consagra en el siguiente artículo de la Constitución:

a) 10.
b) 16.
c) 15.
d) 24.

46. La pena de muerte en España:

a) Ha quedado abolida.
b) Puede aplicarse en cualquier momento.
c) Solo se aplicará, en tiempo de guerra, a los militares.
d) Rige solo en el ámbito civil.

47. La inmediata puesta a disposición judicial derivada del *habeas corpus*, se produce por:

a) Detención ilegal.
b) Prisión ilegal.
c) Prisión preventiva.
d) Detención preventiva.

48. El proceso en el que se enjuicie a un presunto delincuente debe:

a) Ser sumario.
b) No dilatarse.
c) Entorpecer los instrumentos probatorios.
d) Nada de lo anterior es cierto.

49. La entrada en un domicilio en caso de flagrante delito, sin autorización de su titular:

a) Puede dar lugar a la aplicación del habeas corpus.
b) Requiere autorización previa de la autoridad judicial.
c) Puede efectuarse en todo momento.
d) No puede realizarse en momento alguno.

50. Cuando, al conocerse la comisión de un delito por una persona, se acude a su domicilio para detenerla:

a) Está obligada a franquear la entrada.
b) Se necesitará autorización judicial para entrar, si no da su consentimiento para ello.
c) Pese a que no dé su consentimiento, se puede entrar.
d) Nada de lo anterior es correcto.

51. La autorización previa para celebrar una manifestación pública:

a) La da el Subdelegado del Gobierno en la Provincia.
b) Es ineludible.
c) Sería inconstitucional.
d) Se da cuando no se prevean alteraciones al orden público, con peligro para personas o bienes.

52. El tipo de sufragio que consagra la Constitución es el:

a) Proporcional.
b) Universal.
c) Censitario.
d) Las respuestas a) y b) son correctas.

53. Además de la no autoinculpación, la Constitución prevé que no se está obligado a declarar sobre un hecho presuntamente delictivo en caso de:

a) Parentesco y afinidad.
b) Cláusula de conciencia.
c) Secreto profesional.
d) Las respuestas a) y b) son correctas.

54. Los Tribunales de Honor están prohibidos respecto de los/la/las:

a) Sindicatos y Organizaciones Profesionales.
b) Administración Civil y Militar.
c) Organizaciones Profesionales y la Administración Civil.
d) Todas las respuestas anteriores son correctas.

55. ¿En qué artículos de nuestra CE se recogen los derechos fundamentales y de las libertades públicas?

a) En los artículos 10 a 43.
b) En los artículos 25 a 38.
c) En los artículos 31 a 45.
d) En los artículos 15 a 29.

56. La fundación de una Internacional Sindical por un sindicato español:

a) Es libre.
b) Está prohibida.
c) Debe plasmarse en un Tratado Internacional.
d) Nada de lo anterior es cierto.

57. El ejercicio del derecho de petición a través de una manifestación ciudadana:

a) No se admite.
b) Se admite en algún caso.
c) Se admite, salvo para los militares.
d) Ni se admite ni se prohíbe.

58. Nuestro sistema tributario ha de ser:

a) Regresivo e igualitario.
b) Progresivo y generalizado.
c) Confiscatorio.
d) Justo y regresivo.

59. Las Fundaciones son:

a) Entidades constituidas para fines de interés general.
b) Administración Corporativa.
c) Entidades privadas con fines de carácter también privado.
d) Asociaciones de personas para conseguir fines de interés general.

60. La asistencia de todo orden a los hijos habidos extraconyugalmente:

a) No está prevista en la Constitución.
b) Es un deber de los padres.
c) Se dispensará por Instituciones de Beneficencia.
d) Se dispensa solo a los que de ellos tengan discapacidad.

61. La especulación urbanística, según la Constitución:

a) Debe evitarse.
b) Está permitida.
c) Genera plusvalías para la colectividad.
d) Pueden hacerla los poderes públicos.

62. No es susceptible de recurso de amparo el derecho a la/de:

a) Sindicación.
b) Investigación científica.
c) Secreto de las comunicaciones.
d) Lo son todos ellos.

63. No es susceptible de recurso de amparo el derecho de:

a) Libertad de cátedra.
b) Negociación colectiva.
c) Manifestación.
d) Huelga.

64. Es susceptible de recurso de amparo el derecho a la/de:

a) Libre sindicación.
b) Petición.
c) Cláusula de conciencia.
d) Lo están todos ellos.

65. Una vez declarado el estado de excepción no se puede suspender el derecho/ libertad de:

a) Huelga.
b) Enseñanza.
c) Adopción de medidas de conflicto colectivo.
d) Libertad de circulación.

66. Durante el estado de excepción, un detenido conserva el derecho de/a:

a) Setenta y dos horas para ser puesto a disposición judicial.
b) Secreto de comunicaciones.
c) Asistencia de Letrado.
d) Ninguno de ellos.

67. Se puede suspender, con motivo de investigaciones relativas a bandas armadas, el derecho de:

a) Huelga.
b) Inviolabilidad del domicilio.
c) Libertad de circulación.
d) Las respuestas b) y c) son correctas.

68. Nuestra Constitución trata de los derechos y deberes fundamentales de los españoles en su Título I, denominado:

a) De los derechos y deberes fundamentales.
b) De los deberes de los españoles.
c) De los derechos de los españoles.
d) De los derechos y deberes principales de los españoles.

Solución al test n.º 1

1. b) En la indisoluble unidad de la Nación española.

2. c) Tienen el deber de conocer y el derecho de usar el castellano.

3. d) De las nacionalidades y regiones que la integran.

4. d) Las respuestas b) y c) son correctas.

5. a) Aprobada por las Cortes el 31 de octubre de 1978, ratificada por el pueblo en referéndum el 6 de diciembre de 1978 y publicada el 29 de diciembre de 1978.

6. b) En el Preámbulo.

7. a) El Rey.

8. d) Ningún español de origen podrá ser privado de su nacionalidad.

9. d) La dignidad de la persona, los derechos inviolables que le son inherentes, el libre desarrollo de su personalidad, el respeto a la ley y a los derechos de los demás.

10. b) El pluralismo político.

11. c) Monarquía parlamentaria.

12. b) Parte orgánica.

13. c) Reside en el pueblo español.

14. b) En el Título Preliminar.

15. a) Consensuada.

16. d) Todas las respuestas son correctas.

17. b) Los delitos políticos.

18. c) Su funcionamiento y estructura interna.

19. b) De cinco.

20. c) Las respuestas a) y b) son correctas.

21. b) Puede aplicarse retroactivamente.

22. b) Derecho de usar y deber de conocerlo.

23. b) La villa de Madrid.

24. b) Décimo.

25. b) Tercero del Primero.

26. b) Valor superior del anterior.

27. b) Cuando libremente renuncie a la misma.

28. a) Derechos inviolables inherentes a la persona.

29. b) En los actos oficiales.

30. d) Todos ellos.

31. b) Fuerzas Armadas.

32. b) Quinto.

33. c) El 29 de diciembre de 1978.

34. a) El 31 de octubre de 1978.

35. b) El establecimiento, como forma política del Estado, de la monarquía hereditaria.

36. c) De 169.

37. b) La solidaridad.

38. d) En ningún caso un español de origen podrá ser privado de su nacionalidad.

39. b) En el Título III.

40. c) El mismo día de la publicación de su texto oficial en el Boletín Oficial del Estado.

41. c) Que está limitado por la función social de la misma.

42. b) Igualdad y progresividad.

43. d) Nada de lo expuesto es cierto.

44. b) Aconfesional.

45. c) 15.

46. a) Ha quedado abolida.

47. a) Detención ilegal.

48. b) No dilatarse.

49. c) Puede efectuarse en todo momento.

50. b) Se necesitará autorización judicial para entrar, si no da su consentimiento para ello.

51. c) Sería inconstitucional.

52. b) Universal.

53. c) Secreto profesional.

54. c) Organizaciones Profesionales y la Administración Civil.

55. d) En los artículos 15 a 29.

56. a) Es libre.

57. a) No se admite.

58. b) Progresivo y generalizado.

59. a) Entidades constituidas para fines de interés general.

60. b) Es un deber de los padres.

61. a) Debe evitarse.

62. b) Investigación científica.

63. b) Negociación colectiva.

64. d) Lo están todos ellos.

65. b) Enseñanza.

66. c) Asistencia de Letrado.

67. b) Inviolabilidad del domicilio.

68. a) De los derechos y deberes fundamentales.

Gobierno: Composición y funciones. Las Cortes Generales. Relaciones entre el Gobierno y las Cortes Generales

1. Las Cámaras se reúnen en sesiones:

a) Ordinarias y extraordinarias.
b) Simples o conjuntas.
c) Ordinarias, extraordinarias y conjuntas.
d) Ordinarias, extraordinarias y de urgencia.

2. Para adoptar acuerdos, las Cámaras deben estar reunidas reglamentariamente y con asistencia de la mayoría de sus miembros. Dichos acuerdos, para ser válidos, deberán ser aprobados:

a) Por la mayoría de los miembros presentes.
b) Por mayoría absoluta de sus miembros.
c) Por los 3/5 de cada una de las Cámaras.
d) Por los 2/3 del conjunto de las Cámaras.

3. ¿En qué plazo deberá ser convocado el Congreso electo tras la celebración de elecciones?

a) Entre los 30 y 60 días siguientes.
b) Dentro de los 25 días siguientes.
c) Entre los 10 y 30 días siguientes.
d) Dentro de los 30 días siguientes.

4. En las causas contra Diputados y Senadores será competente:

a) La Sala de lo Civil del Tribunal Supremo.
b) La Sala de lo Social del Tribunal Supremo.
c) La Sala de lo Contencioso-Administrativo del Tribunal Supremo.
d) La Sala de lo Penal del Tribunal Supremo.

5. Las Diputaciones Permanentes estarán presididas por:

a) El diputado de mayor edad.
b) El diputado del grupo parlamentario más numeroso.
c) El Presidente del Gobierno.
d) El Presidente de la Cámara respectiva.

6. ¿Cuántos Senadores corresponderán a Menorca?

a) 1.
b) 2.
c) 3.
d) 4.

7. Los Senadores por provincias se elegirán por:

a) Sufragio universal, libre, igual, directo y secreto.
b) Sufragio directo, libre, igual, directo y secreto.
c) Sufragio internacional, directo, igual y secreto.
d) Sufragio universal, libre, secreto, igual y secreto.

8. Para que un Diputado o Senador pueda ser inculpado o procesado será requisito indispensable:

a) Que así lo determine el Tribunal Supremo.
b) Que así lo determine el Tribunal Constitucional.
c) Que así lo determine la Audiencia Nacional.
d) Que así lo autorice su respectiva Cámara.

9. El número mínimo de Diputados previstos para el Congreso de los Diputados es de:

a) 250.
b) 300.
c) 400.
d) 350.

10. No es incompatible para ser elegido Diputado del Congreso de los Diputados un:

a) Militar en activo.
b) Miembro de una Junta Electoral.
c) Juez.
d) Ministro.

11. La Palma elige los siguientes Senadores:

a) Ninguno.
b) Dos.
c) Uno.
d) Cuatro.

12. La declaración del estado de sitio debe hacerla el/las:

a) Gobierno de la Nación.
b) Rey.
c) Congreso de los Diputados.
d) Presidente del Gobierno de la Nación.

13. El Presidente de la Diputación Permanente del Congreso de los Diputados es el:

a) Del partido mayoritario.
b) Portavoz del partido con mayor número de escaños.
c) Presidente de la Cámara.
d) Elegido por los Portavoces de los Grupos Parlamentarios.

14. El mínimo de miembros integrantes de una Comisión de Investigación según el artículo 76 de la Constitución es de:

a) Veintiuno.
b) Mayoría simple.
c) Mayoría absoluta.
d) No se establece.

15. No puede solicitar la celebración de una sesión extraordinaria de las Cortes Generales el/la:

a) Mayoría absoluta de sus miembros.
b) Diputación Permanente de ellas.
c) Mesa de cada Cámara.
d) Gobierno de la Nación.

16. El primer período de sesiones de las Cámaras concluye, según la Constitución:

a) Al finalizar su mandato.
b) En enero.
c) En diciembre.
d) En junio.

17. No puede delegarse en una Comisión Legislativa Permanente la posibilidad de aprobar una Ley:

a) Tributaria.
b) De funcionarios públicos.
c) Orgánica.
d) Las respuestas a) y c) son correctas.

18. ¿Con qué norma se restauró el sistema bicameral en España?

a) Con la Constitución de la I República.
b) Con la Ley 1/1977, de 4 de enero, para la Reforma Política.
c) Con la Ley 5/1981, de 3 de mayo, para la Reforma Constitucional.
d) Con la Constitución de 1978.

19. ¿Qué potestad/es ejercen las Cortes Generales?

a) La potestad ejecutiva del Estado.
b) La potestad legislativa y ejecutiva del Estado.
c) La potestad reglamentaria del Estado.
d) La potestad legislativa del Estado.

20. Las Cámaras pueden recibir peticiones:

a) Individuales y colectivas, siempre por escrito.
b) Individuales y colectivas, excepcionalmente por escrito.
c) Solo individuales pero siempre por escrito.
d) Solo colectivas, pero nunca por escrito.

21. ¿Qué Título de la Constitución está dedicado a la regulación del Gobierno?

a) El Título III.
b) El Título IV.
c) El Título V.
d) El Título VII.

22. ¿Cuál de las siguientes figuras no es imprescindible en la composición del Gobierno?

a) El Presidente.
b) Los Ministros.
c) Los Vicepresidentes.
d) Los Vicepresidentes y los Ministros.

23. ¿Cuál de los siguientes órganos indicados es un órgano superior de un departamento ministerial?

a) El Secretario de Estado.
b) El Director General.
c) Secretario General.
d) El Secretario General Técnico.

24. ¿Cuál de las siguientes funciones puede ser ejercida por un Presidente del Gobierno en funciones?

a) El planteamiento de una cuestión de confianza.
b) La propuesta al Rey de celebración de un referéndum consultivo.
c) La celebración de Consejos de Ministros.
d) La propuesta al Rey de disolución de las Cámaras.

25. La Presidencia de la Comisión General de Secretarios de Estado y Subsecretarios corresponde a un Vicepresidente del Gobierno o, en su defecto:

a) Al Presidente del Gobierno.
b) Al Ministro de la Presidencia, Justicia y Relaciones con las Cortes.
c) Al Ministro de Hacienda.
d) Al Ministro del Interior.

26. El Gobierno cesa tras la celebración de elecciones generales:

a) En los casos de pérdida de la confianza parlamentaria previstos en la Constitución, o por dimisión o fallecimiento de su Presidente.
b) En los casos de pérdida de la confianza parlamentaria previstos en las leyes.
c) En los casos de pérdida de la confianza de los ciudadanos.
d) En los casos de pérdida de la confianza de los ciudadanos prevista en la Constitución o por dimisión o fallecimiento de su Presidente.

27. ¿Qué carácter tienen las deliberaciones del Consejo de Ministros?

a) Secretas.
b) Públicas.
c) Solemnes.
d) Solemnes y públicas.

28. ¿Quién nombra a los Ministros?

a) El Presidente del Gobierno.
b) El Rey con refrendo del Presidente del Congreso.
c) El Rey con refrendo del Presidente del Gobierno.
d) El Rey con refrendo del Presidente de las Cortes.

29. ¿Cuál es el plazo, pasado el cual, si ningún candidato alcanza la mayoría necesaria para ser nombrado Presidente del Gobierno, se debe proceder a la convocatoria de nuevas elecciones?

a) Un mes desde la primera votación.
b) Dos meses desde la primera votación.
c) Dos meses desde la segunda votación.
d) Dos meses desde la tercera votación.

30. ¿Quién actúa como Secretario de la Comisión Delegada del Gobierno para Asuntos de Inteligencia?

a) La Secretaria de Estado Directora del Centro Nacional de Inteligencia.
b) El Ministro de Asuntos Exteriores, Unión Europea y Cooperación.
c) El Secretario de Estado de Seguridad.
d) El Director del Gabinete de la Presidencia del Gobierno.

31. La vigente Ley del Gobierno de la Nación es de:

a) 1992.
b) 1995.
c) 1996.
d) 1997.

32. El ámbito donde es posible una mayor discrecionalidad por parte del Gobierno de la Nación es en el/la:

a) Aplicación de la ley.
b) Potestad reglamentaria.
c) Dirección de la política.
d) Función ejecutiva.

33. La función representativa de los miembros del Gobierno de la Nación se manifiesta en:

a) La Jefatura de los Ministerios.
b) Su estatuto personal como tales.
c) Su mandato parlamentario.
d) Ninguna forma.

34. La coordinación de las funciones de los miembros del Gobierno de la Nación es competencia del/de las:

a) Presidente del Gobierno de la Nación.
b) Vicepresidente del Gobierno de la Nación.
c) Ministerio de la Presidencia, Justicia y Relaciones con las Cortes.
d) Comisiones Delegadas del Gobierno de la Nación.

35. La propuesta del Rey de candidato a la Presidencia del Gobierno de la Nación se canaliza a través del:

a) Presidente del Congreso de los Diputados.
b) Gobierno de la Nación en pleno.
c) Senado y Congreso de los Diputados.
d) Grupo político mayoritario.

36. La confianza al candidato a Presidente del Gobierno de la Nación se otorga, en primera vuelta, por:

a) Mayoría absoluta de las Cortes Generales.
b) Mayoría absoluta del Congreso de los Diputados.
c) Mayoría simple del Congreso de los Diputados.
d) Mayoría simple de las Cortes Generales.

37. La disolución de las Cámaras, por transcurso de dos meses desde la primera votación de investidura, sin obtención de la confianza parlamentaria por los candidatos, se refrenda por el:

a) Presidente del Gobierno de la Nación.
b) Rey.
c) Presidente del Congreso de los Diputados.
d) No necesita refrendo.

38. El Gobierno de la Nación, en relación con los Presupuestos Generales del Estado:

a) Los aprueba.
b) Los convalida.
c) Aprueba su Proyecto de Ley.
d) Los ratifica.

39. La aprobación de exigencia de responsabilidad de un Ministro por un delito contra la seguridad del Estado en el ejercicio de sus funciones compete al/a la:

a) Sala de lo Penal del Tribunal Supremo.
b) Mayoría absoluta de los miembros del Congreso de los Diputados.
c) Cuarta parte de estos miembros.
d) Consejo de Ministros.

40. La prerrogativa real de gracia respecto a la responsabilidad penal de un Ministro se refrenda por el:

a) Presidente del Congreso de los Diputados.
b) Presidente del Tribunal Supremo.

c) Presidente del Gobierno de la Nación.
d) No es posible esta medida.

41. ¿Cuál de las siguientes no es una función de los Ministros?

a) Interponer el recurso de inconstitucionalidad.
b) Refrendar, en su caso, los actos del Rey en materia de su competencia.
c) Ejercer cuantas competencias les atribuyan las leyes, las normas de organización y funcionamiento del Gobierno y cualesquiera otras disposiciones.
d) Ejercer la potestad reglamentaria en las materias propias de su Departamento.

42. ¿Cuándo cesará el Gobierno?

a) En los casos de pérdida de la confianza parlamentaria previstos en la Constitución.
b) Tras la celebración de elecciones generales.
c) Por dimisión o fallecimiento de su Presidente.
d) Todas las respuestas son correctas.

43. ¿Transcurrido qué plazo, a partir de la primera votación de investidura, si ningún candidato hubiere obtenido la confianza del Congreso, el Rey disolverá ambas Cámaras y convocará nuevas elecciones con el refrendo del Presidente del Congreso?

a) Transcurrido un mes.
b) Transcurridos dos meses.
c) Transcurridos tres meses.
d) Transcurridos seis meses.

44. ¿Qué Título de la Constitución Española regula el Gobierno y la Administración?

a) El Título III.
b) El Título IV.
c) El Título V.
d) El Título VI.

45. Corresponde al Presidente del Gobierno:

a) Proponer al Rey, previa deliberación del Consejo de Ministros, la disolución del Congreso, del Senado o de las Cortes Generales.
b) Representar al Gobierno.
c) Interponer el recurso de inconstitucionalidad.
d) Todas las respuestas son correctas.

Solución al test n.º 2

1. c) Ordinarias, Extraordinarias y Conjuntas.

2. a) Por la mayoría de los miembros presentes.

3. b) Dentro de los 25 días siguientes.

4. d) La Sala de lo Penal del Tribunal Supremo.

5. d) El Presidente de la Cámara respectiva.

6. a) 1.

7. a) Sufragio universal, libre, igual, directo y secreto.

8. d) Que así lo autorice su respectiva Cámara.

9. b) 300.

10. d) Ministro.

11. c) Uno.

12. c) Congreso de los Diputados.

13. c) Presidente de la Cámara.

14. d) No se establece.

15. c) Mesa de cada Cámara.

16. c) En diciembre.

17. c) Orgánica.

18. b) Con la Ley 1/1977, de 4 de enero, para la Reforma Política.

19. d) La potestad legislativa del Estado.

20. a) Individuales y colectivas, siempre por escrito.

21. b) El Título IV.

22. c) Los Vicepresidentes.

23. a) El Secretario de Estado.

24. c) La celebración de Consejos de Ministros.

25. b) Al Ministro de la Presidencia, Justicia y Relaciones con las Cortes.

26. a) En los casos de pérdida de la confianza parlamentaria previstos en la Constitución, o por dimisión o fallecimiento de su Presidente.

27. a) Secretas.

28. c) El Rey con refrendo del Presidente del Gobierno.

29. b) Dos meses desde la primera votación.

30. a) La Secretaria de Estado Directora del Centro Nacional de Inteligencia.

31. d) 1997.

32. c) Dirección de la política.

33. c) Su mandato parlamentario.

34. a) Presidente del Gobierno de la Nación.

35. a) Presidente del Congreso de los Diputados.

36. b) Mayoría absoluta del Congreso de los Diputados.

37. c) Presidente del Congreso de los Diputados.

38. c) Aprueba su Proyecto de Ley.

39. b) Mayoría absoluta de los miembros del Congreso de los Diputados.

40. d) No es posible esta medida.

41. a) Interponer el recurso de inconstitucionalidad.

42. d) Todas las respuestas son correctas.

43. b) Transcurridos dos meses.

44. b) El Título IV.

45. d) Todas las respuestas son correctas.

TEST N.º 3

La organización territorial del Estado en la Constitución Española. El sistema de distribución de competencias entre el Estado y las Comunidades Autónomas: competencias exclusivas, compartidas, concurrentes, de desarrollo y de ejecución

El Estatuto de Autonomía de Galicia: Título preliminar. El poder gallego: el Parlamento. La Xunta y su presidente. Las competencias de Galicia

1. Según la Constitución, las entidades que forman parte de la organización territorial del Estado tienen la nota común de:

a) Autogobierno.
b) Independencia.
c) Autonomía.
d) Financiación propia.

2. La titularidad de la soberanía española radica en el/las:

a) Cortes Generales como representantes del pueblo español.
b) Rey como Jefe del Estado.
c) Pueblo mismo.
d) Nacionalidades y regiones que integran España.

3. No pueden constituirse en Comunidades Autónomas los territorios:

a) Que no estén integrados en la organización provincial.
b) Que, no siendo superiores a una provincia, tengan entidad regional histórica.
c) Que, no siendo superiores a una provincia, no tengan entidad regional histórica.
d) Interinsulares.

4. La vía ordinaria de acceso a la autonomía por el artículo 143 de la Constitución se sigue por los/las:

a) Provincias con entidad regional histórica.
b) Territorios que en el pasado hubieren plebiscitado afirmativamente proyecto de Estatuto de Autonomía.
c) Provincia sin entidad regional histórica directamente.
d) Supuestos especiales de Ceuta, Melilla y Gibraltar.

5. Entre las determinaciones de los Estatutos de Autonomía no es necesario incluir la:

a) Delimitación de su territorio.
b) Denominación de las instituciones autónomas propias.
c) Denominación de la Comunidad.
d) Denominación, organización y sede de sus instituciones administrativas.

6. En las Comunidades Autónomas que siguen la vía común, el Proyecto de Estatuto será elaborado por la/los:

a) Asamblea de Parlamentarios que se constituye al efecto.
b) Comisión Constitucional del Congreso de los Diputados.
c) Diputación Provincial correspondiente.
d) Miembros de la Diputación u órgano interinsular y por los Diputados y Senadores elegidos por ellas.

7. El voto de ratificación por los Plenos del Senado y del Congreso de los Diputados se dará en el/las:

a) Comunidades Autónomas que siguen la vía común.
b) Comunidades Autónomas que siguen la vía especial.
c) Acceso a la autonomía de Ceuta y Melilla.
d) Acceso a la autonomía de Gibraltar.

8. La responsabilidad política del Presidente de una Comunidad Autónoma se exige por el/la:

a) Sala de lo Penal del Tribunal Supremo.
b) Congreso de los Diputados.
c) Tribunal Superior de Justicia de la Comunidad Autónoma.
d) Asamblea Legislativa de la Comunidad Autónoma.

9. La Asamblea Legislativa de las Comunidades Autónomas se elige:

a) Con criterios de representación territorial.
b) Con criterios de representación proporcional.

c) Por sufragio individual.
d) Con criterios de representación provincial.

10. El principio de coordinación con la Hacienda estatal se consigue por:

a) El Fondo de Compensación Interterritorial.
b) Los preceptos de las sucesivas Leyes de Presupuestos Generales del Estado.
c) La creación del Consejo de Política Fiscal y Financiera de las Comunidades Autónomas.
d) Imperativo de la propia Constitución.

11. Los Estatutos de Autonomía deberán contener el/la/las:

a) Competencias que se dejan al Estado y las que asume la Comunidad.
b) Competencias que, en función de la Constitución, asume cada Comunidad Autónoma.
c) Desarrollo de la Administración Autonómica.
d) División provincial y órganos de gobierno.

12. En la reforma de los Estatutos intervienen las Cortes Generales:

a) Siempre.
b) Nunca.
c) Sólo cuando se trata de Comunidades Autónomas que accedieron por la vía común.
d) En las Comunidades Autónomas de vía especial exclusivamente.

13. Los miembros de las Diputaciones u órganos interinsulares intervienen en la elaboración de los Estatutos de Autonomía:

a) En todo caso.
b) Nunca.
c) En las Comunidades Autónomas de vía común.
d) En las Comunidades Autónomas de vía especial.

14. Los Estatutos de Autonomía en la vía común se aprueban por el:

a) Congreso de los Diputados mediante Ley Orgánica.
b) Congreso de los Diputados y Senado por Ley Orgánica.
c) Congreso de los Diputados y Senado por Ley ordinaria.
d) Parlamento Autonómico solamente.

15. La más alta representación de una Comunidad Autónoma la ostenta el:

a) Presidente del Parlamento Autonómico.
b) Presidente de la Comunidad Autónoma.

c) Rey.
d) Presidente del Gobierno de la Nación.

16. La asunción de competencias y de mayor autonomía por las Comunidades Autónomas es, como regla general:

a) Regresiva.
b) Progresiva.
c) Automática.
d) Inmediata.

17. En la elaboración por la vía común de los Estatutos de Autonomía:

a) No intervienen los Municipios afectados.
b) Intervendrán en todo caso.
c) Sólo intervienen las Diputaciones Provinciales u órganos interinsulares.
d) Sólo intervienen los Municipios y los Diputados y Senadores.

18. El principio de solidaridad consagrado por el artículo 138 de la Constitución exige una atención especial a:

a) Las Comunidades Autónomas de economía más deprimida.
b) Las Entidades locales de ámbito territorial inferior al municipal.
c) Todas las partes del territorio nacional.
d) Las Islas.

19. La federación de Comunidades Autónomas, según la Constitución:

a) Sólo se permite respecto de las limítrofes.
b) Requiere Ley Orgánica de las Cortes Generales.
c) Ha de efectuarse previa reforma de la propia Constitución.
d) Está absolutamente prohibida.

20. No es elemento del Municipio el/la/las:

a) Organización.
b) Territorio.
c) Competencias.
d) Población.

21. La aprobación de los presupuestos de la Comunidad Autónoma de Galicia corresponde:

a) Al Presidente de la Xunta de Galicia.
b) A la Xunta de Galicia.

c) Al Congreso de los Diputados.

d) Al Parlamento de Galicia.

22. El Presidente del Tribunal Superior de Justicia de Galicia es nombrado:

a) Por el Presidente de la Junta, previo acuerdo del Parlamento de Galicia.

b) Por el Presidente del Gobierno, a propuesta de las Cortes Generales.

c) Por el Presidente del Gobierno, a propuesta del Consejo General del Poder Judicial.

d) Por el Rey, a propuesta del Consejo General del Poder Judicial.

23. El artículo 12.3 del Estatuto de Autonomía de Galicia dice que el Parlamento funcionará:

a) En Plenos y en Diputación Permanente.

b) En Plenos y en Comisiones, y se reunirá en sesiones ordinarias y extraordinarias.

c) En Plenos y en Mesas, y se reunirá en sesiones ordinarias.

d) En Pleno y en Diputación Permanente, y se reunirá en sesiones ordinarias y extraordinarias.

24. Como dice el artículo 15.3 del Estatuto de Autonomía de Galicia, el que propone al candidato a Presidente de la Xunta de Galicia es:

a) La Diputación Permanente.

b) El Parlamento Gallego en Pleno.

c) El Presidente del Parlamento.

d) El Rey.

25. Indica qué corresponde a la Comunidad Autónoma de Galicia:

a) La creación y estructuración de su propia Administración Pública, dentro de los principios generales y normas básicas del Estado.

b) La creación y estructuración de su propia Administración Pública, dentro de los principios fundamentales y normas básicas del Estado.

c) La creación y estructuración de su propia Administración Pública, dentro de los principios generales y normas esenciales del Estado.

d) La creación y estructuración de su propia Administración Pública, dentro de los principios y normas básicas del Estado.

26. En el marco de las normas básicas del Estado, corresponde a la Comunidad Autónoma:

a) El desarrollo legislativo y la ejecución del régimen de Radiodifusión y Televisión en los términos y casos establecidos en la Ley que regule el Estatuto Jurídico de la Radio y la Televisión.

b) El desarrollo legislativo y la ejecución del régimen de prensa y, en general, de todos los medios de comunicación social.

c) Son correctas a) y b).
d) No es correcta ninguna.

27. La Comunidad Autónoma de Galicia goza de autonomía plena. Indica qué precepto constitucional fundamenta este proceso:

a) El artículo 143.
b) El artículo 151.
c) El artículo 148.
d) El artículo 150.

28. Indica qué ley orgánica aprobó el Estatuto de Autonomía de Galicia para que Galicia se constituyese en Comunidad Autónoma:

a) Ley Orgánica 1/1981, de 6 de abril.
b) Ley Orgánica 1/1982, de 6 de abril.
c) Ley Orgánica 1/1981, de 7 de abril.
d) Ley Orgánica 2/1981, de 6 de abril.

29. Los poderes de la Comunidad Autónoma de Galicia emanan de la Constitución, de su Estatuto de Autonomía y del:

a) Pueblo.
b) Gobierno.
c) Estado.
d) Municipio.

30. El Parlamento será elegido por un plazo de:

a) 2 años.
b) 4 años.
c) 5 años.
d) 3 años.

31. El Estatuto de Autonomía de Galicia se estructura en:

a) Un Título Preliminar, 5 títulos más.
b) Un Título Preliminar, 4 títulos más.
c) Un Título Preliminar, 6 títulos más.
d) Cinco títulos.

32. El Título II del Estatuto de Autonomía de Galicia se refiere:

a) Al poder gallego.
b) A la Administración Pública gallega.

c) A las competencias de Galicia.
d) A la economía y la hacienda.

33. ¿En qué artículo de la Constitución se consagra el derecho a la autonomía de las nacionalidades y regiones?

a) En el artículo 1.
b) En el artículo 2.
c) En el artículo 9.
d) Todas son falsas.

34. El Título VIII de la Constitución Española regula:

a) El Gobierno y la Administración.
b) La Corona.
c) La economía y hacienda.
d) La organización territorial del Estado.

35. Podrán acceder a su autogobierno y constituirse en Comunidades Autónomas:

a) Las provincias limítrofes con características históricas, culturales y económicas comunes.
b) Los territorios insulares.
c) Las provincias con entidad regional histórica.
d) Todas son correctas.

36. La doctrina mayoritaria afirma que el Estatuto de Autonomía es:

a) Una norma europea.
b) Una norma estatal.
c) Una norma autonómica.
d) Tanto una norma estatal como una norma autonómica.

37. El Estatuto de Autonomía de Galicia se compone de:

a) 47 artículos.
b) 67 artículos.
c) 57 artículos.
d) 75 artículos.

38. Analizando las competencias de la Comunidad Autónoma gallega, la organización de las instituciones de autogobierno:

a) Es competencia exclusiva.
b) Es competencia concurrente.
c) Es competencia compartida.
d) Todas son falsas.

39. ¿Y la competencia sobre el Régimen Jurídico de la Administración Pública de Galicia y régimen estatutario de sus funcionarios?

a) Es competencia exclusiva.
b) Es competencia concurrente.
c) Es competencia compartida.
d) Todas son falsas.

40. ¿Y la competencia sobre la ordenación del sector pesquero?

a) Es competencia exclusiva.
b) Es competencia concurrente.
c) Es competencia compartida.
d) Todas son falsas.

41. ¿Cuál de las siguientes no es una competencia compartida de la Comunidad Autónoma gallega?

a) Puertos pesqueros.
b) Régimen jurídico de los montes vecinales en mano común.
c) Establecimientos farmacéuticos.
d) Entidades cooperativas.

42. Aquellas competencias que ejerce de un modo exclusivo la Comunidad Autónoma y el Estado sobre una misma materia y que exigen, obviamente, una delimitación de cuál es el ámbito en el que una y otro ejercen con exclusividad sus respectivas competencias, se denominan:

a) Competencias exclusivas.
b) Competencias concurrentes.
c) Competencias compartidas.
d) No existen este tipo de competencias.

43. ¿Cuál de las siguientes afirmaciones no es correcta?

a) La Comunidad Autónoma gallega tiene competencias compartidas en materia de propiedad industrial.
b) La Comunidad Autónoma gallega tiene competencias compartidas en materia de ferias y mercados interiores.
c) La Comunidad Autónoma gallega tiene competencias exclusivas en materia de artesanía.
d) La Comunidad Autónoma gallega tiene competencias exclusivas en materia de promoción y la enseñanza de la lengua gallega.

44. La Ley 7/2011, de 27 de octubre, del turismo de Galicia desarrolla una competencia:

a) Exclusiva.
b) Concurrente.
c) Compartida.
d) Todas son falsas.

45. Sobre los puertos, aeropuertos y helipuertos calificados de interés general por el Estado, la Comunidad Autónoma de Galicia tiene competencia:

a) Exclusiva.
b) Concurrente.
c) Compartida.
d) Todas son falsas.

46. Corresponde a la Junta de Galicia:

a) Aprobar los reglamentos generales de sus propios tributos.
b) Elaborar las normas reglamentarias precisas para gestionar los impuestos estatales cedidos de acuerdo con los términos de dicha cesión.
c) Son correctas a) y b).
d) Ninguna es correcta.

47. Los poderes de la Comunidad Autónoma se ejercen a través de:

a) El Parlamento.
b) La Junta.
c) Su Presidente.
d) Todas son ciertas.

48. Son funciones del Parlamento de Galicia:

a) Ejercer la potestad legislativa de la Comunidad Autónoma.
b) Controlar la acción ejecutiva de la Junta, aprobar los presupuestos y ejercer las otras competencias que le sean atribuidas por la Constitución, por el Estatuto, por las leyes del Estado y las del Parlamento de Galicia.
c) Elegir de entre sus miembros al Presidente de la Junta de Galicia.
d) Todas son ciertas.

Solución al test n.º 3

1. c) Autonomía.

2. c) Pueblo mismo.

3. d) Interinsulares.

4. a) Provincias con entidad regional histórica.

5. d) Denominación, organización y sede de sus instituciones administrativas.

6. d) Miembros de la Diputación u órgano interinsular y por los Diputados y Senadores elegidos por ellas.

7. b) Comunidades Autónomas que siguen la vía especial.

8. d) Asamblea Legislativa de la Comunidad Autónoma.

9. b) Con criterios de representación proporcional.

10. c) La creación del Consejo de Política Fiscal y Financiera de las Comunidades Autónomas.

11. b) Competencias que, en función de la Constitución, asume cada Comunidad Autónoma.

12. a) Siempre.

13. c) En las Comunidades Autónomas de vía común.

14. b) Congreso de los Diputados y Senado por Ley Orgánica.

15. b) Presidente de la Comunidad Autónoma.

16. b) Progresiva.

17. a) No intervienen los Municipios afectados.

18. d) Las Islas.

19. d) Está absolutamente prohibida.

20. c) Competencias.

21. d) Al Parlamento de Galicia.

22. d) Por el Rey, a propuesta del Consejo General del Poder Judicial.

23. b) En Plenos y en Comisiones, y se reunirá en sesiones ordinarias y extraordinarias.

24. c) El Presidente del Parlamento.

25. a) La creación y estructuración de su propia Administración Pública, dentro de los principios generales y normas básicas del Estado.

26. c) Son correctas a) y b).

27. b) El artículo 151.

28. a) Ley Orgánica 1/1981, de 6 de abril.

29. a) Pueblo.

30. b) 4 años.

31. a) Un Título Preliminar, 5 títulos más.

32. c) A las competencias de Galicia.

33. b) En el artículo 2.

34. d) La organización territorial del Estado.

35. d) Todas son correctas.

36. d) Tanto una norma estatal, como una norma autonómica.

37. c) 57 artículos.

38. a) Es competencia exclusiva.

39. c) Es competencia compartida.

40. c) Es competencia compartida.

41. b) Régimen jurídico de los montes vecinales en mano común.

42. b) Competencias concurrentes.

43. b) La Comunidad Autónoma gallega tiene competencias compartidas en materia de ferias y mercados interiores.

44. a) Exclusiva.

45. d) Todas son falsas.

46. c) Son correctas a) y b).

47. d) Todas son ciertas.

48. d) Todas son ciertas.

Ley 39/2015, de 1 de octubre, del procedimiento administrativo común de las Administraciones Públicas. Disposiciones generales. Los interesados en el procedimiento. La actividad de las Administraciones Públicas: normas generales de actuación. Términos y plazos

1. Las solicitudes, escritos y comunicaciones que los ciudadanos dirijan a los órganos de las Administraciones Públicas podrán presentarse:

a) En las empresas de mensajería, en la forma que legalmente se establezca.

b) En las representaciones diplomáticas u oficinas consulares de España en el extranjero.

c) En los registros de cualquier órgano administrativo que pertenezca a la Administración General del Estado, a la de cualquier Administración de las Comunidades Autónomas, o a la de alguna de las Entidades que integran la Administración Local hubiese o no suscrito Convenio.

d) Todas las respuestas son correctas.

2. A partir de cuándo se contarán los plazos expresados en días:

a) Desde el siguiente a aquel en que se produzca la estimación o la desestimación por silencio administrativo.

b) A partir del día siguiente a aquel en que tenga lugar la notificación o publicación del acto de que se trate.

c) Desde el mismo día en que tenga lugar la notificación o publicación del acto de que se trate.

d) Las respuestas a) y b) son correctas.

3. Señala la respuesta incorrecta respecto al cómputo de plazos:

a) Cuando los plazos se hayan señalado por días naturales por declararlo así una ley o por el Derecho de la Unión Europea, se hará constar esta circunstancia en las correspondientes notificaciones.

b) Cuando el último día del plazo sea inhábil, se entenderá prorrogado al primer día hábil siguiente.

c) Cuando un día fuese hábil en el municipio o Comunidad Autónoma en que residiese el interesado, e inhábil en la sede del órgano administrativo, o a la inversa, se considerará hábil en todo caso.

d) Salvo que por Ley o en el Derecho de la Unión Europea se disponga otro cómputo, cuando los plazos se señalen por horas, se entiende que estas son hábiles.

4. El registro electrónico permitirá la presentación de documentos:

a) De lunes a viernes de 8 a 20 horas.
b) De lunes a viernes las veinticuatro horas.
c) Todos los días del año de 8 a 22 horas.
d) Todos los días del año durante las veinticuatro horas.

5. En cuál de los siguientes casos se podrá aplicar la ampliación de los plazos por el tiempo máximo permitido:

a) En los procedimientos tramitados por las misiones diplomáticas y oficinas consulares.
b) En los procedimientos que exijan cumplimentar algún trámite en el extranjero.
c) En los procedimientos en los que intervengan interesados residentes fuera de España.
d) Todas las respuestas son correctas.

6. Qué recurso cabe contra el acuerdo que declare la aplicación de la tramitación de urgencia al procedimiento:

a) Ninguno.
b) Recurso de alzada.
c) Recurso extraordinario de revisión.
d) Recurso de reposición.

7. En qué caso no se puede acordar la aplicación al procedimiento de la tramitación de urgencia, por la cual se reducen a la mitad los plazos establecidos para el procedimiento ordinario:

a) En la presentación de recursos.
b) En la presentación de solicitudes.
c) Las respuestas a) y b) son correctas.
d) En todos los casos, cuando haya un interés público, se pueden reducir los plazos a la mitad.

8. Señala cuál de los siguientes es un procedimiento especial:

a) El procedimiento sancionador.
b) El procedimiento sobre la responsabilidad patrimonial de las Administraciones Públicas.

c) El procedimiento sobre la iniciativa legislativa y la potestad para dictar reglamentos y otras disposiciones.

d) Todas las respuestas son correctas.

9. Salvo que por Ley o en el Derecho de la Unión Europea se disponga otro cómputo, cuando los plazos se señalen por horas:

a) Se entiende que estas son naturales.

b) Se entiende que son hábiles.

c) No cabe el caso de que los plazos se señalen por horas, sino únicamente por días.

d) Ninguna es correcta.

10. Los plazos expresados en horas:

a) No podrán tener una duración superior a veinticuatro horas.

b) No podrán tener una duración superior a doce horas.

c) Tendrá que establecer un máximo de 48 horas.

d) Tendrán una duración mínima de 6 horas.

11. Si el plazo se fija en meses o años, no es correcto:

a) Estos se computarán a partir del día siguiente a aquel en que tenga lugar la notificación o publicación del acto de que se trate.

b) Estos se computarán desde el siguiente a aquel en que se produzca la estimación o desestimación por silencio administrativo.

c) Estos se computarán desde el mismo día en que se produzca la estimación o desestimación por silencio administrativo.

d) Todas son correctas.

12. ¿Qué ocurre si en el mes de vencimiento no hubiera día equivalente a aquel en que comienza el cómputo?

a) Se entenderá que el plazo expira el último día del mes.

b) Se entenderá prorrogado al primer día natural siguiente.

c) Se entenderá que el plazo expira el día 30 del mes.

d) Ninguna es correcta.

13. ¿Qué ocurre si el último día del plazo es inhábil?

a) Se entenderá prorrogado al primer día siguiente, sea hábil o natural.

b) Se entenderá prorrogado al primer día hábil siguiente.

c) Se busca nueva fecha a instancia del interesado.

d) Ninguna es correcta.

14. Cuando un día fuese hábil en el municipio o Comunidad Autónoma en que residiese el interesado, e inhábil en la sede del órgano administrativo, o a la inversa:

a) Se considera hábil en todo caso.
b) Se considera inhábil en todo caso.
c) Se procurará buscar fecha para que coincidan ambos días como hábiles.
d) Ninguna es correcta.

15. ¿Cuándo se pueden presentar documentos?

a) De lunes a viernes en horario de oficina.
b) Todos los días del año excepto 25 de diciembre, 1 de enero y 1 de mayo.
c) Todos los días del año durante las 24 horas.
d) De lunes a sábado de 8.00h a 15.00 h.

16. La presentación de un documento en día inhábil:

a) Se entenderá realizada a lo largo del día del primer día hábil siguiente.
b) Siempre se permite la recepción del documento en día inhábil.
c) Se entenderá realizada en la primera hora del primer día hábil siguiente salvo que una norma permita expresamente la recepción en día inhábil.
d) Ninguna es correcta.

17. ¿Puede en algún caso la Administración ampliar los plazos establecidos?

a) No, en ningún caso.
b) Sí, siempre que no exceda de la mitad de los mismos y las circunstancias lo aconsejan y con ello no se perjudican derechos de tercero.
c) Sí, no siendo necesario ser notificado a los interesados.
d) Sí, solo de oficio.

18. La ampliación de los plazos por el tiempo máximo permitido se aplicará en todo caso:

a) A los procedimientos tramitados por las misiones diplomáticas y oficinas consulares.
b) A los procedimientos que, sustanciándose en el interior, exijan cumplimentar algún trámite en el extranjero.
c) A los procedimientos en los que intervengan interesados residentes fuera de España.
d) Todas son correctas.

19. Señala la respuesta correcta:

a) Un plazo ya vencido puede ser objeto de ampliación.
b) Tanto la petición de los interesados como la decisión sobre la ampliación deberán producirse, en todo caso, después del vencimiento del plazo de que se trate.

c) Los acuerdos sobre ampliación de plazos o sobre su denegación serán susceptibles de recurso.

d) Ninguna es correcta.

20. En caso de urgencia:

a) Se reducirán a la mitad los plazos establecidos para el procedimiento ordinario incluidos los relativos a la presentación de solicitudes y recursos.

b) Se podrá acordar la reducción de plazos únicamente a petición del interesado.

c) Se reducirán a la mitad los plazos establecidos para el procedimiento ordinario, salvo los relativos a la presentación de solicitudes y recursos.

d) Ninguna es correcta.

21. Cuando las normas reguladoras de los procedimientos no fijen plazo máximo para recibir la notificación, este será de:

a) Dos meses.
b) Tres meses.
c) Seis meses.
d) Cinco meses.

22. El plazo máximo en el que debe notificarse la resolución expresa será el fijado por la norma reguladora del correspondiente procedimiento. Este plazo no podrá exceder de:

a) Tres meses salvo que una norma con rango de Ley establezca uno mayor o así venga previsto en la normativa comunitaria europea.

b) Dos meses salvo que una norma con rango de Ley establezca uno mayor o así venga previsto en la normativa comunitaria europea.

c) Cinco meses salvo que una norma con rango de Ley establezca uno mayor o así venga previsto en la normativa comunitaria europea.

d) Seis meses salvo que una norma con rango de Ley establezca uno mayor o así venga previsto en la normativa comunitaria europea.

23. ¿Cómo se denomina al administrado que se encuentra respecto de la Administración en un estado de sujeción especial, es decir, especialmente vinculado a ella?

a) Administrado cualificado.
b) Administrado especial.
c) Administrado único.
d) Administrado activo.

24. ¿Cómo se denomina al administrado que se encuentra respecto de la Administración en un estado de sujeción general y que es tratado por la norma de una forma impersonal, siendo esta la posición normal?

a) Administrado general.
b) Administrado común.

c) Administrado simple.

d) Administrado pasivo.

25. ¿Cuál de las siguientes no es una característica de la relación jurídico-administrativa?

a) La Administración actúa normalmente como parte activa de la relación, es decir, ejercita en ella las potestades y prerrogativas que el ordenamiento jurídico le reconoce para el cumplimiento de sus fines.

b) La Administración ha de intervenir en tal relación como tal, y no como persona de Derecho Privado.

c) Esta relación está regulada por el Derecho Administrativo y el Derecho Civil.

d) Presencia en ella de la Administración, como sujeto de la relación, normalmente en el lado activo de la misma, junto al Administrado, que suele situarse en el lado pasivo.

26. Señala uno de los derechos que la Ley 39/2015, de 1 de octubre, del Procedimiento Administrativo Común de las Administraciones Públicas, reconoce a quienes tengan capacidad de obrar ante las Administraciones Públicas:

a) A la obtención y utilización de los medios de identificación y firma electrónica contemplados en la Ley 39/2015, de 1 de octubre.

b) A la protección de datos de carácter personal, y en particular a la seguridad y confidencialidad de los datos que figuren en los ficheros, sistemas y aplicaciones de las Administraciones Públicas.

c) A ser asistidos en el uso de medios electrónicos en sus relaciones con las Administraciones Públicas.

d) Todas las respuestas son correctas.

27. La solicitud de copias auténticas de los documentos públicos administrativos que hayan sido válidamente emitidos por las Administraciones Públicas se dirigirá al órgano que emitió el documento original, debiendo expedirse, salvo las excepciones derivadas de la aplicación de la Ley 19/2013, de 9 de diciembre, en el plazo de:

a) Un mes a contar desde la recepción de la solicitud en el registro electrónico de la Administración u Organismo competente.

b) Veinte días a contar desde la recepción de la solicitud en el registro electrónico de la Administración u Organismo competente.

c) Quince días a contar desde la recepción de la solicitud en el registro electrónico de la Administración u Organismo competente.

d) Diez días a contar desde la recepción de la solicitud en el registro electrónico de la Administración u Organismo competente.

28. La falta o insuficiente acreditación de la representación no impedirá que se tenga por realizado el acto de que se trate, siempre que se aporte aquella o se subsane el defecto dentro del plazo que deberá conceder al efecto el órgano administrativo, de:

a) Un mes, o de un plazo superior cuando las circunstancias del caso así lo requieran.
b) Veinte días, o de un plazo superior cuando las circunstancias del caso así lo requieran.
c) Quince días, o de un plazo superior cuando las circunstancias del caso así lo requieran.
d) Diez días, o de un plazo superior cuando las circunstancias del caso así lo requieran.

29. Los poderes inscritos en el registro electrónico de apoderamiento tendrán una validez determinada máxima de:

a) Diez años a contar desde la fecha de inscripción.
b) Cinco años a contar desde la fecha de inscripción.
c) Tres años a contar desde la fecha de inscripción.
d) Dos años a contar desde la fecha de inscripción.

30. Señala la respuesta incorrecta respecto a los interesados:

a) Se consideran interesados en el procedimiento administrativo los que, sin haber iniciado el procedimiento, tengan derechos que puedan resultar afectados por la decisión que en el mismo se adopte.
b) Cuando en una solicitud, escrito o comunicación figuren varios interesados, las actuaciones a que den lugar se efectuarán con el representante o el interesado que expresamente hayan señalado, y, en su defecto, con cualquiera de los demás.
c) Cuando la condición de interesado derivase de alguna relación jurídica transmisible, el derecho-habiente sucederá en tal condición cualquiera que sea el estado del procedimiento.
d) La presentación de una denuncia y la comparecencia en el trámite de información pública, respectivamente, no confieren u otorgan, por sí solas, la condición de interesado en el procedimiento.

Solución al test n.º 4

1. b) En las representaciones diplomáticas u oficinas consulares de España en el extranjero.

2. d) Las respuestas a) y b) son correctas.

3. c) Cuando un día fuese hábil en el municipio o Comunidad Autónoma en que residiese el interesado, e inhábil en la sede del órgano administrativo, o a la inversa, se considerará hábil en todo caso.

4. d) Todos los días del año durante las veinticuatro horas.

5. d) Todas las respuestas son correctas.

6. a) Ninguno.

7. c) Las respuestas a) y b) son correctas.

8. d) Todas las respuestas son correctas.

9. b) Se entiende que son hábiles.

10. a) No podrán tener una duración superior a veinticuatro horas.

11. c) Estos se computarán desde el mismo día en que se produzca la estimación o desestimación por silencio administrativo.

12. a) Se entenderá que el plazo expira el último día del mes.

13. b) Se entenderá prorrogado al primer día hábil siguiente.

14. b) Se considera inhábil en todo caso.

15. c) Todos los días del año durante las 24 horas.

16. c) Se entenderá realizada en la primera hora del primer día hábil siguiente salvo que una norma permita expresamente la recepción en día inhábil.

17. b) Sí, siempre que no exceda de la mitad de los mismos y las circunstancias lo aconsejan y con ello no se perjudican derechos de tercero.

18. d) Todas son correctas.

19. d) Ninguna es correcta.

20. c) Se reducirán a la mitad los plazos establecidos para el procedimiento ordinario, salvo los relativos a la presentación de solicitudes y recursos.

21. b) Tres meses.

22. d) Seis meses salvo que una norma con rango de Ley establezca uno mayor o así venga previsto en la normativa comunitaria europea.

23. a) Administrado cualificado.

24. c) Administrado simple.

25. c) Esta relación está regulada por el Derecho Administrativo y el Derecho Civil.

26. d) Todas las respuestas son correctas.

27. c) Quince días a contar desde la recepción de la solicitud en el registro electrónico de la Administración u Organismo competente.

28. d) Diez días, o de un plazo superior cuando las circunstancias del caso así lo requieran.

29. b) Cinco años a contar desde la fecha de inscripción.

30. b) Cuando en una solicitud, escrito o comunicación figuren varios interesados, las actuaciones a que den lugar se efectuarán con el representante o el interesado que expresamente hayan señalado, y, en su defecto, con cualquiera de los demás.

El municipio: concepto y elementos. Territorio y población. Alteración de términos municipales en la legislación básica y autonómica. La provincia. Competencias. Otras entidades locales. Mancomunidades, comarcas y otras agrupaciones de municipios. Las áreas metropolitanas. Las entidades de ámbito territorial inferior al municipal

1. Los elementos del Municipio son:

a) El territorio, la población y la financiación.
b) El territorio, las instituciones y la organización.
c) La organización, la autonomía y el territorio.
d) La población, la organización y el territorio.

2. Según el Reglamento de Población y Demarcación Territorial de las Entidades Locales el término municipal es:

a) El territorio en que el Ayuntamiento ejerce su jurisdicción.
b) El territorio en que el Ayuntamiento ejerce sus competencias.
c) El territorio en que el Ayuntamiento ejerce su política.
d) Las respuestas b) y c) son correctas.

3. De acuerdo con lo dispuesto en la Ley de Bases de Régimen Local:

a) La creación de nuevos municipios solo podrá realizarse sobre la base de núcleos de población territorialmente diferenciados, de al menos 25.000 habitantes.
b) La creación de nuevos municipios solo podrá realizarse sobre la base de núcleos de población territorialmente diferenciados, de al menos 4.000 habitantes.
c) La creación de nuevos municipios solo podrá realizarse sobre la base de núcleos de población territorialmente diferenciados, de al menos 3.000 habitantes.
d) La creación de nuevos municipios solo podrá realizarse sobre la base de núcleos de población territorialmente diferenciados, de al menos 250.000 habitantes.

4. ¿La alteración de términos municipales podrá suponer la modificación de los límites provinciales?

a) Solo en casos excepcionales.
b) En ningún caso.
c) Cuando concurran los requisitos establecidos en la ley.
d) Sí.

5. En los casos de fusión de municipios:

a) El nuevo municipio se subrogará en todos los derechos y obligaciones de los anteriores municipios.
b) El nuevo municipio resultante de la fusión no podrá segregarse hasta transcurridos cien años.
c) El órgano del gobierno del nuevo municipio resultante estará constituido transitoriamente por la suma de los concejales de los municipios fusionados.
d) Las respuestas a) y c) son correctas.

6. Son derechos y deberes de los vecinos:

a) Contribuir mediante la aportación de sus bienes inmuebles a la realización de las competencias municipales.
b) Exigir la prestación y, en su caso, el establecimiento del correspondiente servicio público, en el supuesto de constituir una competencia municipal propia aunque no sea de carácter obligatorio.
c) Acceder a los aprovechamientos comunales.
d) Ejercer la iniciativa individual en los términos previstos en el art. 70 bis de la Ley de Bases de Régimen Local.

7. La inscripción de los extranjeros en el Padrón municipal:

a) Constituirá prueba de su residencia legal en España.
b) Iniciará el expediente de adquisición de la nacionalidad española.
c) No les atribuirá ningún derecho que no les confiera la legislación vigente.
d) Permitirá obtener un permiso de trabajo.

8. El padrón municipal es:

a) La base de datos donde constan los nombres de los vecinos.
b) El registro administrativo donde solo constan los domicilios de los vecinos.
c) El registro administrativo donde constan los vecinos de un municipio.
d) El registro administrativo donde solo constan los domicilios de los extranjeros del municipio.

9. La inscripción en el Padrón municipal contendrá como obligatorios los siguientes datos:

a) Las matrículas de los vehículos de los vecinos.
b) El número de identificación de los aparatos tecnológicos existentes en cada casa.
c) Los ascendientes que habitan en cada casa.
d) Ninguna de las respuestas es correcta.

10. Quien viva en varios Municipios:

a) Deberá inscribirse únicamente en el Padrón municipal del municipio en el que habite durante más tiempo al año.
b) Deberá inscribirse únicamente en el Padrón municipal del municipio en el que tenga su lugar de trabajo.
c) Deberá inscribirse únicamente en el Padrón municipal del municipio en el que haya nacido.
d) Deberá inscribirse en el Padrón municipal de todos los municipios.

11. ¿Existe Padrón de españoles residentes en el extranjero?

a) Sí.
b) No.
c) Sí, y su formación se realizará por la Administración General del Estado.
d) Solo para aquellos que se encuentren en la Unión Europea.

12. Funcionan en régimen de Concejo Abierto:

a) Los municipios de menos de 200 habitantes.
b) Los municipios de menos de 300 habitantes.
c) Los municipios de menos de 500 habitantes.
d) Los municipios que tradicional y voluntariamente cuenten con ese singular régimen de gobierno y administración.

13. La personalidad jurídica de los Municipios, según la Constitución Española, es:

a) Propia.
b) Plena.
c) Reconocida por el Ente que los crea.
d) Dependiente de su autonomía.

14. La pertenencia de un Municipio a dos Provincias:

a) Se admite excepcionalmente.
b) Ha de estar prevista en norma con rango de ley.
c) Está prohibida en nuestro ordenamiento jurídico.
d) Las respuestas a) y b) son ciertas.

15. La división del término municipal en distritos, barrios, etc., es competencia del/de la:

a) Instituto Geográfico Nacional.
b) Diputación Provincial.
c) Ayuntamiento respectivo.
d) Comunidad Autónoma.

16. Para ser vecino de un Municipio:

a) Hay que estar empadronado como tal en él.
b) Basta con la residencia habitual en el mismo.
c) No es necesario ser mayor de edad.
d) Debe saberse leer y escribir.

17. En el Padrón no debe constar respecto de un vecino su:

a) Sexo.
b) Domicilio habitual.
c) Lugar de nacimiento.
d) Debe figurar todo lo anterior.

18. El Consejo de Empadronamiento está adscrito al/a la:

a) Presidencia del Gobierno de la Nación.
b) Ministerio del Interior.
c) Ministerio de Economía, Comercio y Empresa.
d) Ministerio de la Presidencia, Justicia y Relaciones con las Cortes.

19. La confección del Padrón de españoles residentes en el extranjero es competencia del/de la:

a) Ayuntamiento de su último domicilio en España.
b) Comunidad Autónoma donde hubieren nacido.
c) Administración General del Estado.
d) Embajada o Consulado español en el país en que residan.

20. Las directrices e instrucciones técnicas para la formación, mantenimiento y rectificación del Padrón corresponde emanarlas al/a la:

a) Propio Ayuntamiento Pleno.
b) Administración General del Estado.
c) Comunidad Autónoma.
d) Alcalde.

21. Según la Constitución, a la Provincia solo la pueden gobernar y administrar autónomamente los/las:

a) Diputaciones.
b) Plenos de las mismas.
c) Presidentes.
d) Diputaciones u otro tipo de Corporaciones representativas.

22. Señala cuál de las siguientes no es una potestad o prerrogativa de una Entidad Local:

a) Tributaria y financiera.
b) La embargabilidad de sus bienes y derechos en los términos previstos en las leyes.
c) De ejecución forzosa y sancionadora.
d) Expropiatoria y de investigación.

23. El Estatuto Provincial de CALVO-SOTELO fue de:

a) 1929.
b) 1924.
c) 1925.
d) 1931.

24. Los órganos desconcentrados y descentralizados para la gestión de los servicios de las Provincias son creados por:

a) El Presidente de la Corporación.
b) El Pleno de la Corporación.
c) La Comisión de Cuentas.
d) La Junta de Gobierno.

25. La división provincial actual arranca del/de la:

a) Constitución vigente.
b) Constitución de 1812.
c) Decreto de Javier de Burgos de 1833.
d) Vigente Ley de Régimen Local.

26. Respecto al Estado, la delimitación provincial del territorio español:

a) Sirve para que este gestione a dicho nivel algunos de sus servicios.
b) Es la base del reconocimiento de los Municipios.
c) No tiene repercusión alguna.
d) Comporta la necesaria descentralización de su organización.

27. El Derecho autonómico ha atribuido a las Provincias la función de prestar servicios de la Comunidad Autónoma de carácter:

a) Delegado.
b) Desconcentrado.
c) Descentralizado.
d) Las respuestas a) y c) son correctas.

28. La denominación y capitalidad de una Provincia puede hacerse por:

a) Ley Orgánica de las Cortes Generales.
b) Ley ordinaria de las mismas.
c) Ley de la Asamblea Legislativa de la Comunidad Autónoma.
d) Real Decreto del Gobierno de la Nación.

29. La Provincia es circunscripción electoral para la elección de/de los:

a) Concejales.
b) Parlamentos Autonómicos.
c) Diputados Provinciales.
d) Todos los anteriores.

30. La alteración de los límites provinciales se efectuará por:

a) Ley de la Asamblea Legislativa de la Comunidad Autónoma respectiva.
b) Ley Orgánica de las Cortes Generales.
c) Acuerdo del Consejo de Ministros.
d) Acuerdo del Consejo de Gobierno de la Comunidad Autónoma correspondiente.

31. El ámbito sectorial en que la Provincia puede actuar con arreglo a Derecho, se denomina:

a) Ámbito decisorio.
b) Programa sectorial.
c) Sector de actuación.
d) Competencia provincial.

32. Las Diputaciones Provinciales fueron abolidas por Fernando VII en:

a) 1812.
b) 1814.
c) 1823.
d) 1833.

33. El número de Provincias existentes en la actualidad, en España, es:

a) Cincuenta y dos.
b) Cincuenta.
c) Cincuenta y uno.
d) Cincuenta y dos más las Islas.

34. La personalidad jurídica de las Provincias se califica por la ley de:

a) Plena.
b) Propia.
c) Depende del Ente que las crea.
d) No la tienen.

35. La Provincia participa en la:

a) Cooperación de la Administración Estatal y Autonómica con la Local.
b) Colaboración de dichas Administraciones.
c) Coordinación de la Administración Local con la de la Comunidad Autónoma y la del Estado.
d) No tiene participación alguna.

36. Los habitantes de una Provincia reciben, por esta condición, el nombre de:

a) Vecinos.
b) Provincianos.
c) Residentes.
d) Ninguno.

37. Son fines propios y específicos de las Provincias:

a) Realizar los servicios de competencia municipal.
b) Coordinar la Administración Municipal con la Estatal y Autonómica.
c) Garantizar los principios de solidaridad y autonomía intermunicipales.
d) Garantizar el principio de equilibrio intermunicipal.

38. En cuanto a los servicios municipales, la Provincia:

a) Debe efectuar su prestación.
b) Basta con que asegure dicha prestación.
c) Los gestiona de común acuerdo con los Ayuntamientos.
d) Nada de lo anterior es cierto.

39. Son órganos necesarios de toda Diputación Provincial el:

a) Pleno, el Presidente y los Vicepresidentes.
b) Presidente, los Vicepresidentes en su caso, el Pleno y la Junta de Gobierno.
c) Pleno, el Presidente, los Vicepresidentes y la Junta de Gobierno en todo caso.
d) Pleno, el Presidente, los Vicepresidentes y la Junta de Gobierno cuando así lo apruebe el Pleno.

40. No es un órgano necesario en una Diputación el/la/los:

a) Comisión Especial de Cuentas.
b) Pleno.
c) Diputados Delegados.
d) Vicepresidentes.

41. Entre los órganos complementarios de las Diputaciones no se encuentran los/las:

a) Juntas Sectoriales.
b) Comisiones Informativas.
c) Comisión Especial de Cuentas.
d) Diputados Delegados.

42. La elección del Presidente de una Diputación Provincial se hará:

a) Entre los que encabecen las correspondientes listas en las elecciones locales.
b) Por mayoría absoluta en primera vuelta y simple en la segunda.
c) Por mayoría absoluta en primera vuelta y, en su defecto, el de la lista más votada.
d) Entre todos los concejales elegidos en los Municipios de la Provincia.

43. El Presidente de la Diputación Provincial de Barcelona es:

a) Excelentísimo.
b) Ilustrísimo.
c) Señoría.
d) No existe esta figura allí.

44. El mandato de un Presidente de Diputación Provincial dura normalmente:

a) Cuatro años.
b) Cinco años.
c) Dos años, siendo reelegible.
d) Nueve años.

45. Desde su presentación a su debate y votación, respecto de una moción de censura al Presidente de una Diputación Provincial, no deben pasar más de:

a) Diez días hábiles, a partir del siguiente al de su presentación.
b) Cuatro días.
c) Quince días.
d) Siete días.

46. El Presidente de la Diputación no puede delegar la siguiente atribución:

a) Presidir la Junta de Gobierno.
b) Aprobar las bases de las pruebas de selección de los funcionarios.
c) Dirigir los servicios y obras de la Diputación.
d) Ninguna de las anteriores puede ser objeto de delegación.

47. La declaración de la excedencia forzosa de un funcionario de la Diputación es competencia del/de la:

a) Pleno de la misma.
b) Presidente.
c) Junta de Gobierno.
d) Junta de Personal.

48. El Presidente de la Diputación puede ejercer acciones judiciales:

a) En caso de urgencia solo.
b) Por delegación de la Junta de Gobierno.
c) En cualquier momento, respecto a las materias de su competencia.
d) Solo cuando afecten a la autonomía de la propia Diputación.

49. Asegurar la gestión de los servicios propios de la Comunidad Autónoma cuya gestión ordinaria esté encomendada a la Diputación es competencia del/de la:

a) Diputado-Delegado que corresponda.
b) Presidente de la Diputación.
c) Pleno de la Diputación.
d) Comunidad Autónoma.

50. Una Diputación de una Provincia con cuatro millones de habitantes tiene el siguiente número de Diputados:

a) Veintisiete.
b) Treinta y uno.
c) Cincuenta y uno.
d) Cincuenta y dos.

51. El Reglamento de Población y Demarcación Territorial de las Entidades Locales es de:

a) Julio de 1985.
b) Junio de 1986.
c) Julio de 1986.
d) Noviembre de 1986.

52. A la asociación voluntaria de Municipios para prestar servicios de su competencia se le denomina:

a) Consorcios.
b) Mancomunidades.
c) Agrupaciones.
d) Áreas Metropolitanas.

53. En las Mancomunidades se unen los:

a) Alcaldes.
b) Ayuntamientos en general.
c) Municipios.
d) Municipios o Provincias.

54. Las Mancomunidades tienen personalidad jurídica:

a) Pero no capacidad jurídica.
b) Cuando actúen como personas de Derecho Privado.
c) En todo caso.
d) En ningún supuesto.

55. Los servicios para cuya prestación se unen los Municipios en Mancomunidades han de ser:

a) Los mínimos establecidos en la ley.
b) Un número determinado de servicios.
c) Todos los que estén atribuidos a los mismos.
d) Referidos necesariamente a obras públicas.

56. Como consecuencia de lo anterior:

a) Han de asumir la totalidad de las competencias asignadas a los respectivos Municipios.
b) Solo pueden asumir parte de estas competencias.
c) No pueden desarrollar ninguna de estas competencias.
d) Ejercerán voluntariamente todo tipo de servicios mínimos.

57. No es necesario que pertenezcan a la misma Provincia los Municipios que se:

a) Mancomunen.
b) Agrupen.
c) Integren en Áreas Metropolitanas.
d) Se incluyan en los casos anteriores.

58. La continuidad territorial entre los Municipios mancomunados:

a) Puede venir requerida por la naturaleza de la Mancomunidad.
b) Es un requisito indispensable para que pueda constituirse esta.
c) No se requiere en caso alguno.
d) Debe limitarse a Municipios que pertenezcan a la misma Provincia.

59. Si no determinan otra cosa los Estatutos, cada Municipio tiene los siguientes representantes en una Junta de Mancomunidad:

a) Uno.
b) Dos.
c) Cuatro.
d) Depende de su población.

60. El órgano de gobierno de las Mancomunidades suele ser el/la:

a) Alcalde Pedáneo.
b) Asamblea Vecinal.
c) Pleno de los Municipios mancomunados.
d) Junta de la Mancomunidad.

61. El nombramiento del Presidente de la Mancomunidad se efectúa por:

a) Todos los Plenos de los Municipios mancomunados.
b) La Comunidad Autónoma respectiva.
c) Mayoría absoluta de los miembros del órgano de gobierno de la Mancomunidad.
d) Sufragio universal entre los representantes de los Municipios en la Mancomunidad.

62. El Proyecto de Estatutos de la Mancomunidad se elabora por la/los:

a) Plenos de los respectivos Municipios.
b) Comunidad Autónoma.
c) Diputación Provincial respectiva.
d) Concejales de los Municipios que se vayan a mancomunar, constituidos en Asamblea.

63. Los Estatutos de las Mancomunidades se someten a información pública:

a) No.
b) Sí, por quince días.
c) Sí, por treinta días.
d) Sí, por un mes.

64. La Diputación Provincial de la Provincia a que pertenezcan los Municipios a mancomunar, en el proceso de elaboración de los Estatutos de la Mancomunidad:

a) Se limita a emitir informe sobre su Proyecto.
b) Ha de tomar la iniciativa en su elaboración.
c) No tiene intervención alguna.
d) Aprueba definitivamente los mismos.

65. La aprobación de estos Estatutos corresponde a la/los:

a) Plenos de los Ayuntamientos respectivos, con mayoría absoluta del número legal de sus miembros.
b) Diputación o Diputaciones interesadas.
c) Comunidad Autónoma de que se trate.
d) Alcaldes de los Municipios a mancomunar.

66. Como contenido de los Estatutos de la Mancomunidad no es necesario que figure/n la/los/las:

a) El lugar en que radiquen sus órganos de gobierno y administración.
b) Fines y competencias de la misma.
c) Causas de su disolución.
d) Deben figurar todas las menciones anteriores.

67. Con carácter general, salvo oposición en los términos legales establecidos, está prevista la agrupación de Municipios en:

a) Áreas Metropolitanas.
b) Mancomunidades.
c) Comarcas.
d) Entidades de ámbito territorial inferior al municipal.

68. En una Comarca pueden integrarse Municipios de varias Provincias:

a) Sí.
b) No.
c) Solo cuando así lo acuerde la Comunidad Autónoma.
d) Solo cuando pertenezcan a varias Comunidades Autónomas.

69. La iniciativa de creación de una Comarca necesariamente ha de partir de la/los/las:

a) Municipios que se vayan a integrar en la misma.
b) Diputación Provincial respectiva.
c) Comunidad Autónoma correspondiente.
d) Nada de lo anterior es cierto.

70. Para que los Municipios veten el integrarse en una Comarca se requiere el siguiente quórum:

a) Dos cuartas partes de ellos.
b) La mayoría absoluta del censo electoral.
c) Dos quintas partes de ellos, que representen al menos la mitad del censo electoral.
d) Unanimidad.

71. Puede obligar a constituirse la Comarca, pese al veto legal de los Municipios afectados:

a) Cualquier Comunidad Autónoma.
b) Solo la Comunidad catalana.
c) La Diputación Provincial respectiva.
d) La mayoría absoluta de los electores de dichos Municipios.

72. La regulación concreta, en cuanto a su ámbito territorial, composición, funcionamiento, etc., de las Comarcas se atribuye a los/las:

a) Municipios en ellas integrados.
b) Leyes de las respectivas Comunidades Autónomas.
c) Diputaciones Provinciales afectadas.
d) Consejos de Gobierno de las respectivas Comunidades Autónomas.

73. Para crear una Comarca que agrupe a Municipios de varias Provincias:

a) Se requiere informe favorable del Consejo de Estado.
b) Ha de recaer informe favorable de las Diputaciones Provinciales a cuyo ámbito territorial pertenezcan tales Municipios.
c) Debe aprobarse por ley ordinaria de las Cortes Generales.
d) No es posible esta creación.

74. Como consecuencia de la creación de una Comarca, los servicios mínimos que han de prestar los Municipios integrados en ella:

a) Se atribuyen a la propia Comarca, para facilitar su gestión.
b) Han de mantenerse como competencia de dichos Municipios.

c) Dejan de serlo, para convertirse en servicios de prestación voluntaria.

d) Se gestionan por un órgano especial creado al efecto.

75. Incidental e implícitamente la Constitución alude al hecho comarcal en su artículo:

a) 1.

b) 140.

c) 137.

d) 141.

76. Las Áreas Metropolitanas integran Municipios de:

a) Diferentes Provincias.

b) Grandes aglomeraciones urbanas.

c) La misma Provincia, pero no limítrofes.

d) Distintas Comunidades Autónomas, pero que tienen un nexo común en la prestación de servicios.

77. Las Áreas Metropolitanas se crean por:

a) Acuerdo de los Municipios afectados.

b) Ley del Parlamento Autonómico.

c) Decreto del Consejo de Gobierno de la Comunidad Autónoma.

d) La Administración General del Estado.

78. En la creación de las Áreas Metropolitanas ha de darse audiencia, necesariamente, a/a la/los:

a) Administración General del Estado.

b) Diputaciones Provinciales interesadas.

c) Ayuntamientos afectados.

d) Todos los anteriores.

79. En los órganos de gobierno de las Áreas Metropolitanas han de estar representados/as:

a) Todos los Municipios que la integran.

b) Solo los Municipios que atraen a su área de influencia a los demás.

c) Las respectivas Comunidades Autónomas.

d) Todos los anteriores y las Diputaciones Provinciales.

80. La creación de estas Áreas Metropolitanas obedece sustancialmente a la:

a) Asunción de las competencias de los Municipios en ellas integrados, que quedan desapoderados de las mismas.

b) Planificación conjunta y coordinación de algunos servicios y obras.

c) Planificación económica de los Municipios en ellas incluidos.
d) Prestación de los servicios mínimos de estos Municipios.

81. La supresión de un Área Metropolitana ha de hacerse a través de:

a) Ley ordinaria de las Cortes Generales.
b) Ley del Parlamento Autonómico.
c) Acuerdo de los Municipios.
d) Real Decreto del Gobierno de la Nación.

82. Las Entidades de ámbito territorial inferior al municipal, tras la reforma de la Ley de Régimen Local llevada a efecto por la Ley 27/2013, de 27 de diciembre, de racionalización y sostenibilidad de la Administración Local (LRSAL):

a) Han desaparecido.
b) Pueden seguir constituyéndose sin límite alguno.
c) Se integran en las Mancomunidades.
d) Pueden subsistir.

83. La disolución por no presentación de cuentas por las entidades de ámbito territorial inferior al Municipio ante los organismos correspondientes del Estado y de la Comunidad Autónoma respectiva:

a) Será acordada por Decreto del órgano de gobierno de la Comunidad Autónoma respectiva.
b) No impide, en su caso, su mantenimiento como forma de organización desconcentrada.
c) No está prevista legalmente.
d) Las respuestas a) y b) son correctas.

84. La administración de los núcleos de población a que se refieren, en el caso de nuevos entes de ámbito territorial inferior al Municipio que carezcan de personalidad jurídica, se efectúa con carácter:

a) Desconcentrado.
b) Delegado.
c) Descentralizado.
d) Coordinador.

85. Puede pedir la creación de un ente de ámbito territorial inferior al Municipio a que se refiere la pregunta anterior:

a) La población interesada solo.
b) El Ayuntamiento a instancias de aquella exclusivamente.
c) Los dos anteriores, indistintamente.
d) Ninguno de los anteriores.

86. Un requisito esencial para poder crear este tipo de entes es:

a) Que tengan la condición de entes descentralizados.
b) Que lo autorice la Administración General del Estado.
c) Que resulte la opción más eficiente para la administración desconcentrada de estos núcleos de población separados de acuerdo con los principios previstos en la Ley Orgánica 2/2012, de 27 de abril, de Estabilidad Presupuestaria y Sostenibilidad Financiera.
d) Todos los anteriores lo son.

87. El órgano unipersonal ejecutivo que dirige estas Entidades se llama:

a) Junta Vecinal.
b) Presidente del Ayuntamiento.
c) Alcalde Pedáneo.
d) Las respuestas b) y c) son ciertas.

88. El Alcalde Pedáneo es elegido por:

a) La Comunidad Autónoma respectiva.
b) El Ayuntamiento.
c) Los propios vecinos pertenecientes a la Entidad, directamente.
d) Y entre los Concejales del Ayuntamiento del Municipio del que se haya separado la Entidad.

89. El mínimo de miembros de la Junta Vecinal es de:

a) Depende de lo que acuerden los vecinos.
b) Dos.
c) Un tercio de los Concejales del Ayuntamiento respectivo.
d) No se determina.

90. La ordenación de pagos con cargo al Presupuesto de la Entidad es competencia del/de la:

a) Ayuntamiento.
b) Alcalde Pedáneo.
c) Junta Vecinal.
d) Interventor de Fondos de la Entidad.

91. Por su parte, el ejercicio de acciones judiciales y administrativas se reserva al/a la:

a) Comunidad Autónoma.
b) Ayuntamiento.
c) Alcalde Pedáneo.
d) Junta Vecinal.

92. En el régimen de Concejo Abierto, el órgano colegiado de gobierno y administración se denomina:

a) Junta Vecinal.
b) Alcalde.
c) Asamblea Vecinal.
d) Pleno.

93. En este régimen de Concejo Abierto, el órgano colegiado de gobierno y administración celebrará sesión ordinaria como mínimo una vez al:

a) Trimestre en día festivo.
b) Mes.
c) Año, en día festivo.
d) Semestre en día no lectivo.

94. Se considera una competencia propia de las Entidades de ámbito territorial inferior al Municipio que subsistan como tales, la de:

a) Prestación de servicios municipales de interés para ellas.
b) Policía de caminos rurales.
c) Regulación del aprovechamiento de sus bienes comunales.
d) Las respuestas b) y c) son ciertas.

95. La pertenencia de una subsistente Entidad de ámbito territorial inferior al Municipio a varios Municipios:

a) Está absolutamente prohibida.
b) Es la regla general, para darle su propia identidad.
c) Se admite excepcionalmente, con acuerdo del Consejo de Gobierno de la Comunidad Autónoma respectiva.
d) Requiere el previo acuerdo de los Municipios afectados.

Solución al test n.º 5

1. d) La población, la organización y el territorio.

2. b) El territorio en que el Ayuntamiento ejerce sus competencias.

3. b) La creación de nuevos municipios solo podrá realizarse sobre la base de núcleos de población territorialmente diferenciados, de al menos 4.000 habitantes.

4. b) En ningún caso.

5. d) Las respuestas a) y c) son correctas.

6. c) Acceder a los aprovechamientos comunales.

7. c) No les atribuirá ningún derecho que no les confiera la legislación vigente.

8. c) El registro administrativo donde constan los vecinos de un municipio.

9. d) Ninguna de las respuestas es correcta.

10. a) Deberá inscribirse únicamente en el Padrón municipal del municipio en el que habite durante más tiempo al año.

11. c) Sí, y su formación se realizará por la Administración General del Estado.

12. d) Los municipios que tradicional y voluntariamente cuenten con ese singular régimen de gobierno y administración.

13. b) Plena.

14. c) Está prohibida en nuestro ordenamiento jurídico.

15. c) Ayuntamiento respectivo.

16. a) Hay que estar empadronado como tal en él.

17. d) Debe figurar todo lo anterior.

18. c) Ministerio de Economía, Comercio y Empresa

19. c) Administración General del Estado.

20. b) Administración General del Estado.

21. d) Diputaciones u otro tipo de Corporaciones representativas.

22. b) La embargabilidad de sus bienes y derechos en los términos previstos en las leyes.

23. c) 1925.

24. b) El Pleno de la Corporación.

25. b) Constitución de 1812.

26. a) Sirve para que este gestione a dicho nivel algunos de sus servicios.

27. d) Las respuestas a) y c) son correctas.

28. b) Ley ordinaria de las mismas.

29. b) Parlamentos Autonómicos.

30. b) Ley Orgánica de las Cortes Generales.

31. d) Competencia provincial.

32. b) 1814.

33. b) Cincuenta.

34. b) Propia.

35. c) Coordinación de la Administración Local con la de la Comunidad Autónoma y la del Estado.

36. d) Ninguno.

37. d) Garantizar el principio de equilibrio intermunicipal.

38. b) Basta con que asegure dicha prestación.

39. c) Pleno, el Presidente, los Vicepresidentes y la Junta de Gobierno en todo caso.

40. c) Diputados Delegados.

41. a) Juntas Sectoriales.

42. b) Por mayoría absoluta en primera vuelta y simple en la segunda.

43. a) Excelentísimo.

44. a) Cuatro años.

45. a) Diez días hábiles, a partir del siguiente al de su presentación.

46. a) Presidir la Junta de Gobierno.

47. b) Presidente.

48. c) En cualquier momento, respecto a las materias de su competencia.

49. b) Presidente de la Diputación.

50. c) Cincuenta y uno.

51. c) Julio de 1986.

52. b) Mancomunidades.

53. c) Municipios.

54. c) En todo caso.

55. b) Un número determinado de servicios.

56. b) Solo pueden asumir parte de estas competencias.

57. a) Mancomunen.

58. a) Puede venir requerida por la naturaleza de la Mancomunidad.

59. b) Dos.

60. d) Junta de la Mancomunidad.

61. c) Mayoría absoluta de los miembros del órgano de gobierno de la Mancomunidad.

62. d) Concejales de los Municipios que se vayan a mancomunar, constituidos en Asamblea.

63. d) Sí, por un mes.

64. a) Se limita a emitir informe sobre su Proyecto.

65. a) Plenos de los Ayuntamientos respectivos, con mayoría absoluta del número legal de sus miembros.

66. d) Deben figurar todas las menciones anteriores.

67. c) Comarcas.

68. a) Sí.

69. d) Nada de lo anterior es cierto.

70. c) Dos quintas partes de ellos, que representen al menos la mitac del censo electoral.

71. b) Solo la Comunidad catalana.

72. b) Leyes de las respectivas Comunidades Autónomas.

73. b) Ha de recaer informe favorable de las Diputaciones Provinciales a cuyo ámbito territorial pertenezcan tales Municipios.

74. b) Han de mantenerse como competencia de dichos Municipios.

75. d) 141.

76. b) Grandes aglomeraciones urbanas.

77. b) Ley del Parlamento Autonómico.

78. d) Todos los anteriores.

79. a) Todos los Municipios que la integran.

80. b) Planificación conjunta y coordinación de algunos servicios y obras.

81. b) Ley del Parlamento Autonómico.

82. d) Pueden subsistir.

83. d) Las respuestas a) y b) son correctas.

84. a) Desconcentrado.

85. c) Los dos anteriores, indistintamente.

86. c) Que resulte la opción más eficiente para la administración desconcentrada de estos núcleos de población separados de acuerdo con los principios previstos en la Ley Orgánica 2/2012, de 27 de abril, de Estabilidad Presupuestaria y Sostenibilidad Financiera.

87. c) Alcalde Pedáneo.

88. c) Los propios vecinos pertenecientes a la Entidad, directamente.

89. b) Dos.

90. b) Alcalde Pedáneo.

91. d) Junta Vecinal.

92. c) Asamblea Vecinal.

93. a) Trimestre en día festivo.

94. d) Las respuestas b) y c) son ciertas.

95. a) Está absolutamente prohibida.

Los recursos de las haciendas locales. Los tributos locales, tasas, precios públicos y contribuciones especiales. La participación en los tributos del Estado y de las Comunidades Autónomas. Las operaciones de crédito. La revisión de los actos de gestión tributaria. La potestad reglamentaria de las entidades locales en materia tributaria: las ordenanzas fiscales, contenido, tramitación

1. De conformidad con el artículo 142 de la Constitución Española:

a) Las Haciendas Locales deberán disponer de los medios suficientes para el desempeño de las funciones que la ley atribuye a las Corporaciones respectivas.
b) Las Haciendas Locales deberán disponer de los medios necesarios para el desempeño de las funciones que la ley atribuye a las Corporaciones respectivas.
c) Las Haciendas Locales deberán disponer de los medios suficientes para el desempeño de las necesidades que la ley atribuye a las Corporaciones respectivas.
d) Las Haciendas Locales deberán disponer de los medios suficientes para el desempeño de las actividades que la ley atribuye a las Corporaciones respectivas.

2. Según la Ley de Bases de Régimen Local:

a) Las Haciendas Locales se nutren, además de tributos propios y de las participaciones reconocidas en los del Estado y en los de las Comunidades Autónomas, de aquellos otros recursos que prevé la ley.
b) Las Haciendas Locales se nutren, además de tributos propios, de las participaciones reconocidas en los del Estado y en los de las Comunidades Autónomas.
c) Las Haciendas Locales se nutren, además de tributos propios, de las participaciones reconocidas en los del Estado.
d) Las Haciendas Locales se nutren, además de tributos propios, de las participaciones reconocidas en los de las Comunidades Autónomas.

3. Solo podrán establecerse prestaciones personales o patrimoniales de carácter público:

a) Con arreglo a la ley.
b) Con arreglo a la norma.

c) Con arreglo a los reglamentos.
d) Con arreglo a los Reales Decretos.

4. ¿Tienen las Entidades Locales potestad tributaria?

a) Sí, de carácter secundario.
b) Sí, de carácter primario.
c) No.
d) Solo la tiene el Estado.

5. La potestad reglamentaria de las Entidades Locales en materia tributaria se ejercerá a través de:

a) Ordenanzas Generales de Gestión, Recaudación e Inspección.
b) Ordenanzas Fiscales reguladoras de sus propios tributos.
c) Las respuestas anteriores son correctas.
d) Ordenanzas Fiscales reguladoras de las tasas.

6. La Hacienda de las Entidades Locales estará constituida por los siguientes recursos:

a) Las subvenciones.
b) El producto de las operaciones de crédito.
c) El producto de las multas y sanciones.
d) Todas las respuestas son verdaderas.

7. ¿Qué ingresos tienen la consideración de derecho privado?

a) Las adquisiciones a título de herencia, legado o donación.
b) Los rendimientos o productos de cualquier naturaleza derivados del patrimonio.
c) Las adquisiciones mediante contratos.
d) Las respuestas a) y b) son correctas.

8. Tendrán la consideración de tasas las prestaciones patrimoniales que establezcan las Entidades locales por:

a) El coste de las obras.
b) La utilización privativa o el aprovechamiento especial del dominio público local.
c) Las actividades administrativas de toda clase.
d) Ninguna respuesta es correcta.

9. El importe de las contribuciones especiales no podrá exceder de:

a) 50 por 100 del coste de la obra que el Municipio soporte.
b) 90 por 100 del coste de la obra que el Municipio soporte.

c) 70 por 100 del coste de la obra que el Municipio soporte.
d) 80 por 100 del coste de la obra que el Municipio soporte.

10. Los Ayuntamientos podrán establecer y exigir el siguiente impuesto:

a) Impuesto sobre Bienes Inmuebles.
b) Impuesto sobre Vehículos de Tracción Mecánica.
c) Impuesto sobre el Incremento de Valor de los Terrenos de Naturaleza Urbana.
d) Impuesto sobre Actividades Económicas.

11. Las Entidades Locales podrán percibir subvenciones de toda índole con destino a sus obras y servicios:

a) Que no podrán ser aplicadas a atenciones distintas de aquellas para las que fueron otorgadas, salvo, en su caso, los sobrantes no reintegrables cuya utilización no estuviese prevista en la concesión.
b) Que no podrán ser aplicadas a atenciones distintas de aquellas para las que fueron otorgadas.
c) Que podrán ser aplicadas a atenciones distintas de aquellas para las que fueron otorgadas.
d) Que podrán ser aplicadas a atenciones distintas de aquellas para las que fueron otorgadas salvo, en su caso, los sobrantes no reintegrables.

12. Todas las operaciones financieras que suscriban las Corporaciones Locales están sujetas:

a) Al principio de anualidad.
b) Al principio de prudencia financiera.
c) Al principio de ejecución presupuestaria.
d) Al principio de especificación.

13. ¿Pueden las entidades locales acudir al crédito privado a largo plazo?

a) Sí, pudiendo instrumentarse a través de contratación de préstamos o créditos.
b) Sí, pudiendo instrumentarse a través de emisión de deuda privada.
c) Sí, pudiendo instrumentarse a través de conversión y sustitución total o parcial de operaciones futuras.
d) Todas las respuestas son verdaderas.

14. La prestación personal y de transporte podrá ser exigible:

a) Por los Ayuntamientos con población de derecho no superior a 3.000 habitantes.
b) Por los Ayuntamientos con población de derecho no superior a 4.000 habitantes.
c) Por las Entidades de ámbito inferior al municipio.
d) Por los Ayuntamientos con población de derecho no superior a 5.000 habitantes.

15. La competencia para conocer y resolver un recurso de reposición en materia tributaria será del:

a) Órgano de la Entidad Local superior al que haya dictado el acto administrativo impugnado.
b) Órgano de la Entidad Local que haya dictado el acto administrativo impugnado.
c) Órgano de la Entidad Local que haya delegado el dictado del acto administrativo impugnado.
d) Del alcalde o presidente.

16. Podrán interponer el recurso de reposición en materia tributaria:

a) Los sujetos pasivos.
b) Los responsables de los tributos.
c) Las respuestas a) y b) son correctas.
d) Todos los ciudadanos.

17. Contra la resolución del recurso de reposición en materia tributaria:

a) Cabe recurso de alzada.
b) Pueden los interesados interponer directamente recurso contencioso-administrativo.
c) No puede interponerse de nuevo este recurso.
d) Las respuestas b) y c) son correctas.

18. En los municipios de gran población existirá un órgano especializado entre cuyas funciones se encuentran:

a) El conocimiento de la naturaleza de los actos tributarios.
b) La elaboración de las Ordenanzas Fiscales.
c) El dictamen sobre los proyectos de ordenanzas fiscales.
d) Ninguna respuesta es correcta.

19. La extinción total o parcial de las deudas que el Estado tenga con las Entidades Locales, o viceversa, podrá acordarse por vía de compensación, cuando se trate de:

a) Deudas vencidas.
b) Deudas vencidas, líquidas y exigibles.
c) Deudas vencidas y líquidas.
d) Deudas vencidas, líquidas y legales.

20. ¿Podrán reconocerse beneficios fiscales en los tributos locales?

a) Solo en los casos expresamente previstos en las normas con rango de ley.
b) En los casos derivados de la aplicación de los Tratados Internacionales.
c) Las respuestas a) y b) son correctas.
d) En los casos establecidos en los reglamentos estatales.

21. Cuando las ordenanzas fiscales así lo prevean, no se exigirá interés de demora en los acuerdos de aplazamiento de pago que hubieran sido solicitados en período voluntario:

a) Siempre que se refieran a deudas de vencimiento periódico.

b) Siempre que se refieran a deudas de notificación colectiva.

c) Siempre que el pago total de las deudas se produzca en el mismo ejercicio que el de su devengo.

d) Todas las respuestas son correctas.

22. Un criterio al que no ha de ajustarse la gestión económico-financiera en los municipios de gran población es:

a) Cumplimiento del objetivo de estabilidad presupuestaria.

b) Introducción de la exigencia del seguimiento de los costes de los servicios.

c) Unión de las funciones de contabilidad y de fiscalización de la gestión económico-financiera.

d) La concertación de operaciones de tesorería se realizarán de acuerdo con las bases de ejecución del presupuesto y el plan financiero aprobado.

23. En los municipios de gran población el titular del órgano que ostenta las funciones de presupuestación, contabilidad, tesorería y recaudación:

a) Deberá ser un funcionario de Administración local con habilitación de carácter nacional.

b) Deberá ser un funcionario de Administración local con habilitación de carácter nacional, salvo el del órgano que desarrolle las funciones de presupuestación.

c) Deberá ser un funcionario de carrera.

d) Es el Interventor municipal.

24. En los municipios de gran población corresponderá al órgano de gestión tributaria:

a) La gestión, liquidación, inspección, recaudación y revisión de los actos contables.

b) La recaudación en período voluntario de los ingresos de Derecho Público.

c) El análisis y diseño de la política particular de ingresos públicos.

d) El seguimiento y la ordenación de la ejecución del presupuesto de ingresos en lo relativo a ingresos tributarios.

25. En los municipios de gran población la función pública de control y fiscalización interna de la gestión económico-financiera y presupuestaria corresponderá:

a) Al Tesorero municipal.

b) Al Interventor municipal.

c) Al Secretario municipal.

d) Al Depositario de cuentas.

26. Las Entidades Locales deberán acordar la imposición y supresión de sus tributos propios:

a) Salvo en el supuesto del Impuesto sobre bienes inmuebles.
b) Salvo en el supuesto del Impuesto sobre el Incremento de Valor de los Terrenos de Naturaleza Urbana.
c) Salvo en el supuesto del Impuesto sobre Construcciones, Instalaciones y Obras.
d) Ninguna respuesta es correcta.

27. Una Ordenanza Fiscal reguladora del Impuesto sobre vehículos de tracción mecánica deberá contener necesariamente:

a) La determinación del hecho imponible.
b) La determinación del sujeto pasivo.
c) Los elementos necesarios para la determinación de las cuotas tributarias.
d) La determinación del tipo de gravamen.

28. Las aprobaciones y modificaciones de las Ordenanzas Fiscales se someterán a información pública y audiencia de los interesados por el plazo mínimo de:

a) 40 días.
b) 30 días.
c) 20 días.
d) 10 días.

29. En el caso de que no se hubieran presentado reclamaciones a la aprobación provisional de las Ordenanzas Fiscales:

a) Se entenderá definitivamente adoptado el acuerdo, hasta entonces provisional, sin necesidad de acuerdo plenario.
b) Se entenderá definitivamente adoptado el acuerdo, hasta entonces provisional, siendo necesario acuerdo plenario.
c) Se entenderá definitivamente adoptado el acuerdo, hasta entonces provisional, siendo necesario acuerdo de la Junta de Gobierno.
d) Se entenderá definitivamente adoptado el acuerdo, hasta entonces provisional, siendo necesario acuerdo por mayoría simple del Pleno.

30. Tendrán la consideración de interesados a los efectos de presentar reclamaciones a los acuerdos provisionales de aprobación de las Ordenanzas Fiscales:

a) Las cámaras oficiales.
b) Los colegios oficiales.
c) Los que tuvieran un interés directo o resulten afectados por tales acuerdos.
d) Todas las respuestas son correctas.

31. La principal fuente de financiación de las Haciendas Locales son los/las:

a) Créditos obtenidos de las instituciones financieras.
b) Ingresos de Derecho Privado.
c) Tributos propios.
d) Prestaciones personales de los vecinos.

32. Nuestra vigente Constitución, respecto de las Haciendas Locales, consagra el principio de:

a) Autodeterminación.
b) Suficiencia.
c) Autonomía.
d) Dependencia del Estado.

33. Para alcanzar dicho principio, en relación con los tributos del Estado y de las Comunidades Autónomas, las Haciendas Locales:

a) Se encargarán de gestionarlos y recaudarlos.
b) Percibirán las cantidades abonadas por los mismos.
c) Participarán de los resultados de dichos tributos.
d) Determinarán cuáles se implantan en el respectivo territorio de la Entidad Local de que se trate.

34. En cualquier caso, los recursos con que cuenten las Haciendas Locales:

a) Han de ser suficientes para el cumplimiento de los fines de las Entidades Locales.
b) Deben tener carácter tributario.
c) Solo deben gestionarse por las propias Haciendas Locales.
d) Todo lo anterior es correcto.

35. Y estos recursos han de estar previstos, previa y originariamente, en un/una:

a) Ley ordinaria de las Cortes Generales.
b) Ley de los Parlamentos Autonómicos.
c) Ordenanza Fiscal de la propia Entidad.
d) Reglamento de carácter general.

36. Es una figura tributaria un/una:

a) Precio público.
b) Operación de crédito.
c) Tasa.
d) Subvención.

37. También lo es un/una:

a) Precio público.
b) Subvención.
c) Multa.
d) Contribución especial.

38. La potestad tributaria de las Entidades Locales:

a) No tiene base legal alguna.
b) Es de carácter derivado o secundario.
c) En su territorio, tiene mayor valor que la propia del Estado.
d) La tienen reservada para la creación de sus propios tributos.

39. En cuanto a la posibilidad de dictar las Entidades Locales normas reglamentarias en esta materia:

a) Se manifiesta a través de Reglamentos Generales de Recaudación.
b) Se realiza mediante Bandos de los Alcaldes.
c) No se le reconoce legalmente.
d) Es requisito *sine qua non* para que puedan exigir sus tributos.

40. La figura a través de la cual se realiza dicha normación en esta materia por una Entidad Local es un/una:

a) Ley.
b) Ordenanza Fiscal.
c) Reglamento General.
d) Bando.

41. Respecto de los tributos previamente creados por una ley estatal como propios de las Entidades Locales, estas tienen:

a) Autonomía para establecerlos y exigirlos.
b) Que delegar en el Estado su gestión y recaudación.
c) Actuar al dictado de lo que señalen las Comunidades Autónomas respectivas.
d) Que ceder su aprovechamiento al propio Estado.

42. En relación con la gestión, recaudación e inspección de sus tributos propios, las Entidades Locales pueden:

a) Descentralizarlas en Entidades inferiores.
b) Concederlas a un particular o una empresa privada con personalidad jurídica.
c) Desconcentrarlas en otra Administración Pública.
d) Delegarlas en una Entidad Local de ámbito superior.

43. Asimismo, respecto de estas materias y en relación con el Estado, pueden:

a) Desconcentrarle las competencias.
b) Descentralizarle las mismas.
c) Establecer mecanismos de colaboración.
d) Delegarle estas competencias.

44. En defecto de su legislación específica, debe aplicarse en esta materia la ley:

a) General Presupuestaria.
b) De Presupuestos Generales del Estado de cada año.
c) Del Procedimiento Administrativo Común de las Administraciones Públicas.
d) General Tributaria.

45. Tienen carácter privado los ingresos procedentes del/de los:

a) Tributos en general.
b) Tributos del Estado.
c) Patrimonio.
d) Precios públicos.

46. Para la cobranza de sus tributos, las Entidades Locales:

a) No gozan de privilegios o prerrogativas.
b) Tienen los propios del Estado.
c) Han de utilizar los servicios propios del Estado.
d) Deben constituir Entidades de Crédito.

47. Los ingresos que procedan de los bienes de dominio público local tienen la consideración de:

a) Derecho Público.
b) Derecho Privado.
c) Tributos en cualquier caso.
d) Atípicos.

48. En cambio, los rendimientos derivados del patrimonio de las Entidades Locales se consideran ingresos de:

a) Derecho Público.
b) Derecho Privado.
c) Carácter tributario.
d) Carácter excepcional.

49. Una condición para considerar de carácter privado los ingresos derivados de un derecho real en favor de una Entidad es que:

a) Sean tributarios.
b) Dicho derecho real no se halle afecto a un uso o servicio público.
c) No posea este tipo de derecho la susceptibilidad de valoración económica.
d) Todo lo anterior es correcto.

50. La adquisición de un bien donado por un particular se considera, a estos efectos:

a) Ingreso de dominio público local.
b) Ingreso de Derecho Público.
c) Ingreso de Derecho Privado.
d) Contribución especial.

51. Lo que abona un particular por la prestación de un servicio público que le afecta o beneficia, siendo de recepción obligatoria, es un/una:

a) Impuesto.
b) Contribución especial.
c) Tasa.
d) Precio público.

52. Si dicho servicio público no fuera de recepción obligatoria, el particular abonaría un/una:

a) Impuesto.
b) Contribución especial.
c) Tasa.
d) Precio público.

53. En los Municipios de gran población, el titular del órgano de gestión presupuestaria puede ser:

a) Un miembro de la Corporación.
b) Un funcionario de Administración Local con Habilitación de carácter Nacional necesariamente.
c) Un funcionario de la propia Corporación.
d) Ninguno de los anteriores.

54. La Intervención General Municipal, en los Municipios de gran población, ejerce las funciones de:

a) Control y fiscalización interna de la gestión económico-financiera y presupuestaria.
b) Contabilidad.

c) Tesorería.
d) Todas las anteriores son ejercidas por la misma.

55. Cuando una Entidad Local realiza una obra pública, en virtud de la cual un ciudadano experimenta en sus bienes un incremento de valor, puede exigirle el pago de un/una:

a) Impuesto.
b) Contribución especial.
c) Tasa.
d) Precio público.

56. En dicho supuesto, la recaudación que se obtenga se destinará a:

a) Sufragar obras de beneficencia.
b) Pagar los gastos de la obra.
c) Incrementar los fondos de la Caja de la Corporación.
d) Cualquiera de las anteriores finalidades.

57. Es de carácter obligatorio su establecimiento y exigencia, para los Ayuntamientos, el Impuesto sobre:

a) El Incremento de Valor de los Terrenos de Naturaleza Urbana.
b) Circulación de Vehículos.
c) Construcciones, Instalaciones y Obras.
d) Vehículos de Tracción Mecánica.

58. Asimismo lo es el Impuesto sobre:

a) La Radicación.
b) Actividades Económicas.
c) Construcciones, Instalaciones y Obras.
d) El Incremento de Valor de los Terrenos de Naturaleza Urbana.

59. En cambio, es potestativo para el Ayuntamiento el establecimiento y exigencia del Impuesto sobre:

a) Actividades Económicas.
b) Vehículos de Tracción Mecánica.
c) Construcciones, Instalaciones y Obras.
d) Bienes Inmuebles.

60. Los vehículos gravados por el Impuesto sobre Vehículos de Tracción Mecánica, han de:

a) Pertenecer a una Administración Pública como regla general.
b) Ser aptos para circular por vías públicas.

c) Ser destinados a su circulación exclusiva por vías privadas.

d) Las respuestas b) y c) son ciertas.

61. La figura impositiva que ha sustituido al desaparecido Impuesto Municipal de Solares es el Impuesto sobre:

a) Construcciones, Instalaciones y Obras.

b) Actividades Económicas.

c) Incremento de Valor de los Terrenos de Naturaleza Urbana.

d) Bienes Inmuebles.

62. La figura impositiva que ha sustituido al Impuesto Municipal sobre la Radicación es el Impuesto sobre:

a) Bienes Inmuebles.

b) Actividades Económicas.

c) Construcciones, Instalaciones y Obras.

d) Ninguno de los anteriores.

63. Los beneficios fiscales en los tributos locales han de estar reconocidos originariamente:

a) Por el Pleno de la Corporación.

b) En norma con rango de ley.

c) En la correspondiente Ordenanza Fiscal.

d) En la Ley General Tributaria.

64. Tiene el carácter de tributo indirecto el Impuesto sobre:

a) Actividades Económicas.

b) Incremento de Valor de los Terrenos de Naturaleza Urbana.

c) Construcciones, Instalaciones y Obras.

d) Vehículos de Tracción Mecánica.

65. En el Impuesto sobre el Incremento de Valor de los Terrenos de Naturaleza Urbana:

a) Se paga dicho incremento por la mera posesión de dichos bienes, unida al transcurso de los años.

b) El citado incremento ha de ponerse de manifiesto, por ejemplo, al transmitirse la propiedad del bien de que se trate.

c) Se grava cualquier terreno, al margen de su clasificación y calificación urbanística.

d) El incremento de que se trata ha de revertir a la colectividad en su integridad.

66. Respecto de las Áreas Metropolitanas está previsto el establecimiento de recargos sobre el siguiente Impuesto:

a) Construcciones, Instalaciones y Obras.
b) Actividades Económicas.
c) Incremento de Valor de los Terrenos de Naturaleza Urbana.
d) Bienes Inmuebles.

67. En relación con algún tributo de una Entidad Local, hay una previsión legal de establecimiento por otra Entidad de este tipo de un/una:

a) Impuesto.
b) Participación.
c) Recargo.
d) Precio Público.

68. Las operaciones de crédito a que pueden acudir las Entidades Locales no pueden instrumentarse a través de:

a) Hipotecas sobre los bienes patrimoniales de la Entidad.
b) Emisión de Deuda Pública.
c) Sustitución total o parcial de una operación de crédito preexistente.
d) Las respuestas a) y c) son ciertas.

69. Este tipo de crédito ha de ser:

a) A medio y largo plazo.
b) A corto y largo plazo.
c) Destinado a obras de mantenimiento.
d) Concertado necesariamente con Entidades Públicas.

70. Por el aprovechamiento especial del dominio público las Entidades Locales han de exigir un/una:

a) Contribución especial.
b) Precio público.
c) Tasa.
d) Prestación personal.

71. De los siguientes ingresos, han de destinarse precisamente a los fines por los que se establecen:

a) Los impuestos.
b) Las subvenciones.
c) Las contribuciones especiales.
d) Las respuestas b) y c) son ciertas.

72. El recurso de reposición contra una Ordenanza Fiscal:

a) Ha de interponerse a partir de su publicación en el Boletín Oficial de la Provincia o, en su caso, de la Comunidad Autónoma uniprovincial.
b) Puede interponerse desde el momento mismo de la aprobación definitiva de dicha Ordenanza.
c) Ha de basarse en las alegaciones efectuadas en el período de información pública habido en la tramitación de dicha Ordenanza.
d) Es inadmisible.

73. El recurso de reposición, en relación con los actos sobre aplicación y efectividad de un tributo local, en un Municipio de régimen común, es:

a) Inadmisible.
b) Potestativo para el particular.
c) Obligatorio.
d) El único posible en vía administrativa.

74. El ejercicio de la potestad de revisión de los actos dictados en vía de gestión tributaria se reserva al/a la:

a) Jurisdicción Contencioso-Administrativa.
b) Pleno de la Corporación.
c) Presidente de la Corporación.
d) Tribunal Económico-Administrativo competente.

75. Para que pueda producirse una compensación de deudas de una Entidad Local:

a) Ha de tenerla con un particular necesariamente.
b) Debe estar pendiente de exigirse.
c) No ha de haberse liquidado, produciéndose esta liquidación al efectuar dicha compensación.
d) Nada de lo anterior es correcto.

76. En el caso de los Municipios de gran población, el proyecto de Ordenanza fiscal, antes de elevarlo al Pleno, se aprobará por:

a) El Alcalde.
b) El Presidente de dicha Entidad Local.
c) El Interventor.
d) La Junta de Gobierno Local.

77. Las Ordenanzas Fiscales de un Ayuntamiento se aprueban definitivamente, en su caso, por el/la:

a) Administración Tributaria del Estado.
b) Respectiva Comunidad Autónoma.

c) Diputación Provincial correspondiente.
d) Propio Ayuntamiento.

78. El órgano competente para adoptar el acuerdo de aprobación provisional de una Ordenanza Fiscal en un Ayuntamiento es el/la:

a) Pleno de la Entidad.
b) Presidente de la misma.
c) Junta de Gobierno Local.
d) Cualquiera de ellos.

79. El acuerdo de aprobación provisional de una Ordenanza Fiscal, además de en el Boletín Oficial de la Provincia, debe anunciarse abriendo el período de información pública, tratándose de un Ayuntamiento de menos de 5.000 habitantes, en:

a) El Boletín de la Comunidad Autónoma, si es pluriprovincial.
b) Un diario de mayor difusión del Estado.
c) Un diario de mayor difusión de la Provincia.
d) Nada de lo anterior es cierto.

80. La exposición al público para sugerencias y reclamaciones se efectúa:

a) Solo en los Ayuntamientos de más de 10.000 habitantes.
b) Tras la aprobación definitiva.
c) Antes de esta aprobación (si se han presentado reclamaciones o sugerencias) y después de la aprobación provisional.
d) Como trámite previo a cualquier tipo de aprobación.

Solución al test n.º 6

1. a) Las Haciendas Locales deberán disponer de los medios suficientes para el desempeño de las funciones que la ley atribuye a las Corporaciones respectivas.

2. a) Las Haciendas Locales se nutren, además de tributos propios y de las participaciones reconocidas en los del Estado y en los de las Comunidades Autónomas, de aquellos otros recursos que prevé la ley.

3. a) Con arreglo a la ley.

4. a) Sí, de carácter secundario.

5. c) Las respuestas anteriores son correctas.

6. d) Todas las respuestas son verdaderas.

7. d) Las respuestas a) y b) son correctas.

8. b) La utilización privativa o el aprovechamiento especial del dominio público local.

9. b) 90 por 100 del coste de la obra que el Municipio soporte.

10. c) Impuesto sobre el Incremento de Valor de los Terrenos de Naturaleza Urbana.

11. a) Que no podrán ser aplicadas a atenciones distintas de aquellas para las que fueron otorgadas, salvo, en su caso, los sobrantes no reintegrables cuya utilización no estuviese prevista en la concesión.

12. b) Al principio de prudencia financiera.

13. a) Sí, pudiendo instrumentarse a través de contratación de préstamos o créditos.

14. d) Por los Ayuntamientos con población de derecho no superior a 5.000 habitantes.

15. b) Órgano de la Entidad Local que haya dictado el acto administrativo impugnado.

16. c) Las respuestas a) y b) son correctas.

17. d) Las respuestas b) y c) son correctas.

18. c) El dictamen sobre los proyectos de ordenanzas fiscales.

19. b) Deudas vencidas, líquidas y exigibles.

20. b) En los casos derivados de la aplicación de los Tratados Internacionales.

21. d) Todas las respuestas son correctas.

22. c) Unión de las funciones de contabilidad y de fiscalización de la gestión económico-financiera.

23. b) Deberá ser un funcionario de Administración local con habilitación de carácter nacional, salvo el del órgano que desarrolle las funciones de presupuestación.

24. d) El seguimiento y la ordenación de la ejecución del presupuesto de ingresos en lo relativo a ingresos tributarios.

25. b) Al Interventor municipal.

26. a) Salvo en el supuesto del Impuesto sobre bienes inmuebles.

27. c) Los elementos necesarios para la determinación de las cuotas tributarias.

28. b) 30 días.

29. a) Se entenderá definitivamente adoptado el acuerdo, hasta entonces provisional, sin necesidad de acuerdo plenario.

30. d) Todas las respuestas son correctas.

31. c) Tributos propios.

32. b) Suficiencia.

33. c) Participarán de los resultados de dichos tributos.

34. a) Han de ser suficientes para el cumplimiento de los fines de las Entidades Locales.

35. a) Ley ordinaria de las Cortes Generales.

36. c) Tasa.

37. d) Contribución especial.

38. b) Es de carácter derivado o secundario.

39. d) Es requisito sine qua non para que puedan exigir sus tributos.

40. b) Ordenanza Fiscal.

41. a) Autonomía para establecerlos y exigirlos.

42. d) Delegarlas en una Entidad Local de ámbito superior.

43. c) Establecer mecanismos de colaboración.

44. d) General Tributaria.

45. c) Patrimonio.

46. b) Tienen los propios del Estado.

47. a) Derecho Público.

48. b) Derecho Privado.

49. b) Dicho derecho real no se halle afecto a un uso o servicio público.

50. c) Ingreso de Derecho Privado.

51. c) Tasa.

52. d) Precio público.

53. c) Un funcionario de la propia Corporación.

54. a) Control y fiscalización interna de la gestión económico-financiera y presupuestaria.

55. b) Contribución especial.

56. b) Pagar los gastos de la obra.

57. d) Vehículos de Tracción Mecánica.

58. b) Actividades Económicas.

59. c) Construcciones, Instalaciones y Obras.

60. b) Ser aptos para circular por vías públicas.

61. d) Bienes Inmuebles.

62. b) Actividades Económicas.

63. b) En norma con rango de ley.

64. c) Construcciones, Instalaciones y Obras.

65. b) El citado incremento ha de ponerse de manifiesto, por ejemplo, al transmitirse la propiedad del bien de que se trate.

66. d) Bienes Inmuebles.

67. c) Recargo.

68. a) Hipotecas sobre los bienes patrimoniales de la Entidad.

69. b) A corto y largo plazo.

70. c) Tasa.

71. d) Las respuestas b) y c) son ciertas.

72. d) Es inadmisible.

73. d) El único posible en vía administrativa.

74. b) Pleno de la Corporación.

75. d) Nada de lo anterior es correcto.

76. d) La Junta de Gobierno Local.

77. d) Propio Ayuntamiento.

78. a) Pleno de la Entidad.

79. d) Nada de lo anterior es cierto.

80. c) Antes de esta aprobación (si se han presentado reclamaciones o sugerencias) y después de la aprobación provisional.

PARTE ESPECÍFICA

TEST N.º 1

Ley 39/2015, de 1 de octubre, del procedimiento administrativo común de las Administraciones Públicas. Los actos administrativos: concepto, elementos, clases. Producción y contenido. Forma, motivación. La eficacia de los actos. Nulidad y anulabilidad

1. El contenido eventual del acto supone:

a) Que este puede estar condicionado.
b) Que se presume en todos los actos del mismo tipo.
c) Que es connatural con el acto de que se trate.
d) Su carácter reglado.

2. Cuando algo necesariamente forma parte de un acto administrativo, hablamos de contenido:

a) Natural.
b) Legal.
c) Eventual.
d) Implícito.

3. La regla general cuando un acto infringe el ordenamiento jurídico es:

a) Su anulabilidad.
b) Su validez temporal.
c) Su nulidad relativa.
d) Las respuestas a) y c) son correctas.

4. Las resoluciones administrativas que vulneren lo establecido en una disposición reglamentaria son:

a) Nulas.
b) Válidas.
c) Anulables.
d) Temporalmente válidas.

5. Las cláusulas accesorias de un acto administrativo forman parte del contenido:

a) Natural del acto.
b) Implícito del mismo.
c) Legal del acto.
d) Eventual del acto.

6. Un acto complejo es aquel:

a) En el que intervienen, sucesivamente, en virtud de la tutela administrativa, dos órganos administrativos.
b) Que se adopta por un órgano colegiado.
c) En cuyo proceso de elaboración se ha evacuado el dictamen de un órgano consultivo.
d) En cuya emisión de voluntad han de intervenir, como mínimo, dos órganos administrativos.

7. Los efectos de una declaración de nulidad absoluta se producen desde:

a) Que se notifica el acto anulatorio.
b) El momento de la declaración de la nulidad.
c) La notificación o publicación del acto anulatorio, según los casos.
d) Que se dictó el acto anulado.

8. Según dispone el art. 41 LPACAP, las notificaciones se practicarán preferentemente:

a) Por la vía postal.
b) Telefónicamente.
c) Por medios electrónicos.
d) Por el medio más rápido y económico para la Administración.

9. Según provengan de un solo órgano administrativo o de dos o más órganos administrativos, los actos administrativos se clasifican en:

a) Actos únicos y actos múltiples.
b) Actos de trámite y actos complejos.
c) Actos simples y complejos.
d) Actos básicos y actos complejos.

10. El procedimiento, que es la vía a través de la cual se elabora la declaración de voluntad, deseo, conocimiento o juicio de la Administración, en que consiste el acto, es un elemento del acto administrativo de tipo:

a) Objetivo.
b) Subjetivo.
c) Formal.
d) Accidental.

11. ¿Cuándo podrá la Administración Pública convalidar un acto administrativo?

a) Cuando el vicio consiste en incompetencia jerárquica.
b) Cuando el vicio consiste en incompetencia funcional.
c) Cuando el vicio consiste en incompetencia territorial.
d) En ninguno de los anteriores casos.

12. Serán motivados, con sucinta referencia de hechos y fundamentos de derecho:

a) Los actos que se separen del criterio seguido en actuaciones precedentes o del dictamen de órganos consultivos.
b) Los actos que limiten derechos subjetivos o intereses legítimos
c) Los actos que resuelvan procedimientos de revisión de oficio de disposiciones o actos administrativos, recursos administrativos y procedimientos de arbitraje y los que declaren su inadmisión.
d) Todas las respuestas son correctas.

13. Para que la Administración Pública pueda imponer multas coercitivas contra un ciudadano en vía de ejecución forzosa de los actos administrativos:

a) Debe existir una norma que se lo permita.
b) Lo puede hacer en cualquier caso.
c) Basta con un reglamento que se lo permita.
d) Debe haber una previsión legal expresa al efecto.

14. Cuando la Administración Pública actúa como persona de Derecho Privado:

a) Solo puede ser controlada por los Tribunales contencioso-administrativos.
b) No dicta actos administrativos.
c) Su actividad es puramente discrecional.
d) Puede actuar sin límite alguno, como cualquier particular.

15. El contenido de un acto administrativo ha de ser:

a) Ilícito y determinado.
b) Posible y lícito.
c) Determinado o determinable e ilícito.
d) Imposible y lícito.

16. Las cláusulas accesorias de un acto administrativo forman parte del contenido:

a) Natural del acto.
b) Implícito del mismo.
c) Legal del acto.
d) Eventual del acto.

17. ¿En qué supuestos la notificación se hará por medio de un anuncio publicado en el Boletín Oficial del Estado?

a) Cuando se ignore el lugar de la notificación.
b) Cuando los interesados en un procedimiento sean conocidos.
c) Cuando intentada la notificación, no se hubiera podido practicar.
d) Las respuestas a) y c) son correctas.

18. Para que un acto tenga eficacia retroactiva es necesario que:

a) Limite derechos de los particulares.
b) Restrinja el ejercicio de facultades de los particulares.
c) Imponga deberes u obligaciones.
d) No se lesionen derechos de otras personas.

19. La presunción de legitimidad de los actos administrativos:

a) No admite prueba en contrario.
b) Dependerá de lo que el propio acto establezca.
c) Puede ser objeto de impugnación por el particular.
d) Solo se da cuando la ley expresamente lo diga.

20. Cuando la notificación se practique en el domicilio del interesado, de no hallarse presente, podrá hacerse cargo de la misma cualquier persona que se encuentre en el domicilio, haga constar su identidad y sea:

a) Mayor de catorce años.
b) Mayor de dieciséis años.
c) Mayor de dieciocho años.
d) Mayor de veintiún años.

21. Señala la respuesta incorrecta. Los actos administrativos serán objeto de publicación:

a) Cuando así lo establezcan las normas reguladoras de cada procedimiento.
b) Cuando lo aconsejen razones de interés público apreciadas por el órgano competente.
c) Cuando el acto tenga por destinatario a una pluralidad indeterminada de personas.
d) Siempre.

22. La notificación de un acto administrativo:

a) Suspende su eficacia hasta que se efectúe tratándose de actos generales.
b) No impide su ejecutividad una vez efectuada.
c) Suspende su eficacia una vez realizada.
d) Ha de hacerse con todo tipo de actos.

23. Cuando la notificación por medios electrónicos sea de carácter obligatorio, o haya sido expresamente elegida por el interesado, se entenderá rechazada cuando hayan transcurrido:

a) Diez días naturales desde la puesta a disposición de la notificación sin que se acceda a su contenido.

b) Siete días naturales desde la puesta a disposición de la notificación sin que se acceda a su contenido.

c) Cinco días naturales desde la puesta a disposición de la notificación sin que se acceda a su contenido.

d) Tres días naturales desde la puesta a disposición de la notificación sin que se acceda a su contenido.

24. La cesación definitiva del acto se producirá por:

a) El total cumplimiento del propio acto.

b) El transcurso del plazo en él mismo señalado, si estaba limitado en el tiempo.

c) El cumplimiento de la condición resolutoria a que pudiera estar sujeto.

d) Todas las respuestas son correctas.

25. Según se manifiesten los actos formalmente, por escrito generalmente, o surjan al exterior en virtud del mecanismo del silencio administrativo, que puede ser positivo o negativo, los actos administrativos se clasifican en:

a) Actos singulares y generales.

b) Actos expresos y presuntos.

c) Actos reglados y discrecionales.

d) Actos definitivos y actos de trámite.

26. Los actos de las Administraciones Públicas sujetos al Derecho Administrativo serán inmediatamente ejecutivos, salvo que:

a) Se necesite aprobación o autorización superior.

b) Una disposición establezca lo contrario.

c) Se produzca la suspensión de la ejecución del acto.

d) Todas las respuestas son correctas.

Solución al test n.º 1

1. a) Que este puede estar condicionado.

2. a) Natural.

3. d) Las respuestas a) y c) son correctas.

4. a) Nulas.

5. d) Eventual del acto.

6. d) En cuya emisión de voluntad han de intervenir, como mínimo, dos órganos administrativos.

7. d) Que se dictó el acto anulado.

8. c) Por medios electrónicos.

9. c) Actos simples y complejos.

10. c) Formal.

11. a) Cuando el vicio consiste en incompetencia jerárquica.

12. d) Todas las respuestas son correctas.

13. d) Debe haber una previsión legal expresa al efecto.

14. b) No dicta actos administrativos.

15. b) Posible y lícito.

16. d) Eventual del acto.

17. d) Las respuestas a) y c) son correctas.

18. d) No se lesionen derechos de otras personas.

19. c) Puede ser objeto de impugnación por el particular.

20. a) Mayor de catorce años.

21. d) Siempre.

22. b) No impide su ejecutividad una vez efectuada.

23. a) Diez días naturales desde la puesta a disposición de la notificación sin que se acceda a su contenido.

24. d) Todas las respuestas son correctas.

25. b) Actos expresos y presuntos.

26. d) Todas las respuestas son correctas.

Ley 39/2015, de 1 de octubre, del procedimiento administrativo común de las Administraciones Públicas. Disposiciones sobre el procedimiento administrativo común: Garantías del procedimiento. Iniciación. Ordenación. Instrucción. Finalización. Ejecución. La tramitación simplificada del procedimiento administrativo común. La revisión de actos en vía administrativa: revisión de oficio. Recursos administrativos

1. Salvo en el caso de que en la norma correspondiente se fije plazo distinto, los trámites que deban ser cumplimentados por los interesados deberán realizarse:

a) En el plazo de un mes a partir del siguiente al de la notificación del correspondiente acto.

b) En el plazo de veinte días a partir del siguiente al de la notificación del correspondiente acto.

c) En el plazo de quince días a partir del siguiente al de la notificación del correspondiente acto.

d) En el plazo de diez días a partir del siguiente al de la notificación del correspondiente acto.

2. ¿Qué recurso cabe contra el acuerdo de acumulación?

a) Ninguno.

b) Recurso de alzada.

c) Recurso de reposición.

d) Recurso extraordinario de revisión.

3. ¿En qué supuesto excepcional se podrá imponer una sanción sin que se haya tramitado el oportuno procedimiento?

a) En casos de urgencia.

b) En aquellos supuestos donde no dé lugar a dudas la imposición de la sanción.

c) Únicamente en aquellos supuestos donde una norma con rango de ley así lo determine.

d) En ningún caso.

4. ¿Cuándo podrán los administrados conocer el estado de la tramitación de los procedimientos en los que tengan la condición de interesados?

a) Solo en la fase de instrucción.
b) Únicamente en la fase de alegaciones.
c) Tan solo en la fase de prueba.
d) En cualquier momento.

5. ¿Cuándo se iniciarán de oficio los procedimientos?

a) Por denuncia.
b) Por acuerdo del órgano competente.
c) Por propia iniciativa.
d) Todas las respuestas son correctas.

6. Señala la respuesta incorrecta respecto al inicio del procedimiento por denuncia:

a) Las denuncias deberán expresar la identidad de la persona o personas que las presentan y el relato de los hechos que se ponen en conocimiento de la Administración.
b) La presentación de una denuncia confiere, por sí sola, la condición de interesado en el procedimiento.
c) Cuando la denuncia invocara un perjuicio en el patrimonio de las Administraciones Públicas la no iniciación del procedimiento deberá ser motivada y se notificará a los denunciantes la decisión de si se ha iniciado o no el procedimiento.
d) Se entiende por denuncia el acto por el que cualquier persona, en cumplimiento o no de una obligación legal, pone en conocimiento de un órgano administrativo la existencia de un determinado hecho que pudiera justificar la iniciación de oficio de un procedimiento administrativo.

7. ¿Cuál de los siguientes datos no es necesario que figure en las solicitudes de iniciación del procedimiento por parte de los interesados?

a) Número de teléfono.
b) Hechos, razones y petición en que se concrete, con toda claridad, la solicitud.
c) Órgano, centro o unidad administrativa a la que se dirige y su correspondiente código de identificación.
d) Firma del solicitante o acreditación de la autenticidad de su voluntad expresada por cualquier medio.

8. Los interesados solo podrán solicitar el inicio de un procedimiento de responsabilidad patrimonial, cuando no haya prescrito su derecho a reclamar. El derecho a reclamar prescribirá:

a) Al año de producido el hecho o el acto que motive la indemnización o se manifieste su efecto lesivo.
b) A los dos años de producido el hecho o el acto que motive la indemnización o se manifieste su efecto lesivo.

c) A los cinco años de producido el hecho o el acto que motive la indemnización o se manifieste su efecto lesivo.

d) Este derecho no prescribe.

9. ¿De acuerdo con qué principio se acordarán en un solo acto todos los trámites que, por su naturaleza, admitan un impulso simultáneo y no sea obligado su cumplimiento sucesivo?

a) Con el principio de oficialidad.
b) Con el principio de eficacia.
c) Con el principio de simplificación administrativa.
d) Con el principio de eficacia.

10. En cualquier momento del procedimiento, cuando la Administración considere que alguno de los actos de los interesados no reúne los requisitos necesarios, lo pondrá en conocimiento de su autor, concediéndole un plazo para cumplimentarlo:

a) De cinco días.
b) De siete días.
c) De diez días.
d) De veinte días.

11. Con arreglo al artículo 74 LPACAP, las cuestiones incidentales que se susciten en el procedimiento, incluso las que se refieran a la nulidad de actuaciones:

a) Suspenderán la tramitación del procedimiento.
b) No suspenderán la tramitación del procedimiento, salvo la recusación.
c) No suspenderán la tramitación del procedimiento en ningún caso.
d) Siempre que lo estime oportuno el instructor del procedimiento, y así lo motive suficientemente, suspenderá la tramitación del procedimiento.

12. Cuando la Administración no tenga por ciertos los hechos alegados por los interesados o la naturaleza del procedimiento lo exija, el instructor del mismo acordará la apertura de un período de prueba, a fin de que puedan practicarse cuantas juzgue pertinentes, por un plazo:

a) No superior a veinte días ni inferior a diez.
b) No superior a treinta días ni inferior a diez.
c) No superior a treinta días ni inferior a quince.
d) No superior a veinte días ni inferior a siete.

13. Señala la respuesta incorrecta respecto a los informes:

a) En la petición de informe se concretará el extremo o extremos acerca de los que se solicita.
b) El informe emitido fuera de plazo podrá no ser tenido en cuenta al adoptar la correspondiente resolución.

c) Salvo disposición expresa en contrario, los informes serán facultativos y vinculantes.

d) Si el informe debiera ser emitido por una Administración Pública distinta de la que tramita el procedimiento en orden a expresar el punto de vista correspondiente a sus competencias respectivas, y transcurriera el plazo legalmente previsto sin que aquel se hubiera emitido, se podrán proseguir las actuaciones.

14. En el caso de los procedimientos de responsabilidad patrimonial será preceptivo solicitar informe al servicio cuyo funcionamiento haya ocasionado la presunta lesión indemnizable, no pudiendo exceder el plazo de su emisión de:

a) Diez días.
b) Siete días.
c) Cinco días.
d) Dos días.

15. Según dispone el art. 82.2 de la LPACAP, los interesados podrán alegar y presentar los documentos y justificaciones que estimen pertinentes, en un plazo:

a) No inferior a veinte días ni superior a un mes.
b) No inferior a quince días ni superior a un mes.
c) No inferior a siete días ni superior a quince.
d) No inferior a diez días ni superior a quince.

16. El art. 83 de la LPACAP dispone respecto de la información pública que el anuncio señalará el lugar de exhibición, debiendo estar en todo caso a disposición de las personas que lo soliciten a través de medios electrónicos en la sede electrónica correspondiente, y determinará el plazo para formular alegaciones, que en ningún caso podrá ser inferior a:

a) Un mes.
b) Veinte días.
c) Quince días.
d) Diez días.

17. Conforme al art. 84 LPACAP, pondrán fin al procedimiento:

a) La resolución.
b) La declaración de caducidad.
c) El desistimiento.
d) Todas las respuestas son correctas.

18. Señala cuál de las siguientes es la forma normal de terminación del procedimiento:

a) El desistimiento.
b) La resolución.
c) El silencio administrativo.
d) La declaración de caducidad.

19. Señala cuál de las siguientes es una forma presunta de terminación del procedimiento:

a) La terminación convencional.
b) El silencio administrativo.
c) La renuncia al derecho en que se funde la solicitud.
d) La resolución.

20. Señala la respuesta incorrecta respecto al desistimiento y renuncia por los interesados:

a) Todo interesado podrá desistir de su solicitud o, cuando ello no esté prohibido por el ordenamiento jurídico, renunciar a sus derechos.
b) Si la cuestión suscitada por la incoación del procedimiento entrañase interés general o fuera conveniente sustanciarla para su definición y esclarecimiento, la Administración podrá limitar los efectos del desistimiento o la renuncia al interesado y seguirá el procedimiento.
c) Si el escrito de iniciación se hubiera formulado por dos o más interesados, el desistimiento o la renuncia afectará a todos ellos.
d) Tanto el desistimiento como la renuncia podrán hacerse por cualquier medio que permita su constancia, siempre que incorpore las firmas que correspondan de acuerdo con lo previsto en la normativa aplicable.

21. La Administración aceptará de plano el desistimiento o la renuncia, y declarará concluso el procedimiento salvo que, habiéndose personado en el mismo terceros interesados, instasen estos su continuación en el plazo de:

a) Un mes desde que fueron notificados del desistimiento o renuncia.
b) Veinte días desde que fueron notificados del desistimiento o renuncia.
c) Diez días desde que fueron notificados del desistimiento o renuncia.
d) Siete días desde que fueron notificados del desistimiento o renuncia.

22. En los procedimientos iniciados a solicitud del interesado, cuando se produzca su paralización por causa imputable al mismo, la Administración le advertirá que se producirá la caducidad del procedimiento transcurridos:

a) Tres meses.
b) Un mes.
c) Veinte días.
d) Quince días.

23. Salvo que reste menos para su tramitación ordinaria, los procedimientos administrativos tramitados de manera simplificada deberán ser resueltos en:

a) Treinta días, a contar desde el siguiente al que se notifique al interesado el acuerdo de tramitación simplificada del procedimiento.
b) Veinte días, a contar desde el siguiente al que se notifique al interesado el acuerdo de tramitación simplificada del procedimiento.

c) Quince días, a contar desde el siguiente al que se notifique al interesado el acuerdo de tramitación simplificada del procedimiento.

d) Diez días, a contar desde el siguiente al que se notifique al interesado el acuerdo de tramitación simplificada del procedimiento.

24. Cuál es el medio utilizado por la Administración para el cobro de las cantidades líquidas adeudadas a la misma que voluntariamente no han sido abonadas por los obligados a ello:

a) El apremio sobre el patrimonio.
b) La ejecución subsidiaria.
c) La multa coercitiva.
d) La compulsión sobre las personas.

25. Respecto a los medios de ejecución forzosa, si fuese necesario entrar en el domicilio del afectado o en los restantes lugares que requieran la autorización de su titular, las Administraciones Públicas deberán obtener el consentimiento del mismo o, en su defecto:

a) La oportuna autorización judicial.
b) La oportuna autorización policial.
c) La oportuna autorización del Ministerio Fiscal.
d) Ninguna respuesta es correcta.

26. Cuál es el medio de ejecución forzosa que suele utilizarse cuando la Administración conmina a un administrado a realizar una conducta, que puede hacerse por cualquier otro y no necesaria ni personalmente por el interesado y el obligado a ello no lo hace, en cuyo caso la Administración, bien a través de sus propios obreros, bien contratando esta obra con un tercero, la realiza, girándole, acto seguido (salvo que lo haya hecho cautelarmente), la liquidación del importe de la misma al obligado, y, si no lo abona, ejerciendo la vía de apremio para percibirlo:

a) La ejecución subsidiaria.
b) La compulsión sobre las personas.
c) El apremio sobre el patrimonio.
d) La multa coercitiva.

27. Los interesados podrán solicitar la tramitación simplificada del procedimiento. Si el órgano competente para la tramitación aprecia que no concurre alguna de las razones previstas legalmente, podrá desestimar dicha solicitud, en el plazo de:

a) Quince días desde su presentación.
b) Diez días desde su presentación.
c) Siete días desde su presentación.
d) Cinco días desde su presentación.

28. El art. 87 LPACAP señala que, antes de dictar resolución, el órgano competente para resolver podrá decidir, mediante acuerdo motivado, la realización de las actuaciones complementarias indispensables para resolver el procedimiento. El acuerdo de realización de actuaciones complementarias se notificará a los interesados, concediéndoseles un plazo, para formular las alegaciones que tengan por pertinentes tras la finalización de las mismas, de:

a) Quince días.
b) Diez días.
c) Siete días.
d) Cinco días.

29. A tenor de la LPACAP, las actuaciones complementarias deberán practicarse en un plazo no superior a:

a) Quince días.
b) Diez días.
c) Siete días.
d) Cinco días.

30. Señala el art. 71 LPACAP que el procedimiento, sometido al principio de celeridad, se impulsará de oficio en todos sus trámites y a través de medios electrónicos, respetando los principios de:

a) Publicidad e igualdad.
b) Eficacia y oportunidad.
c) Transparencia y publicidad.
d) Igualdad y legalidad.

31. El recurso de alzada contra actos que no agotan la vía administrativa es:

a) Extraordinario.
b) La regla general.
c) Especial.
d) Inexistente.

32. El plazo máximo para dictar y notificar la resolución de un recurso de reposición será de:

a) 1 mes.
b) 2 meses.
c) 3 meses.
d) 6 meses.

33. El recurso de reposición contra actos que no agotan la vía administrativa es:

a) Ordinario.
b) Extraordinario.
c) Especial.
d) Inexistente.

34. La declaración de lesividad no podrá adoptarse una vez transcurrido/s desde que se dictó el acto administrativo:

a) Un año.
b) Dos años.
c) Tres años.
d) Cuatro años.

35. Para plantear un recurso administrativo:

a) Hay que tener capacidad jurídica, sin requerirse la capacidad de obrar.
b) Basta con la capacidad de obrar.
c) Se requiere, siempre, ser titular de un derecho subjetivo afectado por el acto que se recurre.
d) Puede hacerlo quien ostente la condición de interesado.

36. Para que pueda entablarse un recurso extraordinario de revisión por error de hecho, este:

a) Ha de ser declarado por sentencia judicial firme.
b) Ha de haberse adoptado por cohecho.
c) Ha de derivar de documentos habidos en el expediente.
d) Nada de lo anterior es cierto.

37. La revisión de los actos por los recursos administrativos:

a) Corresponde a la propia Administración Pública.
b) Supone una actuación excepcional por la Administración Pública sobre sus actos firmes.
c) Compete a los órganos jurisdiccionales de lo contencioso-administrativo.
d) Se da solo en supuestos tasados y límites.

38. No es motivo bastante para interponer un recurso de revisión que:

a) Se haya incurrido en manifiesto error de hecho al dictar el acto.
b) Hubiere mediado cohecho en la resolución.
c) Se haya dictado por órgano manifiestamente incompetente.
d) Hayan influido documentos declarados falsos por sentencia judicial firme.

39. Se puede sustituir en determinados supuestos por procedimientos de mediación y arbitraje el:

a) Recurso de alzada.
b) Recurso de revisión.
c) Recurso de reposición.
d) Las respuestas a) y c) son ciertas.

40. El recurso de revisión es:

a) Unitario.
b) Ordinario.
c) Especial.
d) Extraordinario.

41. El recurso de alzada se presentará:

a) Ante el superior jerárquico del órgano que dictó el acto.
b) Ante el Tribunal contencioso competente.
c) Ante el órgano que dictó el acto.
d) Indistintamente, ante el órgano que dictó el acto o el superior jerárquico que deba decidirlo.

42. Como consecuencia del principio de congruencia, al resolver un recurso, la Administración Pública:

a) Podrá agravar la situación inicial del recurrente.
b) Deberá ajustarse a las peticiones del recurrente.
c) Lo desestimará, manteniendo el acto administrativo.
d) Solo decidirá sobre las cuestiones planteadas por el recurrente sin entrar en otras que deriven del procedimiento.

43. La reformatio in peius, en materia de recursos:

a) Se admite como regla general.
b) Solo se permite en materia sancionadora.
c) Se admite cuando el recurso está claramente infundado.
d) Está expresamente prohibida.

44. El silencio administrativo en el recurso de alzada puede ser positivo en el siguiente caso:

a) Cuando el recurso se presentó contra un acto presunto desestimatorio de la solicitud del ciudadano.
b) Cuando perjudique al ciudadano.

c) Siempre que beneficie al interés público.
d) En ningún supuesto es positivo.

45. Cuando una persona interpone un recurso de alzada denominándolo como recurso de revisión:

a) Deberá desestimarse el recurso por improcedente.
b) Deberá notificársele el error para que lo subsane.
c) No se admitirá el recurso.
d) Deberá resolverse, si del propio recurso se deduce su carácter.

46. El recurso extraordinario de revisión por manifiesto error de hecho debe plantearse:

a) A los tres meses desde que se produjo.
b) A los cuatro años desde que se conoció.
c) Dentro de los cuatro años desde la notificación del acto.
d) No puede darse nunca aisladamente.

47. La resolución de un recurso:

a) Debe circunscribirse a lo solicitado por el recurrente.
b) Resolverá cuantas cuestiones se deduzcan del expediente.
c) No es necesario que se motive.
d) Debe aceptar las razones en que se fundamente el propio recurso.

48. La terminación presunta del recurso extraordinario de revisión se dará:

a) A los tres meses de su interposición.
b) Al mes de su interposición.
c) No cabe.
d) Solo en el supuesto de que se base en manifiesto error de derecho.

49. El recurso extraordinario de revisión se interpone contra:

a) Cualquier acto administrativo.
b) Actos que no agotan la vía administrativa.
c) Los actos que agotan la vía administrativa.
d) Los actos firmes exclusivamente.

50. La resolución presunta del recurso de alzada se dará, si no recae resolución, al/a los:

a) Quince días de interponerlo.
b) Mes de su interposición.

c) Tres meses de dictarse el acto.

d) En cualquier momento a partir del día siguiente a aquel en que, de acuerdo con su normativa específica, se produzcan los efectos del silencio administrativo.

51. Si el recurso de alzada se hubiera interpuesto ante el órgano que dictó el acto impugnado, este deberá remitirlo al competente, con su informe y con una copia completa y ordenada del expediente, en el plazo de:

a) Un mes.
b) Veinte días.
c) Quince días.
d) Diez días.

52. Cuál es el plazo máximo para dictar y notificar la resolución del recurso potestativo de reposición:

a) Tres meses.
b) Un mes.
c) Veinte días.
d) Quince días.

53. A tenor del art. 115 LPACAP, la interposición del recurso administrativo deberá expresar:

a) El acto que se recurre y la razón de su impugnación.
b) El nombre y apellidos del recurrente, así como la identificación personal del mismo.
c) El órgano, centro o unidad administrativa al que se dirige y su correspondiente código de identificación.
d) Todas las respuestas son correctas.

54. Señala la respuesta incorrecta respecto al recurso administrativo:

a) La interposición de cualquier recurso suspenderá la ejecución del acto impugnado.
b) La ejecución del acto impugnado se entenderá suspendida si transcurrido un mes desde que la solicitud de suspensión haya tenido entrada en el registro electrónico de la Administración u Organismo competente para decidir sobre la misma, el órgano a quien competa resolver el recurso no ha dictado y notificado resolución expresa al respecto.
c) Cuando el recurso tenga por objeto la impugnación de un acto administrativo que afecte a una pluralidad indeterminada de personas, la suspensión de su eficacia habrá de ser publicada en el periódico oficial en que aquel se insertó.
d) El error o la ausencia de la calificación del recurso por parte del recurrente no será obstáculo para su tramitación, siempre que se deduzca su verdadero carácter.

55. Cuál es el plazo máximo para dictar y notificar la resolución del recurso de alzada:

a) Seis meses.
b) Tres meses.

c) Un mes.
d) Veinte días.

56. Transcurrido qué plazo desde la interposición del recurso extraordinario de revisión sin haberse dictado y notificado la resolución, se entenderá desestimado, quedando expedita la vía jurisdiccional contencioso-administrativa:

a) Tres meses.
b) Dos meses.
c) Un mes.
d) Veinte días.

57. Transcurrido qué plazo desde la iniciación del procedimiento sin que se hubiera declarado la lesividad, se producirá la caducidad del mismo:

a) Seis meses.
b) Cinco meses.
c) Tres meses.
d) Un mes.

58. Qué recurso cabe en vía administrativa contra las disposiciones administrativas de carácter general:

a) De alzada.
b) Potestativo de reposición.
c) Extraordinario de revisión.
d) Ninguno.

59. Cuando hayan de tenerse en cuenta nuevos hechos o documentos no recogidos en el expediente originario, se pondrán de manifiesto a los interesados para que formulen las alegaciones y presenten los documentos y justificantes que estimen procedentes en un plazo:

a) No inferior a siete días ni superior a veinte.
b) No inferior a diez días ni superior a quince.
c) No inferior a diez días ni superior a veinte.
d) No inferior a quince días ni superior a un mes.

60. A tenor del art. 114.1 LPACAP ponen fin a la vía administrativa:

a) Los acuerdos, pactos, convenios o contratos que tengan la consideración de finalizadores del procedimiento.
b) Las resoluciones de los recursos de alzada.
c) Las resoluciones de los órganos administrativos que carezcan de superior jerárquico, salvo que una ley establezca lo contrario.
d) Todas las respuestas son correctas.

Solución al test n.º 2

1. d) En el plazo de diez días a partir del siguiente al de la notificación del correspondiente acto.

2. a) Ninguno.

3. d) En ningún caso.

4. d) En cualquier momento.

5. d) Todas las respuestas son correctas.

6. b) La presentación de una denuncia confiere, por sí sola, la condición de interesado en el procedimiento.

7. a) Número de teléfono.

8. a) Al año de producido el hecho o el acto que motive la indemnización o se manifieste su efecto lesivo.

9. c) Con el principio de simplificación administrativa.

10. c) De diez días.

11. b) No suspenderán la tramitación del procedimiento, salvo la recusación.

12. b) No superior a treinta días ni inferior a diez.

13. c) Salvo disposición expresa en contrario, los informes serán facultativos y vinculantes.

14. a) Diez días.

15. d) No inferior a diez días ni superior a quince.

16. b) Veinte días.

17. d) Todas las respuestas son correctas.

18. b) La resolución.

19. b) El silencio administrativo.

20. c) Si el escrito de iniciación se hubiera formulado por dos o más interesados, el desistimiento o la renuncia afectará a todos ellos.

21. c) Diez días desde que fueron notificados del desistimiento o renuncia.

22. a) Tres meses.

23. a) Treinta días, a contar desde el siguiente al que se notifique al interesado el acuerdo de tramitación simplificada del procedimiento.

24. a) El apremio sobre el patrimonio.

25. a) La oportuna autorización judicial.

26. a) La ejecución subsidiaria.

27. d) Cinco días desde su presentación.

28. c) Siete días.

29. a) Quince días.

30. c) Transparencia y publicidad.

3. b) La regla general.

32. a) 1 mes.

33. d) Inexistente.

34. d) Cuatro años.

35. d) Puede hacerlo quien ostente la condición de interesado.

36. c) Ha de derivar de documentos habidos en el expediente.

37. a) Corresponde a la propia Administración Pública.

38. c) Se haya dictado por órgano manifiestamente incompetente.

39. d) Las respuestas a) y c) son ciertas.

40. d) Extraordinario.

41. d) Indistintamente, ante el órgano que dictó el acto o el superior jerárquico que deba decidirlo.

42. b) Deberá ajustarse a las peticiones del recurrente.

43. d) Está expresamente prohibida.

44. a) Cuando el recurso se presentó contra un acto presunto desestimatorio de la solicitud del ciudadano.

45. d) Deberá resolverse, si del propio recurso se deduce su carácter.

46. c) Dentro de los cuatro años desde la notificación del acto.

47. b) Resolverá cuantas cuestiones se deduzcan del expediente.

48. a) A los tres meses de su interposición.

49. d) Los actos firmes exclusivamente.

50. d) En cualquier momento a partir del día siguiente a aquel en que, de acuerdo con su normativa específica, se produzcan los efectos del silencio administrativo.

51. d) Diez días.

52. b) Un mes.

53. d) Todas las respuestas son correctas.

54. a) La interposición de cualquier recurso suspenderá la ejecución del acto impugnado.

55. b) Tres meses.

56. a) Tres meses.

57. a) Seis meses.

58. d) Ninguno.

59. b) No inferior a diez días ni superior a quince.

60. d) Todas las respuestas son correctas.

TEST N.º 3

Ley 40/2015, de 1 de octubre, del régimen jurídico del sector público. De los órganos de las Administraciones Públicas: órganos administrativos, competencias, órganos colegiados, abstención y recusación. La responsabilidad patrimonial de las Administraciones Públicas. El funcionamiento electrónico del sector público. Los convenios

1. En cuanto a la competencia de los órganos administrativos:

a) La competencia es renunciable por los órganos que la tengan atribuida.

b) La titularidad y el ejercicio de las competencias atribuidas a los órganos administrativos no podrán ser desconcentradas en otros jerárquicamente dependientes de aquellos.

c) La encomienda de gestión, la delegación de firma y la suplencia no suponen alteración de la titularidad de la competencia, aunque sí de los elementos determinantes de su ejercicio que en cada caso se prevén.

d) Si alguna disposición atribuye competencia a una Administración, sin especificar el órgano que debe ejercerla, se entenderá que la facultad de instruir y resolver los expedientes corresponde a los órganos superiores competentes por razón de la materia y del territorio.

2. En referencia a los órganos administrativos, podrán delegar competencias relativas a:

a) Asuntos que se refieran a relaciones con la Jefatura del Estado.

b) La adopción de disposiciones de carácter general.

c) La resolución de recursos en los órganos administrativos que hayan dictado los actos objeto de recurso.

d) El ejercicio de la potestad sancionadora.

3. En relación con la delegación de competencias entre órganos administrativos, no es cierto que:

a) La delegación puede ser revocada en cualquier momento por el órgano que la haya conferido.

b) La delegación de competencias atribuidas a órganos colegiados, para cuyo ejercicio ordinario se requiera un quórum especial, deberá adoptarse observando, en todo caso, dicho quórum.

c) Las competencias que se ejercen por delegación pueden ser delegadas.

d) No podrán ser delegadas aquellas materias en que así se determine por norma con rango de ley.

4. En cuanto a la delegación de firma, es cierto que:

a) La delegación de firma altera la competencia del órgano delegante.

b) Para su validez es necesaria su publicación.

c) Solo puede delegarse la firma en materias que se ostenten por atribución.

d) En las resoluciones y actos que se firmen por delegación se hará constar la autoridad de procedencia.

5. En relación con los conflictos de atribuciones entre órganos administrativos, no es cierto que:

a) El órgano administrativo que se estime incompetente para la resolución de un asunto remitirá directamente las actuaciones al órgano que considere competente.

b) Los interesados que sean parte en el procedimiento podrán dirigirse al órgano que se encuentre conociendo de un asunto para que decline su competencia y remita las actuaciones al órgano competente.

c) Los interesados podrán dirigirse al órgano que estimen competente para que requiera de inhibición al que esté conociendo del asunto.

d) Los conflictos de atribuciones solo podrán suscitarse entre órganos de una misma Administración relacionados jerárquicamente.

6. En relación con las instrucciones y órdenes de servicio, no es cierto que:

a) El incumplimiento de las instrucciones u órdenes de servicio supone la invalidez de los actos dictados por los órganos administrativos.

b) Son normas de carácter interno, que no han de afectar a los administrados.

c) No requieren un especial procedimiento de elaboración.

d) Su cumplimiento se subordina al conocimiento de las mismas por sus destinatarios.

7. Señala la respuesta incorrecta. Las autoridades y el personal al servicio de las Administraciones se abstendrán de intervenir en el procedimiento:

a) Cuando tengan interés personal en el asunto de que se trate o en otro en cuya resolución pudiera influir la de aquel.

b) Si tienen parentesco de consanguinidad o de afinidad dentro del cuarto grado, con cualquiera de los interesados.

c) Tener amistad íntima con los administradores de entidades o sociedades interesadas o con los asesores, representantes legales o mandatarios que intervengan en el procedimiento.

d) Haber tenido intervención como perito o como testigo en el procedimiento de que se trate.

8. Señala la respuesta correcta en relación con la abstención en el procedimiento:

a) La actuación de autoridades y personal al servicio de las Administraciones Públicas en los que concurran motivos de abstención implicará, necesariamente, la invalidez de los actos en que hayan intervenido.

b) Los órganos jerárquicamente superiores podrán ordenar a las personas en quienes se dé alguna de las circunstancias señaladas en el art. 23 de la LRJSP que se abstengan de toda intervención en el expediente.

c) La no abstención en los casos en que proceda no dará lugar a responsabilidad.

d) La enemistad manifiesta no es motivo de abstención en el procedimiento de una autoridad de la Administración Pública.

9. En lo concerniente a la recusación, a la que se refiere el art. 24 de la LRJSP:

a) La recusación deberá promoverse por los interesados antes de que se inicie la tramitación del procedimiento.

b) La recusación se planteará por escrito en el que se expresará la causa o causas en que se funda.

c) Si el recusado niega la causa de recusación, el superior resolverá en el plazo de tres meses, previos los informes y comprobaciones que considere oportunos.

d) Contra las resoluciones adoptadas en esta materia cabe recurso de alzada.

10. Los órganos administrativos podrán dirigir las actividades de sus órganos jerárquicamente dependientes mediante:

a) Instrucciones y Órdenes de servicio.
b) Circulares.
c) Notas de servicio y Recomendaciones.
d) Directrices y Avisos.

11. El sistema de responsabilidad patrimonial se aplica:

a) A todas las Administraciones Públicas.
b) A las Comunidades Autónomas.
c) A las Comunidades Autónomas y a la Administración Local.
d) A la Administración Local.

12. El derecho a ser indemnizados por toda lesión que sufran en sus bienes y derechos como consecuencia del funcionamiento de los servicios públicos se reconoce a:

a) Los particulares.
b) Las personas jurídicas.
c) Los ciudadanos.
d) Las Administraciones.

13. ¿Cómo ha de ser el daño alegado en las reclamaciones de responsabilidad patrimonial?

a) Efectivo, evaluable económicamente e individualizado con relación con una persona o grupo de personas.
b) Directo y resarcible.
c) Susceptible de valoración y demostrable.
d) Debe producir consecuencias negativas en la actividad de la persona dañada.

14. No serán indemnizables los daños:

a) Que el particular no tenga el deber jurídico de soportar de acuerdo con la ley.
b) Producidos por fuerza mayor.
c) Producidos por circunstancias evitables.
d) Producidos por un hecho superable.

15. Existirá responsabilidad patrimonial si la lesión es consecuencia del:

a) Funcionamiento en general de los servicios públicos.
b) Funcionamiento normal o anormal de los servicios públicos.
c) Funcionamiento anormal de los servicios públicos.
d) Funcionamiento ilegal de los servicios públicos.

16. La regla general es que la responsabilidad concurrente de diferentes Administraciones Públicas es:

a) Mancomunada.
b) Solidaria.
c) Indiferente.
d) Indistinta.

17. La Administración podrá abonar la indemnización derivada de una responsabilidad patrimonial:

a) En metálico y regalo de bienes.
b) En especie, si media acuerdo con el interesado.
c) Solo se le permite que el pago lo haga a plazos.
d) Solo podrá utilizarse el pago en especie.

18. En los supuestos en los que el particular conoce a la autoridad o empleado público que le ha causado el daño:

a) Lo demandará ante los tribunales civiles.
b) No lo podrá demandar ante la Administración hasta que el empleado haya reconocido su culpa.
c) Reclamará a la Administración donde el empleado público presta sus servicios.
d) Las respuestas a) y b) son correctas.

19. En relación con la responsabilidad penal del personal al servicio de las Administraciones Públicas el Código Penal no recoge el siguiente tipo delictivo:

a) Malversación.
b) Cohecho.
c) Homicidio.
d) Desobediencia.

20. El plazo de prescripción del derecho a reclamar la responsabilidad patrimonial es de:

a) Cinco años.
b) Seis meses.
c) Un año.
d) Nunca prescribe.

21. En el caso de daños físicos el plazo de prescripción del derecho a reclamar la responsabilidad patrimonial comienza a contarse desde:

a) La fecha de producción del daño.
b) Desde la curación o la determinación del alcance de las secuelas.
c) La fecha de manifestación del efecto lesivo.
d) La fecha del accidente.

22. Si el daño que ha sufrido el particular se ha producido por dolo, culpa o negligencia grave de la autoridad o empleado público:

a) La Administración correspondiente, cuando hubiere indemnizado a los lesionados, les exigirá de oficio en vía administrativa la responsabilidad en que hubieran incurrido.
b) Una vez satisfecha la indemnización la Administración podrá exigir al empleado público su responsabilidad.
c) La Administración correspondiente le pedirá el dinero para después pagar al reclamante.
d) La Administración no exigirá al empleado público su responsabilidad.

23. Transcurridos seis meses desde que se inició el procedimiento de responsabilidad patrimonial sin que haya recaído y notificado resolución expresa podrá entenderse que los efectos que se producen son:

a) Desestimatorios según los casos.
b) Los que señale la propuesta de resolución.
c) Estimatorios.
d) Desestimatorios.

24. La resolución administrativa de los procedimientos de responsabilidad patrimonial:

a) Ponen fin a la vía administrativa.
b) No ponen fin a la vía administrativa.
c) Ponen fin a la vía administrativa en los casos determinados por la ley.
d) No ponen fin a la vía administrativa en los casos determinados por la ley.

25. La responsabilidad administrativa se ha incluido en el siguiente artículo de la Constitución:

a) 103.
b) 137.
c) 9.1º.
d) 106.

26. Cuando la Administración debe indemnizar a un particular por un daño que le ha ocasionado al desarrollar legalmente un servicio público, estamos ante un supuesto:

a) Incluido en la teoría de la indemnización.
b) Incluido en la teoría de la responsabilidad.
c) Que no puede darse en la realidad.
d) En el que no cabe dicha indemnización.

27. Actualmente, la responsabilidad de la Administración se basa en:

a) La culpabilidad de la misma como causa de un daño a un tercero.
b) La existencia real de este daño por la actuación administrativa.
c) La propia responsabilidad del funcionario actuante.
d) Su actuación ilegítima solamente.

28. Por eso se dice que la responsabilidad de la Administración es:

a) Ilimitada.
b) Objetiva.
c) Irreclamable.
d) Subjetiva.

29. Y como consecuencia de lo anterior:

a) Al particular se le abonará la indemnización procedente, en su caso, al margen de que haya o no culpa en los funcionarios actuantes.
b) La Administración se ve impelida a indemnizar en cualquier supuesto de daño a un particular.
c) Primero habrá que reclamar al funcionario y luego a la Administración.
d) La Administración no tiene por qué abonar indemnización alguna.

30. La antijuridicidad del detrimento patrimonial que sufre un particular como consecuencia de una conducta de la Administración significa que:

a) La Administración incurre en una ilegalidad.
b) El particular es el que debe incurrir en dicha ilegalidad.
c) El particular no está obligado legalmente a soportar el daño causado.
d) Todas las respuestas anteriores son correctas.

31. Si el daño causado por la Administración afecta a la generalidad de los administrados, respecto a la responsabilidad de la misma:

a) No puede exigírsele.
b) Deberá indemnizar a todos los lesionados.
c) Solo indemnizará a los que efectivamente demuestren la lesión sufrida.
d) Nada de lo anterior es correcto.

32. En un supuesto de caso fortuito que provoque un daño, la Administración:

a) Está obligada a indemnizar.
b) No está obligada a indemnizar.
c) Lo estará cuando así lo establezca la Ley.
d) No se puede incurrir en responsabilidad.

33. Para estar obligado a indemnizar no es necesario que el daño sea:

a) Efectivo.
b) Evaluable económicamente.
c) Individualizado.
d) General.

34. La acción de regreso en materia de responsabilidad administrativa:

a) Compete al funcionario declarado responsable.
b) Es subsidiaria en la exigencia de la responsabilidad.
c) Se le permite a la Administración en algunos casos.
d) Corresponde a los perjudicados por el suceso que da lugar a la responsabilidad.

35. Si la Administración se ve obligada a resarcir a un particular por un daño causado por una actuación administrativa en la que ha mediado negligencia grave de un funcionario:

a) Solo le abonará si el funcionario es insolvente y después de dirigirse el particular contra él.
b) Le indemnizará y exigirá de oficio al funcionario su responsabilidad, para la devolución de lo abonado.

c) Indemnizará y abrirá expediente disciplinario al funcionario.
d) Las respuestas a) y b) son ciertas.

36. Cuando la Administración actúe como persona de Derecho Privado, la exigencia de responsabilidad:

a) Se planteará en vía contencioso-administrativa y, después, ante los Tribunales ordinarios.
b) Se planteará, judicialmente, en vía contencioso-administrativa.
c) Se planteará ante el Consejo de Ministros o Consejo de Gobierno, en su caso.
d) No prosperará.

37. El ejercicio de la acción de responsabilidad pierde su viabilidad a partir del/de los:

a) Año en que se causó el daño.
b) Seis meses desde dicho daño.
c) Dos años desde el mismo.
d) No tiene límite alguno.

38. En el caso de los procedimientos de responsabilidad patrimonial será preceptivo solicitar informe al servicio cuyo funcionamiento haya ocasionado la presunta lesión indemnizable, no pudiendo exceder el plazo de su emisión de:

a) Un mes.
b) Veinte días.
c) Quince días.
d) Diez días.

39. ¿Cómo denomina la Ley 40/2015 al punto de acceso electrónico cuya titularidad corresponda a una Administración Pública, organismo público o entidad de Derecho Público, que permite el acceso a través de internet a la información publicada y, en su caso, a la sede electrónica correspondiente?

a) Intrexnet.
b) Extranet.
c) Intranet.
d) Portal de internet.

40. Los Convenios suscritos por la Administración Pública con sujetos de derecho público y privado, deberán remitirse al órgano competente de fiscalización, cuando superen el importe previsto en la ley 40/2015, dentro de un plazo de:

a) Tres meses.
b) Cinco meses.
c) Diez meses.
d) Un año.

41. En los Convenios suscritos por la Administración Pública con sujetos de derecho público y privado, las aportaciones financieras que se comprometan a realizar los firmantes:

a) Podrán ser superiores a los gastos derivados de la ejecución del convenio.

b) No podrán ser superiores a los gastos derivados de la ejecución del convenio.

c) No podrán ser superiores a los gastos derivados de la inscripción del convenio.

d) Podrán ser inferiores a los gastos derivados de la ejecución del convenio, si es posteriormente autorizada la ampliación.

42. ¿Cuándo se perfeccionan los convenios celebrados por la Administración Pública con sujetos de derecho público y privado?

a) Por la firma de la Administración Pública.

b) Por la firma de una de las partes.

c) Por la inscripción de dicho convenio.

d) Por la prestación del consentimiento de las partes.

43. El establecimiento de una sede electrónica por la Administración Pública conlleva la responsabilidad del titular respecto:

a) De la integridad, veracidad y actualización de la información y los servicios a los que pueda accederse a través de la misma.

b) De la seguridad del sistema y de los servicios a los que pueda accederse a través de la web de cualquier Ministerio.

c) Solo de la veracidad de la información.

d) De la seguridad en los servicios a los que pueda accederse a través de la información.

44. Los Convenios suscritos por la Administración Pública con sujetos de derecho público y privado, deberán remitirse electrónicamente al órgano competente de fiscalización, dentro del plazo previsto en la ley 40/2015, cuando superen el importe de:

a) 1.000.000 euros.

b) 300.000 euros.

c) 100.000 euros.

d) 600.000 euros.

45. La relación de sellos electrónicos utilizados por cada Administración Pública, incluyendo las características de los certificados electrónicos y los prestadores que los expiden, deberá ser:

a) Privada y accesible mediante autorización expresa.

b) Pública y accesible por medios electrónicos.

c) Pública pero no accesible.

d) Privada o accesible por medios electrónicos.

46. ¿Cómo denomina la Ley 40/2015 a cualquier acto o actuación realizada íntegramente a través de medios electrónicos por una Administración Pública en el marco de un procedimiento administrativo y en la que no haya intervenido de forma directa un empleado público?

a) Actuación administrativa técnica.
b) Actuación administrativa instantánea.
c) Actuación administrativa informatizada.
d) Actuación administrativa automatizada.

47. Con carácter general, los convenios celebrados entre órganos administrativos con sujetos de derecho público y privado deberán tener una duración determinada, que no podrá ser superior a:

a) Diez años.
b) Siete años.
c) Cinco años.
d) Cuatro años.

48. Los medios o soportes en que se almacenen documentos utilizados en las actuaciones administrativas, deberán contar con medidas de seguridad, de acuerdo con lo previsto:

a) En el Código de Seguridad Nacional.
b) En la Ley de Seguridad Administrativa
c) En El Protocolo de Seguridad Nacional.
d) El Esquema Nacional de Seguridad.

49. Señala la respuesta incorrecta. Es causa de resolución de los convenios suscritos por las Administraciones Públicas, sus organismos públicos y entidades de derecho público vinculado o dependientes y las Universidades públicas con sujetos de derecho público y privado:

a) El transcurso del plazo de vigencia del convenio sin haberse acordado la prórroga del mismo.
b) El acuerdo de resolución de la mayoría simple de los firmantes.
c) El incumplimiento de los compromisos asumidos por parte de alguno de los firmantes.
d) El incumplimiento de las obligaciones asumidas por parte de alguno de los firmantes.

50. Las modificaciones, prórrogas o variaciones de plazos de los Convenios suscritos por la Administración Pública con sujetos de derecho público y privado, cuando superen el importe fijado en la Ley 40/2015, se comunicarán:

a) Al Tribunal Constitucional u órgano interno de fiscalización de la Comunidad Autónoma.
b) Al Tribunal de Cuentas u órgano externo de fiscalización de la Comunidad Autónoma.
c) Al Consejo Consultivo del Estado.
d) A la Comisión de fiscalización externa.

Solución al test n.º 3

1. c) La encomienda de gestión, la delegación de firma y la suplencia no suponen alteración de la titularidad de la competencia, aunque sí de los elementos determinantes de su ejercicio que en cada caso se prevén.

2. d) El ejercicio de la potestad sancionadora.

3. c) Las competencias que se ejercen por delegación pueden ser delegadas.

4. d) En las resoluciones y actos que se firmen por delegación se hará constar la autoridad de procedencia.

5. d) Los conflictos de atribuciones solo podrán suscitarse entre órganos de una misma Administración relacionados jerárquicamente.

6. a) El incumplimiento de las instrucciones u órdenes de servicio supone la invalidez de los actos dictados por los órganos administrativos.

7. b) Si tienen parentesco de consanguinidad o de afinidad dentro del cuarto grado, con cualquiera de los interesados.

8. b) Los órganos jerárquicamente superiores podrán ordenar a las personas en quienes se dé alguna de las circunstancias señaladas en el art. 23 de la LRJSP que se abstengan de toda intervención en el expediente.

9. b) La recusación se planteará por escrito en el que se expresará la causa o causas en que se funda.

10. a) Instrucciones y Órdenes de servicio.

11. a) A todas las Administraciones Públicas.

12. a) Los particulares.

13. a) Efectivo, evaluable económicamente e individualizado con relación con una persona o grupo de personas.

14. b) Producidos por fuerza mayor.

15. b) Funcionamiento normal o anormal de los servicios públicos.

16. b) Solidaria.

17. b) En especie, si media acuerdo con el interesado.

18. c) Reclamará a la Administración donde el empleado público presta sus servicios.

19. c) Homicidio.

20. c) Un año.

21. b) Desde la curación o la determinación del alcance de las secuelas.

22. a) La Administración correspondiente, cuando hubiere indemnizado a los lesionados, les exigirá de oficio en vía administrativa la responsabilidad en que hubieran incurrido.

23. d) Desestimatorios.

24. a) Ponen fin a la vía administrativa.

25. d) 106.

26. a) Incluido en la teoría de la indemnización.

27. b) La existencia real de este daño por la actuación administrativa.

28. b) Objetiva.

29. a) Al particular se le abonará la indemnización procedente, en su caso, al margen de que haya o no culpa en los funcionarios actuantes.

30. c) El particular no esté obligado legalmente a soportar el daño causado.

31. a) No puede exigírsele.

32. a) Está obligada a indemnizar.

33. d) General.

34. c) Se le permite a la Administración en algunos casos.

35. b) Le indemnizará y exigirá de oficio al funcionario su responsabilidad, para la devolución de lo abonado.

36. b) Se planteará, judicialmente, en vía contencioso-administrativa.

37. a) Año en que se causó el daño.

38. d) Diez días.

39. d) Portal de internet.

40. a) Tres meses.

41. b) No podrán ser superiores a los gastos derivados de la ejecución del convenio.

42. d) Por la prestación del consentimiento de las partes.

43. a) De la integridad, veracidad y actualización de la información y los servicios a los que pueda accederse a través de la misma.

44. d) 600.000 euros.

45. b) Pública y accesible por medios electrónicos.

46. d) Actuación administrativa automatizada.

47. d) Cuatro años.

48. d) El Esquema Nacional de Seguridad.

49. b) El acuerdo de resolución de la mayoría simple de los firmantes.

50. b) Al Tribunal de Cuentas u órgano externo de fiscalización de la Comunidad Autónoma.

**Singularidades de los procedimientos administrativos de las
entidades locales. Impugnación de los actos y acuerdos locales y
ejercicio de acciones. Recursos administrativos y jurisdiccionales
contra los actos locales. Certificaciones, comunicaciones,
notificaciones y publicación de los acuerdos.
El registro de documentos**

1. El procedimiento administrativo local presenta:

a) Muy pocas peculiaridades con respecto al procedimiento administrativo común.
b) Muchas peculiaridades con respecto al procedimiento administrativo común.
c) Ninguna peculiaridad con respecto al procedimiento administrativo común.
d) Es un procedimiento distinto y autónomo respecto al procedimiento administrativo común.

2. En materia de procedimiento administrativo el Reglamento de Organización, Funcionamiento y Régimen Jurídico de las Entidades Locales (ROFRJEL) se remite continuamente a:

a) Ley 39/2015, de 1 de noviembre, del Procedimiento Administrativo Común de las Administraciones Públicas.
b) La Ley de Procedimiento Administrativo Común.
c) Ley 30/1992, de 26 de noviembre, de Régimen Jurídico de las Administraciones Públicas y del Procedimiento Administrativo Común.
d) Ley 40/2015, de 1 de octubre, de régimen jurídico del sector público.

3. La iniciación del procedimiento administrativo local puede producirse:

a) De tres formas.
b) De oficio, cuando se promueve para resolver pretensiones deducidas por los particulares.
c) A instancia de parte.
d) De cuatro formas.

4. Son actos de instrucción:

a) Las alegaciones.
b) La resolución.
c) La prueba.
d) Las respuestas a) y c) son correctas.

5. De acuerdo con el ROFRJEL, en los expedientes informará:

a) El Letrado Jefe de la Asesoría Jurídica.
b) El Secretario municipal.
c) El Jefe de la Dependencia a la que corresponda tramitarlos.
d) El Jefe del Negociado.

6. Los informes para resolver los expedientes:

a) Se redactarán en forma de propuesta de resolución.
b) Contendrán la resolución.
c) Contendrán los pronunciamientos que haya de contener la parte dispositiva.
d) Las respuestas a) y c) son correctas.

7. En los municipios de gran población corresponderá al secretario general del Pleno el asesoramiento legal al Pleno y a las comisiones con carácter preceptivo:

a) Cuando lo solicite un tercio de los miembros de la Corporación.
b) Siempre que se trate de asuntos sobre materias para las que se exija una mayoría simple.
c) Cuando así lo ordene el Teniente de Alcalde.
d) Cuando lo soliciten un cuarto de los miembros de la Corporación.

8. La audiencia del interesado:

a) Es un trámite obligatorio.
b) Es un trámite voluntario.
c) No se puede considerar trámite.
d) No se sujeta a plazo.

9. No es una forma de terminación del procedimiento:

a) El archivo.
b) La declaración de caducidad.
c) El desistimiento.
d) La resolución.

10. Son principios que rigen en el procedimiento local los de:

a) Economía y coordinación.
b) Celeridad y eficacia.
c) Cronología y economía.
d) Todos los anteriores.

11. La no resolución de un expediente por presuntas lagunas legales:

a) Está prohibida.
b) Se permite.
c) Supone la remisión del mismo a la Asesoría Jurídica.
d) Es la regla general.

12. Las alegaciones en este procedimiento se pueden efectuar hasta el/la:

a) Informe de la Asesoría o del órgano consultivo.
b) Dictamen de la Comisión Informativa.
c) Audiencia del interesado.
d) Resolución del expediente.

13. Cuando la Administración tenga conocimiento de que hay terceros interesados en un procedimiento que no han intervenido en el mismo:

a) Se abrirá un período de información pública.
b) Los requerirá para que en diez días aleguen lo que estimen oportuno.
c) Se les notificará el acuerdo que recaiga.
d) Se sigue el procedimiento sin ser necesario oírles.

14. En un informe se inserta en primer lugar la/los/las:

a) Propuesta de resolución.
b) Hechos, en forma concisa.
c) Pronunciamientos de la parte dispositiva.
d) Disposiciones legales aplicables.

15. La antelación con que debe recabarse el informe del Secretario General por el Presidente de la Corporación es de:

a) Una semana.
b) Dos días hábiles.
c) Ocho días hábiles.
d) No se establece tiempo alguno.

16. Para que el Secretario General del Pleno de la Corporación deba emitir informe sobre una cuestión determinada basta con que se lo pida el/un:

a) Concejal o Delegado Provincial.
b) Portavoz de un Grupo Político.
c) Grupo político.
d) Tercio de los miembros de la Corporación.

17. La información pública en la esfera local es:

a) Facultativa.
b) Preceptiva.
c) Vinculante.
d) Nada de lo anterior.

18. Cuando se concluye un expediente se remite al/a la:

a) Secretaría General.
b) Presidencia.
c) Jefatura de Departamento o Servicio.
d) Órgano que haya de decidir.

19. Los expedientes se deben remitir a la Secretaría General para la adopción de resolución por un órgano colegiado:

a) Dos días antes de esta.
b) Tres días antes.
c) Con veinticuatro horas de antelación.
d) Una semana antes de ella.

20. La terminación convencional, en el ámbito local:

a) No se admite en caso alguno.
b) Se rige por el régimen general.
c) Solo es posible en materia de expropiación forzosa.
d) Es la forma normal de terminar un procedimiento.

21. El número de orden de un documento se refiere a/al:

a) Su fecha de despacho.
b) Orden para su tramitación cronológica.
c) La entrada o salida del Registro.
d) Día en que recae resolución.

22. En las minutas que se devuelven a los Negociados se:

a) Estampará el número de salida del documento a que se refieran.
b) Señalará la fecha de recepción del documento por su destinatario.
c) Certificará si se han producido reclamaciones o recursos.
d) Determinarán las Tasas a abonar por el interesado.

23. En la copia que conserva el particular de un documento ingresado en el Registro debe:

a) Señalarse la fecha de entrada solo.
b) Expresarse un extracto del documento.
c) Fijarse el número de orden concedido al documento.
d) Las tres cosas anteriores.

24. Si no se subsanan los defectos de la presentación de un documento en el plazo de diez días se:

a) Declara la caducidad del expediente.
b) Requiere de nuevo al particular.
c) Archiva el documento.
d) Declara el pase al archivo del documento.

25. El cotejo de documentos corresponde legalmente al/a la:

a) Encargado del Registro.
b) Secretario General.
c) Asesoría Jurídica.
d) Presidencia de la Corporación.

26. ¿A quién compete publicar, ejecutar y hacer cumplir los acuerdos del Ayuntamiento?

a) Al Pleno.
b) Al Secretario.
c) Al Alcalde.
d) A la Junta de Gobierno Local.

27. ¿Cómo se denomina aquella especial relación entre un sujeto y el objeto del litigio, en virtud de la cual se reconoce a aquel la condición de parte en un proceso determinado?

a) Capacidad procesal.
b) Postulación.
c) Legitimación.
d) Acreditación.

28. Están legitimados ante el orden jurisdiccional contencioso-administrativo:

a) El Ministerio Fiscal para intervenir en los procesos que determine la Ley.

b) La Administración del Estado, cuando ostente un derecho o interés legítimo, para impugnar los actos y disposiciones de la Administración de las Comunidades Autónomas y de los Organismos públicos vinculados a éstas, así como los de las Entidades locales, de conformidad con lo dispuesto en la legislación de régimen local, y los de cualquier otra entidad pública no sometida a su fiscalización.

c) Cualquier ciudadano, en ejercicio de la acción popular, en los casos expresamente previstos por las Leyes.

d) Todas las respuestas son correctas.

29. ¿Cómo se denomina a la posibilidad de que el sujeto legitimado en un proceso se dirija personalmente al órgano jurisdiccional?

a) Capacidad procesal.
b) Postulación.
c) Legitimación.
d) Acreditación procesal.

Solución al test n.º 4

1. a) Muy pocas peculiaridades con respecto al procedimiento administrativo común.

2. b) Ley de Procedimiento Administrativo Común.

3. c) A instancia de parte.

4. d) Las respuestas a) y c) son correctas.

5. c) El Jefe de la Dependencia a la que corresponda tramitarlos.

6. d) Las respuestas a) y c) son correctas.

7. a) Cuando lo solicite un tercio de los miembros de la Corporación.

8. a) Es un trámite obligatorio.

9. a) El archivo.

10. a) Economía y coordinación.

11. a) Está prohibida.

12. d) Resolución del expediente.

13. b) Los requerirá para que en diez días aleguen lo que estimen oportuno.

14. b) Hechos, en forma concisa.

15. d) No se establece tiempo alguno.

16. d) Tercio de los miembros de la Corporación.

17. a) Facultativa.

18. a) Secretaría General.

19. b) Tres días antes.

20. b) Se rige por el régimen general.

21. c) La entrada o salida del Registro.

22. a) Estampará el número de salida del documento a que se refieran.

23. c) Fijarse el número de orden concedido al documento.

24. c) Archiva el documento.

25. a) Encargado del Registro.

26. c) Al Alcalde.

27. c) Legitimación.

28. d) Todas las respuestas son correctas.

29. b) Postulación.

TEST N.º 5

El patrimonio de las Administraciones Públicas. Los bienes de las entidades locales. Normativa aplicable. Clases. Bienes de dominio público. Bienes patrimoniales. Inventario de bienes. Utilización de bienes de dominio público: régimen general de las autorizaciones y concesiones demaniales

1. Según la Ley del Patrimonio de las Administraciones Públicas, el patrimonio de las Administraciones Públicas está constituido por:

a) El conjunto de bienes y derechos, cualquiera que sea su naturaleza y el título de su adquisición.
b) El dinero.
c) Los valores.
d) Los créditos y los demás recursos financieros de su hacienda.

2. Por razón del régimen jurídico al que están sujetos, los bienes y derechos que integran el patrimonio de las Administraciones Públicas pueden ser:

a) De dominio público o patrimoniales y de dominio privado.
b) De dominio público y de dominio privado o demaniales.
c) De dominio público y de dominio privado.
d) Demaniales y comunales.

3. Tienen la consideración de bienes comunales:

a) Aquellos cuyo aprovechamiento corresponda al común de los vecinos.
b) Aquellos cuyo aprovechamiento corresponda al común de los ciudadanos.
c) Aquellos cuyo aprovechamiento corresponda al común de los residentes.
d) Los destinados a un uso o servicio público.

4. Los bienes comunales solo podrán pertenecer:

a) Al municipio.
b) Al municipio y a las Entidades Locales Menores.

c) Al municipio y a la provincia.

d) Al patrimonio del Estado.

5. Según el artículo 132 de la Constitución Española, los bienes de dominio público:

a) Se inspiran en los principios de inalienabilidad, imprescriptibilidad e inembargabilidad.

b) Se encuentran inspirados en los principios de preferencia, dominio y generalidad.

c) Se ajustan a los principios de desafectación e inalienabilidad.

d) Se inspiran en los principios de no sujeción a tributo alguno e inembargabilidad.

6. De conformidad con el artículo 6 de la Ley del Patrimonio de las Administraciones Públicas no es un principio al que se ajusta la gestión y administración de los bienes y derechos demaniales:

a) Dedicación preferente al uso común frente a su uso privativo.

b) Simplicidad y máxima celeridad.

c) Identificación y control a través de inventarios o registros adecuados.

d) Cooperación y colaboración entre las Administraciones Públicas en el ejercicio de sus competencias sobre el dominio público.

7. Son bienes de uso público local:

a) Las aguas de fuentes y estanques.

b) Los puentes y demás obras públicas de aprovechamiento.

c) Las Casas Consistoriales.

d) Las respuestas a) y b) son correctas.

8. Son bienes de servicio público:

a) Los Palacios Provinciales.

b) Los destinados al cumplimiento de fines públicos de responsabilidad de las Entidades Locales.

c) Las plazas, calles, paseos.

d) Las respuestas a) y b) son correctas.

9. Las Administraciones Públicas no podrán adquirir bienes y derechos:

a) Por herencia, legado o donación.

b) Por prescripción.

c) Por usurpación.

d) Por atribución de la ley.

10. Cuando un Ayuntamiento adquiera un bien a título oneroso se exigirá:

a) Informe previo pericial y acuerdo de la Corporación si se trata de valores mobiliarios.

b) Informe previo del órgano estatal o autonómico competente si se trata de bienes de carácter histórico y artístico, y excedan del 1 por 100 de los recursos ordinarios del Presupuesto de la Corporación.

c) Autorización de la Comunidad Autónoma respectiva si se trata de bienes inmuebles.

d) Ninguna respuesta es correcta.

11. El uso común de los bienes de dominio público puede ser:

a) Uso normal si fuere conforme con el destino del dominio público.

b) Uso anormal si no fuere conforme con dicho destino.

c) Especial, que se da cuando concurren circunstancias singulares por la peligrosidad o intensidad del uso.

d) Uso privativo.

12. El uso privativo de un bien de dominio público implica:

a) La ocupación de la totalidad del dominio público de modo que limite o excluya la utilización de los demás interesados.

b) La ocupación perpetua de una parte del dominio público de modo que limite o excluya la utilización de los demás interesados.

c) La ocupación de una parte del dominio público de modo que limite o excluya la utilización de los demás interesados.

d) La ocupación de una parte del dominio público siempre que los demás puedan seguir utilizándolo.

13. ¿Se pueden enajenar los bienes de dominio público?

a) Sí.

b) Es necesario que, previamente, se desafecten del uso o servicio público mediante el oportuno expediente de alteración de su calificación jurídica.

c) Los bienes de dominio público son inalienables.

d) Las respuestas b) y c) son correctas.

14. La alteración de la calificación jurídica de los bienes de las Entidades Locales requiere expediente en el que se acrediten:

a) Su oportunidad.

b) Su legalidad.

c) Su oportunidad y legalidad.

d) La conveniencia de la alteración.

15. La alteración de la calificación jurídica de los bienes de las Entidades Locales se produce automáticamente en el siguiente supuesto:

a) Cuando la Entidad adquiera por usucapión, con arreglo al Derecho Administrativo, el dominio de una cosa.

b) Adscripción de bienes patrimoniales por más de treinta años a un uso o servicio público o comunal.

c) Aprobación definitiva de los Planes de Ordenación Urbana y de los Proyectos de obras y servicios.

d) Adscripción de bienes patrimoniales por más de cinco años a un uso o servicio público o comunal.

16. No es una potestad de las Entidades Locales en defensa de sus bienes:

a) Deslindar en vía administrativa los inmuebles de su titularidad.

b) Conservarlos con la debida diligencia.

c) Recuperar de oficio la posesión indebidamente perdida.

d) Investigar la situación de los bienes.

17. La formación de inventario de los bienes:

a) Es obligatoria.

b) Es facultativa.

c) Se puede obviar en ciertos casos.

d) Solo es obligatoria en ciertos casos.

18. Las Administraciones Públicas deben inscribir en los correspondientes registros los bienes y derechos de su patrimonio:

a) Que sean susceptibles de inscripción.

b) Siempre.

c) En ningún caso.

d) En determinados casos.

19. Las Administraciones Públicas podrán deslindar los bienes inmuebles de su patrimonio de otros pertenecientes a terceros:

a) En los casos de fuerza mayor.

b) Cuando los límites entre ellos sean imprecisos o existan indicios de usurpación.

c) Cuando existan indicios de robo o hurto.

d) Cuando existan indicios de delito.

20. Si se trata de bienes y derechos patrimoniales, la recuperación de la posesión en vía administrativa requiere que la iniciación del procedimiento haya sido notificada antes de que transcurra:

a) El plazo de un año, contado desde el día siguiente al de la usurpación.

b) El plazo de dos años, contado desde el día siguiente al de la usurpación.

c) El plazo de cinco años, contado desde el día siguiente al de la usurpación.

d) El plazo de tres años, contado desde el día siguiente al de la usurpación.

21. Las Administraciones Públicas tienen la facultad de investigar la situación de los bienes y derechos:

a) Que presumiblemente formen parte de su patrimonio.

b) En cualquier momento.

c) A fin de determinar la titularidad de los mismos cuando esta no les conste de modo cierto.

d) Las respuestas a) y c) son correctas.

22. ¿Podrán las Administraciones Públicas recuperar en vía administrativa la posesión de sus bienes?

a) No.

b) Cuando decaigan o desaparezcan el título, las condiciones o las circunstancias que legitimaban su ocupación por terceros.

c) Cuando decaigan o desaparezcan las condiciones que legitimaban la condición del bien.

d) Sí.

23. No se podrán aprovechar los bienes comunales mediante:

a) Adjudicación por lotes o suertes a los vecinos.

b) Aprovechamiento peculiar, según las leyes dictadas por el Estado.

c) En régimen de explotación común.

d) En régimen de cultivo colectivo.

24. Se perderán la condición de bienes comunales si:

a) No han sido objeto de disfrute de esta índole durante más de diez años, aunque en alguno de ellos se haya producido acto aislado de aprovechamiento.

b) No han sido objeto de disfrute de esta índole durante más de veinte años.

c) No han sido objeto de disfrute de esta índole durante más de treinta años.

d) No han sido objeto de disfrute de esta índole durante más de cuarenta años.

25. Son bienes patrimoniales o de propios los que, siendo de propiedad de la Entidad Local:

a) No estén destinados a un uso público.

b) No estén afectados a algún servicio público.

c) No estén destinados a un uso público ni afectados a algún servicio público y puedan constituir fuente de ingresos para el erario de la Entidad.

d) No estén destinados a un uso público ni afectados a algún servicio público.

26. Las enajenaciones de los bienes patrimoniales, según el Reglamento de Bienes de las Entidades Locales, han de realizarse, como regla general mediante:

a) Procedimiento negociado.
b) Procedimiento abierto.
c) Concurso.
d) Subasta.

27. La cesión gratuita de los bienes a otras Administraciones o Instituciones Públicas requerirá:

a) El acuerdo favorable de la mayoría simple del número legal de miembros de la Corporación.
b) El acuerdo favorable de la mayoría absoluta del número legal de miembros de la Corporación.
c) El acuerdo favorable de un tercio del número legal de miembros de la Corporación.
d) El acuerdo favorable de dos tercios del número legal de miembros de la Corporación.

28. Los bienes inmuebles patrimoniales no podrán cederse gratuitamente salvo:

a) A Entidades o Instituciones Públicas y para fines que redunden en beneficio de los habitantes del término municipal.
b) A las Instituciones Privadas de interés público sin ánimo de lucro.
c) A Entidades o Instituciones Públicas sin ánimo de lucro.
d) Las respuestas a) y b) son correctas.

29. Los valores mobiliarios:

a) Deberán ser custodiados por la Policía Local.
b) Se custodiarán por personas que tengan la condición de agentes de la autoridad.
c) Se custodiarán en la caja de caudales bajo la responsabilidad de los tres claveros.
d) Se custodiará por el Tesorero Municipal.

30. El arrendamiento o cualquier otra forma de cesión de uso de los bienes patrimoniales, en cuanto a su preparación y adjudicación, se regirá por:

a) El Derecho Privado.
b) Las normas jurídico-públicas que regulen la contratación de las Entidades Locales.
c) La Ley del Patrimonio de las Administraciones Públicas y sus disposiciones de desarrollo.
d) La legislación hipotecaria.

31. El Reglamento de Bienes de las Entidades Locales es de:

a) 2 de abril de 1985.
b) 11 de julio de 1986.

c) 28 de noviembre de 1986.
d) 13 de junio de 1986.

32. Según el Reglamento de Bienes de las Entidades Locales, los bienes de estas Entidades se clasifican en:

a) Patrimoniales y de propios.
b) Comunales, de dominio público y patrimoniales.
c) Comunales y de dominio privado.
d) De dominio público y patrimoniales.

33. Las Provincias como Entidades Locales no tienen bienes:

a) Privados.
b) Patrimoniales.
c) Comunales.
d) Demaniales.

34. Las aguas de las fuentes públicas son:

a) Comunales.
b) De servicio público.
c) De uso público.
d) Patrimoniales.

35. La inalienabilidad predicable de los bienes de dominio público significa que:

a) Solo pueden venderse con escritura pública.
b) No pueden ser utilizados por los particulares.
c) Por el transcurso del tiempo, unido a la posesión de los mismos, no se adquiere su propiedad.
d) No son susceptibles de venta alguna.

36. Los bienes de dominio público solo pagan el tributo:

a) De bienes inmuebles.
b) Que fije el Estado al efecto.
c) De carácter local que señale cada Comunidad Autónoma.
d) Ninguno.

37. El Presidente de una Diputación Provincial es competente para adquirir bienes a título oneroso siempre que su valor no supere los:

a) Diez millones de euros.
b) Seis millones de euros.

c) Tres millones de euros.
d) Cinco millones de euros.

38. En caso de que sea posible, la aceptación de una herencia ha de realizarse:

a) Solo cuando tenga cargas o gravámenes.
b) Cuando estas cargas sean superiores a los bienes.
c) Siempre a beneficio de inventario.
d) Para destinar los bienes a fines de beneficencia.

39. Se requiere autorización de la Comunidad Autónoma para la adquisición de:

a) Bienes de carácter histórico y artístico.
b) Inmuebles.
c) Semovientes.
d) Valores mobiliarios.

40. En cambio, se requiere el informe previo de la Comunidad Autónoma para adquirir onerosamente los siguientes bienes:

a) Inmuebles.
b) Valores mobiliarios.
c) Bienes de carácter histórico y artístico cuando exceda su valor del 1 % de los recursos ordinarios del Presupuesto.
d) Bienes de este carácter aunque no se exceda dicho límite, siempre que no se exceda el de la contratación directa de suministros.

41. El uso común general de los bienes de dominio público requiere:

a) Licencia.
b) Concesión.
c) Simple permiso.
d) Nada de lo anterior.

42. Por su parte, el uso privativo de un bien de dominio público requiere:

a) Previa autorización.
b) Simple permiso.
c) Concesión.
d) Licencia.

43. El uso común especial, requiere:

a) Licencia.
b) Simple precario.

c) Concesión.
d) Nada en especial.

44. Para usar privativamente bienes de servicio público se requiere:

a) Autorización.
b) Licencia.
c) Concesión.
d) Nada de lo anterior, pues no cabe este uso.

45. La realización del comercio ambulante en las vías públicas es un ejemplo de uso:

a) Común general.
b) Común especial.
c) Privativo.
d) Comunal.

46. Se considera anormal el siguiente uso del dominio público:

a) Instalar un quiosco.
b) Una industria callejera.
c) Estacionar un vehículo.
d) Una conducción subterránea de agua.

47. La enajenación de un bien de dominio público sin previa desafectación:

a) Corresponde al Pleno de la Entidad Local.
b) Es la regla general.
c) Puede hacerse por el Presidente de la Corporación directamente.
d) Es totalmente ilegal.

48. Para alterar la calificación jurídica de un bien municipal se requiere, salvo que sea automática:

a) Voto favorable de dos terceras partes de sus miembros legales.
b) Información pública durante un mes.
c) Voto favorable de la mayoría simple de miembros de la Entidad presentes en la sesión de que se trate.
d) Las respuestas b) y c) son correctas.

49. Se produce automáticamente esta alteración de la calificación jurídica de un bien:

a) Por adscripción de un bien demanial a un uso privado.
b) Por prescripción de un bien de dominio público por un particular.

c) Por usucapión en favor de la Entidad de un bien que estuviera destinado a un uso comunal.

d) En cualquiera de los tres casos anteriores.

50. Como trámite previo al ejercicio de acciones para la defensa de los bienes por una Entidad, se requiere:

a) Dictamen del Secretario de la Corporación.

b) Interposición de un interdicto de retener o recobrar.

c) Ejercicio del desahucio administrativo.

d) Información pública vecinal. ·

51. Cuando un particular requiere a una Entidad para que defienda un bien de la propiedad de esta, se le concede a la misma un plazo para hacerlo de:

a) Un año.

b) Un mes.

c) Treinta días hábiles.

d) Dos meses.

52. Si una Entidad no atiende el requerimiento de un particular para que defienda un bien de ella, el particular:

a) Debe ser indemnizado.

b) Puede ejercer la acción pública para dicha defensa.

c) Debe denunciar a la Entidad.

d) Adquiere la propiedad del bien de que se trate.

53. En relación con las demandas judiciales que afecten al dominio de las Entidades Locales, estas:

a) Han de consentir con las pretensiones del demandante.

b) Tienen absolutamente prohibido allanarse.

c) Actuarán sin necesidad de defensa letrada.

d) No pueden presentar oposición en sede judicial.

54. La comprobación del Inventario de Bienes de una Entidad Local es:

a) Anual.

b) Semestral.

c) En cada renovación de la Corporación.

d) Cada vez que cambie el Presidente de la Entidad.

55. La rectificación del Inventario de Bienes de una Entidad Local, debe hacerse:

a) Semestralmente.

b) Al renovarse la Corporación.

c) Anualmente.
d) Cuando lo diga el Secretario General de la Corporación.

56. Las avenidas y calles públicas, respecto al Inventario:

a) Deben excluirse.
b) Si son privadas se excluyen.
c) Se incluyen en todo caso.
d) Cuando estén inscritas en el Registro, se incluyen.

57. En el Inventario de Bienes no es necesario incluir:

a) Los bienes de uso público.
b) Los comunales.
c) Los patrimoniales.
d) Deben incluirse todos.

58. Para inscribir un bien mueble de una Entidad Local en el Registro de la Propiedad basta con:

a) Escritura pública.
b) Certificado del Secretario General en relación con el Inventario.
c) Certificado de acuerdo plenario.
d) Nada de lo anterior, al no ser susceptible de inscripción.

59. Para inscribir un bien patrimonial, susceptible de ello, en el Registro de la Propiedad:

a) Debe constar en escritura pública.
b) No se requiere esta, bastando con una certificación del Secretar o General en relación con el Inventario.
c) No tiene por qué inscribirse este tipo de bienes.
d) Se hace de oficio por orden del Alcalde o Presidente.

60. A la facultad de delimitar la extensión de una propiedad de una Entidad Local ejercida por esta se le llama potestad de:

a) Deslinde.
b) Recuperación de oficio.
c) Investigación.
d) Desahucio administrativo.

61. Un particular que se entienda perjudicado en la extensión de un terreno de su propiedad por un deslinde administrativo debe salvaguardar sus derechos:

a) Interponiendo recurso contencioso-administrativo.
b) Acudiendo a la Jurisdicción ordinaria.

c) Reclamando ante el Alcalde.

d) No puede perjudicársele por un deslinde.

62. Cuando un particular no esté de acuerdo con los trámites seguidos en un deslinde de bienes por una Entidad Local debe:

a) Impugnarlo en vía contencioso-administrativa.

b) Impugnarlo ante la Jurisdicción ordinaria.

c) Interponer un interdicto de retener.

d) Interponer un interdicto de recobrar.

63. La Administración puede recuperar por sí misma los bienes patrimoniales usurpados:

a) Sin límite de tiempo.

b) Después de dos años de la usurpación.

c) Dentro de los cuatro años siguientes a esta.

d) Dentro del primer año tras la usurpación.

64. Si una Entidad no recupera de oficio en el plazo previsto en la pregunta anterior sus bienes patrimoniales usurpados:

a) No puede ejercer acción alguna respecto de los mismos.

b) Puede recuperarlos de esta forma en cualquier momento.

c) Debe acudir a la Jurisdicción Contencioso-Administrativa.

d) Debe acudir a la Jurisdicción civil.

65. Para determinar la titularidad de los bienes presumiblemente de titularidad de una Entidad Local se acude al/a la:

a) Ejercicio de las acciones necesarias para su defensa.

b) Recuperación de oficio.

c) Deslinde.

d) Potestad de investigación.

66. A la extinción en vía administrativa de un derecho constituido sobre un bien comunal, se le denomina:

a) Interdicto de retener o recobrar la posesión.

b) Desahucio administrativo.

c) Potestad de investigación.

d) Recuperación de oficio.

67. Además de los Municipios, pueden tener bienes comunales los/las:

a) Áreas Metropolitanas.

b) Entidades de ámbito territorial inferior al municipal.

c) Provincias.
d) Todos ellos.

68. La titularidad del aprovechamiento de los bienes comunales la ostentan:

a) Solo los Municipios.
b) Estos y las Entidades de ámbito territorial inferior al municipal.
c) Los Municipios y cualquier otra Entidad Local.
d) Los vecinos.

69. Como regla general, el aprovechamiento de estos bienes comunales debe hacerse:

a) En régimen colectivo.
b) Según la Ordenanza al efecto.
c) En proporción directa a la situación económica del vecino.
d) En proporción inversa a esta situación.

70. La adjudicación de lotes de bienes comunales a los vecinos para su explotación se hace:

a) En proporción directa al número de familiares.
b) En proporción directa a su situación económica.
c) En proporción inversa al número de familiares.
d) Solo en explotación colectiva.

71. El máximo porcentaje que puede detraer una Corporación del producto de una subasta para adjudicar el aprovechamiento de bien comunal es del:

a) 1 % de los recursos ordinarios.
b) 10 % de estos recursos.
c) 5 %.
d) 25 %.

72. Puede suprimírsele el carácter de comunal a un bien:

a) Cuando permanezca más de un año sin ser aprovechado.
b) En cualquier caso, previo acuerdo de la Corporación por mayoría absoluta legal de sus miembros.
c) Sin necesidad de expediente alguno al efecto.
d) Ninguna de las respuestas anteriores es correcta.

73. Las parcelas sobrantes tienen el carácter de bienes:

a) Patrimoniales.
b) Comunales.

c) De uso público.
d) De servicio público.

74. Un camión municipal de recogida de basuras que esté en desuso por sus continuos problemas mecánicos es:

a) Comunal.
b) De servicio público.
c) De uso público.
d) Patrimonial.

75. Un bien comunal puede pasar a patrimonial por no ser objeto de disfrute de esta índole, por:

a) Nueve años.
b) Tres años.
c) Cinco años.
d) Más de diez años.

76. La diferencia de valor en una permuta de bienes patrimoniales por otros de carácter inmobiliario no debe sobrepasar el siguiente tanto por ciento:

a) 60 %.
b) 50 %.
c) 40 %.
d) 20 %.

77. El sistema general de enajenación de un bien patrimonial es el/la:

a) Concesión.
b) Permuta.
c) Subasta.
d) Enajenación directa.

78. Señala la respuesta incorrecta. La gestión y administración de los bienes y derechos patrimoniales por las Administraciones Públicas se ajustarán a los siguientes principios:

a) Identificación y control a través de inventarios o registros adecuados.
b) Subjetividad en la adquisición, explotación y enajenación de estos bienes.
c) Publicidad en la enajenación de estos bienes.
d) Transparencia en la adquisición de estos bienes.

79. Para que deba pedirse la autorización de la Comunidad Autónoma en una enajenación de bienes inmuebles se requiere que:

a) Su valor exceda del 10 % de los recursos ordinarios.
b) Su valor exceda del 25 % de estos recursos.
c) Se trate de un bien artístico.
d) No se requiere esta autorización en caso alguno.

80. La cesión gratuita de bienes a otra Administración, en el caso de un Municipio de régimen común, requiere el siguiente quórum:

a) Mayoría simple.
b) Mayoría absoluta del número legal de miembros.
c) Dos tercios del número de hecho y, en todo caso, mayoría absoluta del número legal de miembros.
d) No es posible ceder bienes gratuitamente.

81. ¿Cuál de las siguientes no es una característica básica de los bienes de dominio público?

a) No están sujetos a tributo alguno.
b) Son inalienables.
c) Son indestructibles.
d) Son imprescriptibles.

82. Las Administraciones Públicas podrán adquirir bienes y derechos por cualquiera de los modos previstos en el ordenamiento jurídico y, en particular, por:

a) Herencia, legado o donación.
b) Atribución de la ley.
c) Prescripción.
d) Todas las respuestas son correctas.

83. Las Administraciones Públicas podrán recuperar por sí mismas la posesión indebidamente perdida sobre los bienes y derechos de su patrimonio, y, si estos tienen la condición de demaniales, la potestad de recuperación podrá ejercitarse:

a) Antes de que transcurra el plazo de un año, contado desde el día siguiente al de la usurpación.
b) Antes de que transcurra el plazo de un año, contado desde el mismo día de la usurpación.
c) Antes de que transcurra el plazo de cinco años, contados desde el día siguiente al de la usurpación.
d) En cualquier momento.

84. Con respecto a los bienes comunales, la doctrina (SÁINZ MORENO, entre otros) distingue entre:

a) Bienes comunales típicos y bienes comunales atípicos.
b) Bienes comunales públicos y bienes comunales semipúblicos.
c) Bienes comunales regulares y bienes comunales irregulares.
d) Bienes comunales simples y bienes comunales complejos.

85. La cesión por cualquier título del aprovechamiento de bienes comunales deberá ser acordada:

a) Por el Pleno de la Corporación, requiriéndose el voto favorable de la mayoría simple del número legal de miembros de la Corporación.
b) Por el Pleno de la Corporación, requiriéndose el voto favorable de la mayoría absoluta del número legal de miembros de la Corporación.
c) Por la Junta de Gobierno Local.
d) Por el Alcalde.

Solución al test n.º 5

1. a) El conjunto de bienes y derechos, cualquiera que sea su naturaleza y el título de su adquisición.

2. c) De dominio público y de dominio privado.

3. a) Aquellos cuyo aprovechamiento corresponda al común de los vecinos.

4. b) Al municipio y a las Entidades Locales Menores.

5. a) Se inspiran en los principios de inalienabilidad, imprescriptibilidad e inembargabilidad.

6. b) Simplicidad y máxima celeridad.

7. d) Las respuestas a) y b) son correctas.

8. d) Las respuestas a) y b) son correctas.

9. c) Por usurpación.

10. b) Informe previo del órgano estatal o autonómico competente si se trata de bienes de carácter histórico y artístico, y excedan del 1 por 100 de los recursos ordinarios del Presupuesto de la Corporación.

11. c) Especial, que se da cuando concurren circunstancias singulares por la peligrosidad o intensidad del uso.

12. c) La ocupación de una parte del dominio público de modo que limite o excluya la utilización de los demás interesados.

13. d) La respuesta b) y c) son correctas.

14. c) Su oportunidad y legalidad.

15. c) Aprobación definitiva de los Planes de Ordenación Urbana y de los Proyectos de obras y servicios.

16. b) Conservarlos con la debida diligencia.

17. a) Es obligatoria.

18. a) Que sean susceptibles de inscripción.

19. b) Cuando los límites entre ellos sean imprecisos o existan indicios de usurpación.

20. a) El plazo de un año, contado desde el día siguiente al de la usurpación.

21. d) Las respuestas a) y c) son correctas.

22. b) Cuando decaigan o desaparezcan el título, las condiciones o las circunstancias que legitimaban su ocupación por terceros.

23. b) Aprovechamiento peculiar, según las leyes dictadas por el Estado.

24. a) No han sido objeto de disfrute de esta índole durante más de diez años, aunque en alguno de ellos se haya producido acto aislado de aprovechamiento.

25. c) No estén destinados a un uso público ni afectados a algún servicio público y puedan constituir fuente de ingresos para el erario de la Entidad.

26. d) Subasta.

27. b) El acuerdo favorable de la mayoría absoluta del número legal de miembros de la Corporación.

28. d) Las respuestas a) y b) son correctas.

29. c) Se custodiarán en la caja de caudales bajo la responsabilidad de los tres claveros.

30. b) Las normas jurídico-públicas que regulen la contratación de las Entidades Locales.

31. d) 13 de junio de 1986.

32. d) De dominio público y patrimoniales.

33. c) Comunales.

34. c) De uso público.

35. d) No son susceptibles de venta alguna.

36. d) Ninguno.

37. c) Tres millones de euros.

38. c) Siempre a beneficio de inventario.

39. d) Valores mobiliarios.

40. c) Bienes de carácter histórico y artístico cuando exceda su valor del 1 % de los recursos ordinarios del Presupuesto.

41. d) Nada de lo anterior.

42. c) Concesión.

43. a) Licencia.

44. d) Nada de lo anterior, pues no cabe este uso.

45. b) Común especial.

46. d) Una conducción subterránea de agua.

47. d) Es totalmente ilegal.

48. b) Información pública durante un mes.

49. c) Por usucapión en favor de la Entidad de un bien que estuviera destinado a un uso comunal.

50. a) Dictamen del Secretario de la Corporación.

51. c) Treinta días hábiles.

52. b) Puede ejercer la acción pública para dicha defensa.

53. b) Tienen absolutamente prohibido allanarse.

54. c) En cada renovación de la Corporación.

55. c) Anualmente.

56. c) Se incluyen en todo caso.

57. d) Deben incluirse todos.

58. d) Nada de lo anterior, al no ser susceptible de inscripción.

59. b) No se requiere esta, bastando con una certificación del Secretario General en relación con el Inventario.

60. a) Deslinde.

61. b) Acudiendo a la Jurisdicción ordinaria.

62. a) Impugnarlo en vía contencioso-administrativa.

63. d) Dentro del primer año tras la usurpación.

64. d) Debe acudir a la Jurisdicción civil.

65. d) Potestad de investigación.

66. b) Desahucio administrativo.

67. b) Entidades de ámbito territorial inferior al municipal.

68. d) Los vecinos.

69. a) En régimen colectivo.

70. a) En proporción directa al número de familiares.

71. c) 5 %.

72. d) Ninguna de las respuestas anteriores es correcta.

73. a) Patrimoniales.

74. d) Patrimonial.

75. d) Más de diez años.

76. c) 40 %.

77. c) Subasta.

78. b) Subjetividad en la adquisición, explotación y enajenación de estos bienes.

79. b) Su valor exceda del 25 % de estos recursos.

80. b) Mayoría absoluta del número legal de miembros.

81. c) Son indestructibles.

82. d) Todas las respuestas son correctas.

83. d) En cualquier momento.

84. a) Bienes comunales típicos y bienes comunales atípicos.

85. b) Por el Pleno de la Corporación, requiriéndose el voto favorable de la mayoría absoluta del número legal de miembros de la Corporación.

TEST N.º 6

Actividad subvencional de las entidades locales: normativa autonómica y estatal. Disposiciones comunes a las subvenciones. Concesiones, órganos competentes, beneficiarios y procedimientos de concesión

1. Según la Disposición final primera de la Ley 38/2003, de 17 de noviembre, esta ley se dicta al amparo de lo dispuesto en el artículo 149.1.13.ª, 14.ª y 18.ª de la Constitución, constituyendo legislación básica del Estado los siguientes preceptos:

a) En el título II, el capítulo I y el capítulo IV, excepto los artículos 32 y 33.
b) En el título I, los artículos 36, 37 y el apartado 1 del artículo 40.
c) En el título IV, los artículos 45 y 46.
d) En el título IV, el capítulo I y los artículos 59, 65, 67, 68 y 69 del capítulo II.

2. No tienen carácter de subvenciones los siguientes supuestos:

a) Las prestaciones reconocidas por el Fondo de Garantía Salarial.
b) Los beneficios fiscales y beneficios en la cotización a la Seguridad Social.
c) El crédito oficial, salvo en los supuestos en que la Administración pública subvenciones al prestatario la totalidad o parte de los intereses u otras contraprestaciones de la operación de crédito.
d) Todas son correctas.

3. Señala la respuesta correcta:

a) Se consideran subvenciones y ayudas públicas regladas aquellas que se destinan a una pluralidad de beneficiarios y que se otorguen por la Administración con arreglo a los principios de publicidad, libre concurrencia y objetividad.
b) Las subvenciones otorgadas en supuestos especiales o subvenciones específicas por razón de su objeto son las concedidas cuando sea posible promover la concurrencia de interesados en el procedimiento.

c) Son subvenciones nominativas las que se abonen mediante transferencia de financiación y tengan como destino la financiación de las actividades u operaciones no singularizadas de las entidades beneficiarias.

d) Son subvenciones de explotación o de capital aquellas cuyos beneficiarios figuren nominativamente en los créditos iniciales de la Ley de Presupuesto de la Comunidad Autónoma o en otra norma de rango legal.

4. La norma reguladora de las bases de concesión de las subvenciones concretará, como mínimo, los siguientes extremos:

a) Órganos competentes para la ordenación, instrucción y resolución del procedimiento de concesión de la subvención y el plazo en que será notificada la resolución.

b) Determinación, en su caso, de los registros contables específicos para garantizar la idónea justificación de la subvención.

c) Plazo y forma de justificación por parte del beneficiario o de la entidad colaboradora, en su caso, del cumplimiento de la finalidad para la que se concedió la subvención y de la aplicación de los fondos percibidos.

d) Todas son correctas.

5. ¿De qué fecha es la ordenanza municipal de bases reguladoras generales para la concesión de subvenciones para el Concello de A Coruña y sus organismos públicos?

a) 10 de octubre de 2023.
b) 16 de agosto de 2024.
c) 27 de diciembre de 2023.
d) 25 de julio de 2024.

6. La gestión de las subvenciones no estará presidida por el principio de:

a) Singularidad del objeto subvencionado.
b) Concurrencia.
c) Accesibilidad.
d) Objetividad.

7. Las subvenciones concedidas por el Ayuntamiento de A Coruña se publicarán:

a) Mensualmente.
b) Bimensualmente.
c) Trimestralmente.
d) Semestralmente.

8. No será necesaria la publicación:

a) Cuando las subvenciones no tengan asignación nominativa en el presupuesto general del Ayuntamiento de A Coruña.

b) Cuando su otorgamiento y cuantía, a favor de beneficiario concreto, resulten impuestos en virtud de norma de rango legal.

c) Cuando el importe de la subvención individualmente considerada sea inferior a 10.000 euros.

d) Todas las respuestas anteriores son correctas.

9. Indica la opción correcta:

a) Como regla general, se podrán otorgar subvenciones por cuantía que, aisladamente o en concurrencia con otras subvenciones, ayudas, ingresos o recursos, supere el coste de los proyectos.

b) Como regla general, no se podrán otorgar subvenciones por cuantía que, aisladamente o en concurrencia con otras subvenciones, ayudas, ingresos o recursos, supere el coste de los proyectos.

c) En ningún caso se podrán otorgar subvenciones por cuantía que, aisladamente o en concurrencia con otras subvenciones, ayudas, ingresos o recursos, supere el coste de los proyectos.

d) Sí se podrán superar los límites de financiación municipal que, en su caso, se establezcan en la respectiva convocatoria.

10. Si se produce un exceso de las subvenciones percibidas de distintas entidades públicas respeto del coste del proyecto o actividad:

a) La subvención concedida se declara nula.

b) La subvención concedida puede ser anulada.

c) El beneficiario deberá reintegrar al Ayuntamiento el exceso que corresponda en proporción a la subvención concedida por este.

d) A lo anterior, junto con los intereses de demora que correspondan desde el momento en que se percibió el importe de la subvención hasta el día en que, efectivamente, se proceda a su devolución.

11. Será obligatoria la constitución de garantía:

a) En los procedimientos de selección de entidades colaboradoras.

b) Para asegurar el cumplimiento de los compromisos asumidos por las entidades colaboradoras.

c) Cuando se prevea la posibilidad de realizar pagos la cuenta o anticipados.

d) Todas las respuestas anteriores son correctas.

12. En los supuestos de pagos anticipados o, en su caso, de pagos la cuenta, las garantías responderán a las cuantías de estos pagos y de los intereses de demora. La garantía se constituirá por el importe del pago la cuenta o anticipado incrementado en el porcentaje que se establezca en la convocatoria, sin que pueda superar un:

a) 5 %.

b) 10 %.

c) 20 %.

d) 25 %.

13. Podrán concederse de forma directa las siguientes subvenciones:

a) Las previstas nominativamente en el presupuesto general consolidado del Ayuntamiento de A Coruña, pudiendo otorgarse subvenciones por cuantía superior a la determinada en la convocatoria.

b) Aquellas cuyo otorgamiento o cuantía venga impuesto a la Administración por una norma de rango legal, que seguirán el procedimiento de concesión que les resulte de aplicación de acuerdo con su propia normativa, pudiendo otorgarse subvenciones por cuantía superior a la determinada en la convocatoria.

c) Con carácter excepcional, aquellas otras subvenciones en que se acrediten razones de interés público, social, económico o humanitario, u otras debidamente justificadas que dificulten su convocatoria pública.

d) En todo caso, aquellas otras subvenciones en que se acrediten razones de interés privado u otras debidamente justificadas que faciliten su convocatoria pública.

14. Como contenido necesario en la concesión de la subvención en régimen de concurrencia competitiva, el período durante el que la persona beneficiaria, en el supuesto de adquisición, construcción, rehabilitación y mejora de bienes inventariables, debe destinar dichos bienes al fin concreto para lo cual se concedió la subvención, no podrá ser inferior:

a) A cinco años en el caso de bienes inscribibles en un registro público.
b) A dos años para el resto de bienes.
c) A dos años en el caso de bienes inscribibles en un registro público.
d) A un año para el resto de bienes.

15. Cuando la solicitud no reúna los requisitos establecidos en la convocatoria, el órgano competente requerirá la persona interesada para que la subsane en

a) El plazo máximo e improrrogable de 10 días.
b) El plazo máximo de 10 días, prorrogable 5 días más.
c) El plazo máximo e improrrogable de 15 días.
d) El plazo máximo e improrrogable de 20 días.

16. Señala la respuesta correcta:

a) La instrucción del procedimiento de concesión de subvenciones corresponde al órgano que se designe en la convocatoria.

b) Las actividades de instrucción comprenderán entre otras la petición de cuantos informes estime necesarios para resolver, siendo el plazo para su emisión de 15 días, salvo que el órgano instructor solicite su emisión en un plazo mayor, sin que en este último caso pueda exceder de tres meses.

c) El órgano instructor, a la vista del expediente y del informe del órgano colegiado, formulará la propuesta de resolución provisional, debidamente motivada, que deberá notificarse a los interesados en la forma que establezca la convocatoria, y se concederá un plazo de 20 días para presentar alegaciones.

d) La propuesta de resolución definitiva se notificará a los interesados que hayan sido propuestos como beneficiarios en la fase de instrucción, para que en el plazo de un mes comuniquen su aceptación, creando un derecho a favor del beneficiario propuesto, frente a la Administración, mientras no se le haya notificado la resolución de concesión.

17. En cuanto a la resolución para la concesión de subvenciones, el plazo máximo para resolver y notificar la resolución no podrá ser superior a los:

a) 3 meses.
b) 6 meses.
c) 9 meses.
d) 12 meses.

18. La notificación de la resolución del procedimiento:

a) Se hará a los interesados de acuerdo con lo previsto en el artículo 50 de la Ley 38/2015, de 3 de octubre, del Procedimiento Administrativo Común de las Administraciones Públicas.

b) Se hará a los interesados de acuerdo con lo previsto en el artículo 40 de la Ley 39/2015, de 3 de octubre, del Procedimiento Administrativo Común de las Administraciones Públicas.

c) Se ajustará a las disposiciones contenidas en los artículos 41 y siguientes de la Ley 39/2015, de 1 de octubre, del Procedimiento Administrativo Común de las Administraciones Públicas.

d) Se ajustará a las disposiciones contenidas en los artículos 45.1.b) de la Ley 39/2015, de 3 de octubre, del Procedimiento Administrativo Común de las Administraciones Públicas.

19. El plazo de prescripción para reconocer o liquidar el reintegro es de:

a) 6 meses.
b) 1 año.
c) 4 años.
d) 5 años.

20. El plazo de prescripción de las infracciones y sanciones es de:

a) 6 meses.
b) 1 año.
c) 4 años.
d) 5 años.

21. Son deberes de las personas beneficiarias:

a) Cumplir el objetivo, ejecutar el proyecto, realizar la actividad o adoptar el comportamiento que fundamenta la concesión de la subvención.

b) Conservar los documentos justificativos de la aplicación de los fondos recibidos, incluidos los documentos electrónicos, en tanto puedan ser objeto de las actuaciones de comprobación y control.

c) Proceder al reintegro de los fondos percibidos en los casos que se establecen en la legislación general de subvenciones.

d) Todas las respuestas anteriores son correctas.

Solución al test n.º 6

1. d) En el título IV, el capítulo I y los artículos 59, 65, 67, 68 y 69 del capítulo II.

2. d) Todas son correctas.

3. a) Se consideran subvenciones y ayudas públicas regladas aquellas que se destinan a una pluralidad de beneficiarios y que se otorguen por la Administración con arreglo a los principios de publicidad, libre concurrencia y objetividad.

4. d) Todas son correctas.

5. b) 16 de agosto de 2024.

6. a) Singularidad del objeto subvencionado.

7. c) Trimestralmente.

8. b) Cuando su otorgamiento y cuantía, a favor de beneficiario concreto, resulten impuestos en virtud de norma de rango legal.

9. c) En ningún caso se podrán otorgar subvenciones por cuantía que, aisladamente o en concurrencia con otras subvenciones, ayudas, ingresos o recursos, supere el coste de los proyectos.

10. d) A lo anterior, junto con los intereses de demora que correspondan desde el momento en que se percibió el importe de la subvención hasta el día en que, efectivamente, se proceda a su devolución.

11. d) Todas las respuestas anteriores son correctas.

12. c) 20 %.

13. c) Con carácter excepcional, aquellas otras subvenciones en que se acrediten razones de interés público, social, económico o humanitario, u otras debidamente justificadas que dificulten su convocatoria pública.

14. b) A dos años para el resto de bienes.

15. a) El plazo máximo e improrrogable de 10 días.

16. a) La instrucción del procedimiento de concesión de subvenciones corresponde al órgano que se designe en la convocatoria.

17. c) 9 meses.

18. d) Se ajustará a las disposiciones contenidas en los artículos 45.1.b) de la Ley 39/2015, de 3 de octubre, del Procedimiento Administrativo Común de las Administraciones Públicas.

19. c) 4 años.

20. c) 4 años.

21. d) Todas las respuestas anteriores son correctas.

TEST N.º 7

Los contratos del sector público: Objeto y ámbito de aplicación de la Ley de Contratos del Sector Público. Tipos de contratos del sector público. Contratos sujetos la regulación armonizada. Contratos administrativos y contratos privados. Las partes en los contratos del sector público. Órganos de contratación. Capacidad y solvencia del empresario. Competencia y normas específicas de contratación pública en las entidades locales

1. La contratación administrativa en el sector público viene regulada por:

a) La Ley 9/2017, de 8 de noviembre.
b) La Ley 6/2017, de 24 de octubre.
c) La Ley 3/2017, de 27 de junio.
d) La Ley 4/2017, de 25 de septiembre.

2. Los contratos que tienen por objeto la adquisición, el arrendamiento financiero, o el arrendamiento, con o sin opción de compra, de productos o bienes muebles, son:

a) Contratos de servicios.
b) Contratos de suministro.
c) Contratos de obras.
d) Contratos de gestión de servicios públicos.

3. No se consideran contratos de suministros:

a) Aquellos en los que el empresario se obligue a entregar una pluralidad de bienes de forma sucesiva y por precio unitario sin que la cuantía total se defina con exactitud al tiempo de celebrar el contrato, por estar subordinadas las entregas a las necesidades del adquirente.
b) Los que tengan por objeto la adquisición y el arrendamiento de equipos y sistemas de telecomunicaciones o para el tratamiento de la información, sus dispositivos y programas, y la cesión del derecho de uso de estos últimos.

c) Los de adquisición de programas de ordenador desarrollados a medida.

d) Los de fabricación, por los que la cosa o cosas que hayan de ser entregadas por el empresario deban ser elaboradas con arreglo a características peculiares fijadas previamente por la entidad contratante, aun cuando esta se obligue a aportar, total o parcialmente, los materiales precisos.

4. Están sujetos a regulación armonizada los contratos de obras y los contratos de concesión de obras públicas cuyo valor estimado sea igual o superior a:

a) 5.538.000 euros.
b) 6.581.000 euros.
c) 8.615.000 euros.
d) 1.861.000 euros.

5. Conforme al artículo 1.3 de la Ley 9/2017, siempre que guarde relación con el objeto del contrato, en toda contratación pública se incorporarán de manera transversal y preceptiva criterios sociales y:

a) Divulgativos.
b) Comunitarios.
c) Medioambientales.
d) Judiciales.

6. Conforme al artículo 3.4 de la Ley 9/2017, los partidos políticos, cuando cumplan los requisitos para ser poder adjudicador y respecto de los contratos sujetos a regulación armonizada, deberán actuar conforme a los principios de publicidad, concurrencia, transparencia, igualdad y:

a) No discriminación.
b) Eficacia.
c) Sometimiento a las leyes.
d) Legitimidad.

7. En virtud de la Ley 9/2017 (art. 6.1.a), se presumirá que las entidades intervinientes en un convenio tienen vocación de mercado cuando realicen en el mercado abierto un porcentaje de las actividades objeto de colaboración igual o superior a:

a) El 10 %.
b) El 20 %.
c) El 50 %.
d) El 30 %.

8. Los contratos que tengan por objeto la adquisición de energía primaria o energía transformada se consideran:

a) Contratos de concesión de servicios.
b) Contratos de suministros.
c) Contratos privados.
d) Contratos de servicios.

9. Deberá elaborarse un proyecto y tramitarse como la Ley 9/2017 dispone para los contratos de obras, el contrato mixto en que un elemento del contrato sea una obra y esta supere:

a) Los 50.000 euros.
b) Los 100.000 euros.
c) Los 5.000 euros.
d) Los 10.000 euros.

10. No podrán ser objeto de los contratos de servicios:

a) Los que impliquen ejercicio de la autoridad inherente a los poderes públicos.
b) Los que impliquen el desarrollo o mantenimiento de aplicaciones informáticas.
c) Los que tengan por objeto el desarrollo y la puesta a disposición de productos protegidos por un derecho de propiedad intelectual o industrial.
d) Los que tengan por objeto la prestación de actividades docentes en centros del sector público desarrolladas en forma de cursos de formación o perfeccionamiento del personal al servicio de la Administración.

11. Se consideran sujetos a regulación armonizada los contratos:

a) Relativos al tiempo de radiodifusión o al suministro de programas que sean adjudicados a proveedores del servicio de comunicación audiovisual o radiofónica.
b) De concesión adjudicados para la puesta a disposición o la explotación de redes fijas destinadas a prestar un servicio al público en relación con la producción, el transporte o la distribución de agua potable.
c) De concesión de obras cuyo valor estimado sea igual o superior a 5.538.000 euros.
d) Que tengan por objeto los servicios de certificación y autenticación de documentos que deban ser prestados por un notario público.

12. Para la Directiva 2014/23/UE, de 26 de febrero de 2014, relativa a la adjudicación de contratos de concesión, el criterio delimitador del contrato de concesión de servicios respecto del contrato de servicios es:

a) La cuantificación del coste.
b) Quién asume el riesgo operacional.

c) La exigencia o no de la clasificación del empresario.

d) La publicación en boletín oficial.

13. Según el art. 13.3 de la Ley 9/2017, de 8 de noviembre, de Contratos del Sector Público, los contratos de obras se referirán:

a) A una obra completa.

b) A una superficie acotada.

c) A un área concreta.

d) A un plan urbanístico determinado.

14. Según el artículo 3.2. de la LCSP, tienen la consideración de Administración Pública:

a) Las autoridades administrativas independientes.

b) Las fundaciones públicas.

c) Las Mutuas colaboradoras con la Seguridad Social.

d) Las Entidades Públicas Empresariales.

15. ¿Qué tipo de contrato fue suprimido por la Ley 9/2017 de Contratos del Sector Público?

a) El contrato de servicios.

b) El contrato mixto.

c) El contrato de concesión de servicios.

d) El contrato de colaboración público-privada.

16. Se incluyen en el ámbito de aplicación de la Ley 9/2017 de Contratos del Sector Público:

a) La relación de servicio de los funcionarios públicos y los contratos regulados en la legislación laboral.

b) Los contratos que tengan por objeto servicios relacionados con campañas políticas, cuando sean adjudicados por una Administración Pública.

c) Los contratos relativos a servicios de arbitraje y conciliación.

d) Las relaciones jurídicas consistentes en la prestación de un servicio público cuya utilización por los usuarios requiera el abono de una tarifa, tasa o precio público de aplicación general.

17. Los contratos de servicios se sujetarán a regulación armonizada cuando teniendo por objeto los servicios sociales superen la siguiente cantidad:

a) 143.000 euros.

b) 221.000 euros.

c) 475.000 euros.

d) 750.000 euros.

18. No se consideran sujetos a regulación armonizada, cualquiera que sea su valor estimado, los contratos siguientes:

a) Los contratos de obras que tengan por objeto la construcción de hospitales, centros deportivos, recreativos o de ocio, edificios escolares o universitarios y edificios de uso administrativo.

b) Aquellos que tengan por objeto la representación y defensa legal de un cliente por un procurador o un abogado, ya sea en un arbitraje o una conciliación celebrada en un Estado o ante una instancia internacional de conciliación o arbitraje, o ya sea en un procedimiento judicial ante los órganos jurisdiccionales o las autoridades públicas de un Estado o ante órganos jurisdiccionales o instituciones internacionales.

c) Los que tengan por objeto servicios sociales.

d) Los adjudicados por órganos de contratación que pertenezcan al sector de la defensa.

19. Señala la respuesta incorrecta. Solo podrán contratar con el sector público las personas naturales o jurídicas:

a) Que tengan plena capacidad de obrar.

b) Que no estén incursas en una prohibición de contratar.

c) Que tengan la nacionalidad española.

d) Que acrediten su solvencia económica, financiera y técnica o profesional o se encuentren debidamente clasificadas.

20. La clasificación de las empresas tendrá una vigencia de:

a) Dos años.

b) Tres años.

c) Cinco años.

d) Indefinida, en tanto se mantengan por el empresario las condiciones y circunstancias en que se basó su concesión.

21. En relación con las prerrogativas de la Administración Pública en los contratos administrativos, es cierto que:

a) Las facultades de inspección implican un derecho general del órgano de contratación a inspeccionar las instalaciones, oficinas y demás emplazamientos en los que el contratista desarrolle sus actividades.

b) Los acuerdos que adopte el órgano de contratación pondrán fin a la vía administrativa y serán inmediatamente ejecutivos.

c) En los procedimientos que se instruyan para la adopción de acuerdos relativos a las prerrogativas no es obligatoria la audiencia al contratista.

d) El contratista tiene derecho a declarar la responsabilidad imputable al órgano de contratación a raíz de la ejecución del contrato.

22. Los contratos celebrados por entidades del sector público que siendo poder adjudicador no reúnan la condición de Administraciones Públicas, tienen la consideración de:

a) Contratos administrativos.
b) Contratos privados.
c) Contratos administrativos especiales.
d) Contratos mixtos.

23. De acuerdo con el artículo 26 de la Ley 9/2017, de contratos del Sector Público, los contratos privados que celebren las administraciones públicas se regirán por el derecho privado, en cuanto a:

a) Su preparación y adjudicación.
b) Sus efectos, modificación y extinción.
c) Su preparación, adjudicación y extinción.
d) Ninguna de las anteriores respuestas es correcta ya que se regirán, en defecto de normas específicas, por la presente ley.

24. Corresponden a los Alcaldes y a los Presidentes de las Entidades Locales las competencias como órgano de contratación respecto de los contratos de obras, de suministro, de servicios, los contratos de concesión de obras, los contratos de concesión de servicios y los contratos administrativos especiales, cuando su valor estimado no supere el 10 por ciento de los recursos ordinarios del presupuesto ni, en cualquier caso, la cuantía de:

a) 300.000 euros.
b) 600.000 euros.
c) 3.000.000 euros.
d) 6.000.000 euros.

25. En los municipios de gran población, los pliegos de cláusulas administrativas generales serán aprobadas por:

a) El Pleno.
b) El Alcalde.
c) La Junta de Gobierno Local.
d) Las Juntas de contratación.

26. La Mesa de contratación estará presidida por un miembro de la Corporación o un funcionario de la misma, y formarán parte de ella, como vocales, el Secretario o, en su caso, el titular del órgano que tenga atribuida la función de asesoramiento jurídico, y el Interventor, o, en su caso, el titular del órgano que tenga atribuidas la función de control económico-presupuestario, así como aquellos otros que se designen por el órgano de contratación entre el personal funcionario de carrera o personal laboral al servicio de la Corporación, o miembros electos de la misma, sin que su número, en total, sea inferior a:

a) 3.
b) 5.

c) 7.
d) 9.

27. En las entidades locales corresponde a los Alcaldes y a los Presidentes de las Entidades Locales la competencia para la celebración de los contratos privados, así como la adjudicación de concesiones sobre los bienes de las mismas y la adquisición de bienes inmuebles y derechos sujetos a la legislación patrimonial cuando el presupuesto base de licitación no supere el 10 por ciento de los recursos ordinarios del presupuesto ni el importe de:

a) 300.000 euros.
b) 600.000 euros.
c) 3.000.000 euros.
d) 6.000.000 euros.

28. Según la D.A.2ª de la Ley 9/2017, en ningún caso podrán formar parte de las Mesas de contratación ni emitir informes de valoración de las ofertas:

a) Miembros electos de la Corporación.
b) Personal interino.
c) El titular del órgano que tenga atribuidas la función de control económico-presupuestario.
d) Personal eventual.

29. Según la D.A.2ª.7 de la Ley 9/2017, actuará como Secretario de la Mesa de Contratación:

a) El Secretario o, en su caso, el titular del órgano que tenga atribuida la función de asesoramiento jurídico.
b) El Interventor o, en su caso, el titular del órgano que tenga atribuidas la función de control económico-presupuestario.
c) Un funcionario de la Corporación.
d) Un miembro electo de la Corporación.

30. En relación a la Mesa de contratación de una entidad local, NO es cierto que:

a) La composición de la Mesa se tenga que publicar en el perfil de contratante del órgano de contratación correspondiente.
b) La Mesa de contratación deba estar presidida por el Alcalde o Presidente de la entidad local.
c) Se puedan constituir Mesas de Contratación permanentes.
d) En las Entidades locales municipales, mancomunidades y consorcios locales, puedan integrarse en la Mesa personal al servicio de las correspondientes Diputaciones Provinciales o Comunidades Autónomas uniprovinciales.

31. Según la disposición adicional tercera, punto 4, en qué casos la aprobación del gasto podrá ser sustituida por una certificación de existencia de crédito:

a) Cuando se someta la adjudicación a la condición suspensiva de la efectiva consolidación de los recursos que han de financiar el contrato correspondiente.

b) Únicamente en los contratos de suministro que se refieran a bienes consumibles o de fácil deterioro por el uso.

c) En los contratos menores.

d) En los contratos celebrados en los municipios de menos de 5.000 habitantes.

32. Según la D.A. 3ª.9, en los contratos que tengan por objeto la adquisición de bienes inmuebles, el importe de la adquisición podrá ser objeto de un aplazamiento, con sujeción a los trámites previstos en la normativa reguladora de las Haciendas Locales para los compromisos de gastos futuros, de:

a) Un año.

b) Hasta dos años.

c) Hasta cuatro años.

d) Hasta cinco años.

33. Según la D.A. 3ª.11, los Municipios de población inferior a 20.000 habitantes podrán licitar contratos no sujetos a regulación armonizada de concesión de servicios que se refieran a la gestión de dos o más servicios públicos diferentes siempre y cuando el órgano de contratación justifique en el expediente de contratación esta decisión en base a la necesidad objetiva de proceder a la gestión unificada de dichos servicios, y la anualidad media del contrato no supere:

a) Los 10.000 euros.

b) Los 50.000 euros.

c) Los 100.000 euros.

d) Los 200.000 euros.

34. La constitución de la mesa de contratación será potestativa para el órgano de contratación en el caso de contratos de obras de valor estimado inferior a:

a) 35.000 euros.

b) 80.000 euros.

c) 100.000 euros.

d) 600.000 euros.

35. La constitución de la mesa de contratación será potestativa para el órgano de contratación en contratos de suministros y de servicios que no tengan por objeto prestaciones de carácter intelectual, de valor estimado inferior a:

a) 60.000 euros.

b) 80.000 euros.

c) 100.000 euros.

d) 600.000 euros.

Solución al test n.º 7

1. a) La Ley 9/2017, de 8 de noviembre.

2. b) Contratos de suministro.

3. c) Los de adquisición de programas de ordenador desarrollados a medida.

4. a) 5.538.000 euros.

5. c) Medioambientales.

6. a) No discriminación.

7. b) El 20 %.

8. b) Contratos de suministros.

9. a) Los 50.000 euros.

10. a) Los que impliquen ejercicio de la autoridad inherente a los poderes públicos.

11. c) De concesión de obras cuyo valor estimado sea igual o superior a 5.538.000 euros.

12. b) Quién asume el riesgo operacional.

13. a) A una obra completa.

14. a) Las autoridades administrativas independientes.

15. d) El contrato de colaboración público-privada.

16. b) Los contratos que tengan por objeto servicios relacionados con campañas políticas, cuando sean adjudicados por una Administración Pública.

17. d) 750.000 euros.

18. b) Aquellos que tengan por objeto la representación y defensa legal de un cliente por un procurador o un abogado, ya sea en un arbitraje o una conciliación celebrada en un Estado o ante una instancia internacional de conciliación o arbitraje, o ya sea en un procedimiento judicial ante los órganos jurisdiccionales o las autoridades públicas de un Estado o ante órganos jurisdiccionales o instituciones internacionales.

19. c) Que tengan la nacionalidad española.

20. d) Indefinida, en tanto se mantengan por el empresario las condiciones y circunstancias en que se basó su concesión.

21. b) Los acuerdos que adopte el órgano de contratación pondrán fin a la vía administrativa y serán inmediatamente ejecutivos.

22. b) Contratos privados.

23. b) Sus efectos, modificación y extinción.

24. d) 6.000.000 euros.

25. a) El Pleno.

26. a) 3.

27. c) 3.000.000 euros.

28. d) Personal eventual.

29. c) Un funcionario de la Corporación.

30. b) La Mesa de contratación deba estar presidida por el Alcalde o Presidente de la entidad local.

31. d) En los contratos celebrados en los municipios de menos de 5.000 habitantes.

32. c) Hasta cuatro años.

33. d) Los 200.000 euros.

34. b) 80.000 euros.

35. a) 60.000 euros.

TEST N.º 8

Objeto, presupuesto base de licitación, valor estimado, precio del contrato y su revisión. Garantías exigibles en la contratación del sector público. Preparación de los contratos de las Administraciones públicas: expediente de contratación, pliego de cláusulas administrativas y de prescripciones técnicas. Adjudicación de los contratos de las Administraciones públicas

1. Previa justificación en el expediente, podrá llevarse a cabo la revisión periódica y predeterminada de precios en aquellos contratos en los que el período de recuperación de la inversión sea igual o superior a:

a) 3 años.
b) 4 años.
c) 5 años.
d) 1 año.

2. Conforme al artículo 99 de la Ley 9/2017, el objeto de los contratos del sector público deberá ser:

a) Determinado.
b) Fraccionado.
c) Motivado.
d) Concertado.

3. El límite máximo de gasto que en virtud del contrato puede comprometer el órgano de contratación, incluido el Impuesto sobre el Valor Añadido, constituye:

a) El valor estimado del contrato.
b) El precio del contrato.
c) El presupuesto base de licitación.
d) El objeto del contrato.

4. En cuál de los siguientes contratos el valor estimado será determinado por el órgano de contratación a partir del importe neto de la cifra de negocios que estima generará la empresa contratista durante la ejecución del mismo como contraprestación:

a) Contrato de Servicios.
b) Contrato de Obras.
c) Contrato de Suministros.
d) Contrato de Concesión de Obras.

5. En relación al valor estimado de los contratos, es cierto que:

a) En el cálculo del valor estimado, únicamente deberán tenerse en cuenta los costes derivados de la aplicación de las normativas laborales vigentes.
b) En la determinación del valor estimado se ha de incluir el impuesto sobre el valor añadido.
c) En el cálculo del valor estimado deberá tenerse en cuenta cualquier forma de opción eventual y las eventuales prórrogas del contrato.
d) El método de cálculo aplicado por el órgano de contratación para calcular el valor estimado no podrá figurar en los pliegos de cláusulas administrativas particulares.

6. Los contratos del sector público tendrán siempre un precio:

a) Justo.
b) Cierto.
c) Aproximado.
d) Mínimo.

7. En relación al precio de los contratos del sector público, es cierto que:

a) Por regla general, el precio en los contratos de las Administraciones Públicas puede ser aplazado.
b) El coste económico principal no pueden ser los costes laborales.
c) En los contratos celebrados con precios provisionales el precio se determinará, dentro de los límites fijados para el precio máximo, en función de los costes en que realmente incurra el contratista y del beneficio que se haya acordado.
d) Los contratos celebrados con precios provisionales son susceptibles de revisión de precios.

8. Previa justificación en el expediente, la revisión periódica y predeterminada de precios se podrá llevar a cabo en todos los contratos del siguiente tipo:

a) En los contratos de obra.
b) En los contratos de concesión de obra.
c) En los contratos de suministros.
d) En los contratos de servicios.

9. Cuál de los siguientes costes en un contrato puede ser revisable en algunos casos:

a) Los costes asociados a las amortizaciones.
b) El beneficio industrial.
c) Los gastos generales.
d) Los costes de mano de obra.

10. Salvo en los contratos de suministro de energía, cuando proceda, la revisión periódica y predeterminada de precios en los contratos del sector público tendrá lugar cuando el contrato se hubiese ejecutado, al menos, en el 20 por ciento de su importe y hubiese transcurrido desde su formalización:

a) 1 año.
b) 6 meses.
c) 2 años.
d) 3 años.

11. La condición relativa al porcentaje del 20% de ejecución del contrato no será exigible a efectos de proceder a la revisión periódica y predeterminada en los contratos:

a) De obras.
b) De servicios.
c) De suministros.
d) De concesión de servicios.

12. En los acuerdos marco y en los sistemas dinámicos de adquisición, el importe de la garantía provisional, de exigirse, estará limitada al:

a) 3 por 100 del valor estimado del contrato.
b) 5 por 100 del valor estimado del contrato.
c) 7 por 100 del valor estimado del contrato.
d) 10 por 100 del valor estimado del contrato.

13. La garantía provisional se extinguirá automáticamente y será devuelta a los licitadores inmediatamente después de:

a) La perfección del contrato.
b) La ejecución del contrato.
c) La ejecución de un 20% del contrato.
d) La aprobación del expediente.

14. En cuál de los siguientes contratos NO es posible la exención de garantía definitiva:

a) En el caso de contratos de obras.
b) En el caso de contratos de concesión de servicios.

c) En el caso de contratos de suministros.
d) En el caso de contratos de servicios.

15. Tal como dispone el artículo 107 de la Ley 9/2017, los licitadores que, en las licitaciones de los contratos que celebren las Administraciones Públicas, presenten las mejores ofertas deberán constituir a disposición del órgano de contratación una garantía de:

a) Un 1 por 100 del precio final ofertado por aquellos, excluido el Impuesto sobre el Valor Añadido.
b) Un 2 por 100 del precio final ofertado por aquellos, excluido el Impuesto sobre el Valor Añadido.
c) Un 3 por 100 del precio final ofertado por aquellos, excluido el Impuesto sobre el Valor Añadido.
d) Un 5 por 100 del precio final ofertado por aquellos, excluido el Impuesto sobre el Valor Añadido.

16. En casos especiales, el órgano de contratación podrá establecer en el pliego de cláusulas administrativas particulares que, además de la garantía definitiva, se preste una *garantía complementaria* de hasta:

a) Un 2 por 100 del precio final ofertado por el licitador que presentó la mejor oferta, excluido el Impuesto sobre el Valor Añadido.
b) Un 3 por 100 del precio final ofertado por el licitador que presentó la mejor oferta, excluido el Impuesto sobre el Valor Añadido.
c) Un 5 por 100 del precio final ofertado por el licitador que presentó la mejor oferta, excluido el Impuesto sobre el Valor Añadido.
d) Un 10 por 100 del precio final ofertado por el licitador que presentó la mejor oferta, excluido el Impuesto sobre el Valor Añadido.

17. Transcurrido un año desde la fecha de terminación del contrato, y vencido el plazo de garantía, sin que la recepción formal y la liquidación hubiesen tenido lugar por causas no imputables al contratista, se procederá, sin más demora, a la devolución o cancelación de las garantías una vez depuradas las oportunas responsabilidades. Cuando se trate de contratos de obras, dicho plazo podrá reducirse a 6 meses si el valor estimado del contrato fuera inferior a (a partir de):

a) 100.000 euros.
b) 300.000 euros.
c) 500.000 euros.
d) 1.000.000 euros.

18. En qué tipo de contratos se ha de justificar adecuadamente en el expediente el informe de insuficiencia de medios:

a) En los contratos de servicios.
b) En los contratos de suministros.

c) En los contratos de concesión de obras.

d) En los contratos de obras.

19. Las prescripciones técnicas de los contratos:

a) Proporcionarán a los empresarios acceso en condiciones de igualdad al procedimiento de contratación.

b) Tienen por efecto la creación de obstáculos, justificados o no, a la apertura de la contratación pública a la competencia.

c) Son especificaciones de cumplimiento voluntario aprobadas por organismos de normalización.

d) Son documentos elaborados por los organismos europeos de normalización, distintos de las normas europeas, con arreglo a procedimientos adaptados a la evolución de las necesidades del mercado.

20. En relación a las consultas preliminares del mercado para la preparación del contrato, es cierto que:

a) De las consultas realizadas se ha de intentar obtener un objeto contractual tan concreto y delimitado que únicamente se ajuste a las características técnicas de uno de los consultados.

b) Las consultas realizadas podrán comportar ventajas respecto de la adjudicación del contrato para las empresas participantes en aquellas.

c) Durante el proceso de consultas, el órgano de contratación podrá revelar a los participantes en el mismo las soluciones propuestas por los otros participantes.

d) Con carácter general, el órgano de contratación al elaborar los pliegos deberá tener en cuenta los resultados de las consultas realizadas.

21. En los contratos menores de más de 5.000 euros, la tramitación del expediente exigirá la emisión de un informe del órgano de contratación justificando de manera motivada la necesidad del contrato y que no se está alterando su objeto con el fin de evitar la aplicación de los umbrales de este tipo de contratos. Asimismo, se requerirá la aprobación del gasto y la incorporación al mismo de la factura correspondiente. ¿En qué contrato menor deberá añadirse, además, el presupuesto?

a) En el de obras.

b) En el de suministros.

c) En el de servicios.

d) En el de concesión de servicios.

22. El plazo de inicio de la ejecución de un contrato calificado de urgente, no podrá exceder, a contar desde la formalización, de:

a) 10 días.

b) 20 días.

c) Un mes.

d) Tres meses.

23. El artículo 127 de la Ley de Contratos del Sector Público, define como "cualquier documento, certificado o acreditación que confirme que las obras, productos, servicios, procesos o procedimientos de que se trate cumplen determinados requisitos" a:

a) La prescripción técnica.
b) La etiqueta.
c) La clasificación.
d) El expediente de contratación.

24. No se adjudicarán mediante subasta electrónica:

a) Los contratos tramitados por procedimientos abiertos.
b) Los contratos tramitados por procedimientos restringidos.
c) Aquellos contratos en que la adjudicación se base únicamente en los precios.
d) Los contratos cuyo objeto tenga relación con la calidad alimentaria.

25. En procedimientos abiertos de adjudicación de contratos sujetos a regulación armonizada, el plazo de presentación de proposiciones no será inferior, para los contratos de obras, suministros y servicios:

a) A 20 días.
b) A 25 días.
c) A 30 días.
d) A 35 días.

26. En los casos de tramitación urgente de los expedientes correspondientes a los contratos cuya celebración responda a una necesidad inaplazable o cuya adjudicación sea preciso acelerar por razones de interés público, una vez formalizados, el plazo de inicio de la ejecución del contrato no podrá ser superior a:

a) 15 días hábiles.
b) 20 días naturales.
c) 1 mes.
d) 2 meses.

27. Cuando la Administración tenga que actuar de manera inmediata a causa de acontecimientos catastróficos, de situaciones que supongan grave peligro o de necesidades que afecten a la defensa nacional:

a) El órgano de contratación, sin obligación de tramitar expediente administrativo, podrá ordenar la ejecución de lo necesario para remediar el acontecimiento producido o satisfacer la necesidad sobrevenida, o contratar libremente su objeto, en todo o en parte, sin sujetarse a los requisitos formales establecidos en la Ley de Contratos del Sector Público, incluso el de la existencia de crédito suficiente.
b) El órgano de contratación, podrá ordenar la ejecución de lo necesario para remediar el acontecimiento producido o satisfacer la necesidad sobrevenida, o contratar libremente su objeto, en todo o en parte, una vez tramite el correspondiente expediente administrativo.

c) El órgano de contratación, sin obligación de tramitar expediente administrativo, ordenará la ejecución de lo necesario para remediar el acontecimiento producido o satisfacer la necesidad sobrevenida, o contratar libremente su objeto, en todo o en parte, con sujeción a los requisitos formales establecidos en la Ley de Contratos del Sector Público.

d) El órgano de contratación, sin obligación de tramitar expediente administrativo, podrá ordenar la ejecución de lo necesario para remediar el acontecimiento producido o satisfacer la necesidad sobrevenida, o contratar libremente su objeto, en todo o en parte, sin sujetarse a los requisitos formales establecidos en la Ley de Contratos del Sector Público, salvo el de la existencia de crédito suficiente.

28. Salvo que los pliegos o el contrato establezcan un plazo mayor, el contratista deberá respetar el carácter confidencial de aquella información a la que tenga acceso con ocasión de la ejecución del contrato a la que se le hubiese dado el referido carácter en los pliegos o en el contrato, o que por su propia naturaleza deba ser tratada como tal, durante un plazo desde el conocimiento de esa información de:

a) 3 años.
b) 5 años.
c) 7 años.
d) 10 años.

29. A efectos de la adjudicación del contrato NO podrá celebrarse una subasta electrónica, en casos:

a) De procedimientos abiertos.
b) De procedimientos restringidos.
c) De procedimientos negociados.
d) En que las prestaciones que constituyen su objeto tengan carácter intelectual.

30. Cuando solo se utilice un criterio de adjudicación, este ha de relacionarse, necesariamente con:

a) La calidad.
b) Las características vinculadas con la satisfacción de exigencias sociales que respondan a necesidades, definidas en las especificaciones del contrato, propias de las categorías de población especialmente desfavorecidas a las que pertenezcan los usuarios o beneficiarios de las prestaciones a contratar.
c) El plazo de ejecución o entrega de la prestación.
d) Los costes.

31. La valoración de más de un criterio de adjudicación procederá, en particular, en la adjudicación de los siguientes contratos:

a) En cualquier contrato de suministros.
b) Aquellos cuyos proyectos o presupuestos hayan podido ser establecidos previamente.

c) Aquellos que requieran el empleo de tecnología especialmente avanzada o cuya ejecución sea particularmente compleja.

d) Contratos de servicios en que las prestaciones estén perfectamente definidas técnicamente y no sea posible variar los plazos de entrega ni introducir modificaciones de ninguna clase en el contrato.

32. En procedimientos abiertos de adjudicación de contratos de obras sujetos a regulación armonizada, el plazo de presentación de proposiciones a contar desde la fecha del envío del anuncio de licitación del contrato a la Oficina de Publicaciones de la Unión Europea, no será inferior a:

a) 52 días.
b) 35 días.
c) 48 días.
d) 30 días.

33. En los procedimientos abiertos de contratos de obras no sujetos a regulación armonizada, el plazo de presentación de proposiciones contado desde la publicación del anuncio de licitación del contrato, no será inferior a:

a) 15 días.
b) 26 días.
c) 36 días.
d) 52 días.

34. En los contratos que tengan por objeto prestaciones de carácter intelectual, los criterios relacionados con la calidad deberán representar, al menos:

a) El 40% de la puntuación asignable en la valoración de las ofertas.
b) El 50% de la puntuación asignable en la valoración de las ofertas.
c) El 51% de la puntuación asignable en la valoración de las ofertas.
d) El 60% de la puntuación asignable en la valoración de las ofertas.

35. En el procedimiento abierto, la apertura de las proposiciones por parte del órgano competente para su valoración deberá efectuarse en el plazo máximo, contado desde la fecha de finalización del plazo para presentar las ofertas, de:

a) 10 días.
b) 15 días.
c) 20 días.
d) 1 mes.

36. Salvo que se hubiese establecido otro plazo en el pliego de cláusulas administrativas particulares, cuando para la adjudicación del contrato en el procedimiento abierto deban tenerse en cuenta una pluralidad de criterios, el plazo máximo para efectuar la adjudicación, a contar desde la apertura de las proposiciones, será de:

a) 15 días.
b) 20 días.
c) 1 mes.
d) 2 meses.

37. El órgano de contratación señalará el número mínimo de empresarios a los que invitará a participar en un procedimiento restringido, que no podrá ser inferior a:

a) Tres.
b) Cinco.
c) Siete.
d) Diez.

38. En los procedimientos restringidos, el órgano de contratación:

a) Podrá negociar los términos del contrato con los solicitantes o candidatos.
b) Deberá fijar el número máximo de candidatos a los que se invitará a presentar oferta.
c) Podrá establecer los criterios objetivos de solvencia una vez anunciada la licitación.
d) Seleccionará aquellos empresarios que, a su solicitud y en atención a su solvencia, podrán presentar proposiciones.

39. En cuál de los siguientes casos se considerará que la oferta presentada en una licitación es inaceptable:

a) Cuando se haya recibido fuera de plazo.
b) Cuando muestre indicios de colusión o corrupción.
c) Cuando haya sido considerada anormalmente baja por el órgano de contratación.
d) Cuando haya sido presentada por licitador que no posea la cualificación requerida.

40. En el procedimiento de diálogo competitivo, el órgano de contratación señalará el número mínimo de empresarios a los que invitará a participar en el procedimiento; en caso de que se decida limitar el número de empresas a las que se invita a dialogar, el órgano de contratación en todo caso deberá asegurarse de que el número mínimo de candidatos capacitados para ejecutar el objeto del contrato será de:

a) 3.
b) 4.
c) 5.
d) 6.

41. En relación a la formalización del contrato, ¿pueden las entidades del sector público contratar verbalmente?

a) No, en ningún caso.
b) Solo cuando se trate de contratos menores.
c) Solo cuando el contrato tenga carácter de emergencia.
d) Solo en caso de contratos de suministros no sujetos a regulación armonizada.

42. Los pliegos de cláusulas administrativas particulares deberán aprobarse:

a) En todo caso, previamente a la autorización del gasto, conjuntamente a la licitación del contrato.
b) Una vez adjudicado el contrato.
c) Conjuntamente con la autorización del gasto y la licitación del contrato.
d) Previamente a la autorización del gasto o conjuntamente con ella, y siempre antes de la licitación del contrato, o de no existir esta, antes de su adjudicación.

43. En los expedientes calificados de urgentes, los expedientes gozarán de preferencia para su despacho por los distintos órganos que intervengan en la tramitación, que dispondrán de un plazo para emitir los respectivos informes o cumplimentar los trámites correspondientes, de:

a) 5 días.
b) 7 días.
c) 10 días.
d) 15 días.

44. Salvo que lo justifique el objeto del contrato, las prescripciones técnicas no harán referencia a una fabricación o una procedencia determinada, o a un procedimiento concreto que caracterice a los productos o servicios ofrecidos por un empresario determinado, o a marcas, patentes o tipos, o a un origen o a una producción determinados, con la finalidad de favorecer o descartar ciertas empresas o ciertos productos. Tal referencia se autorizará, con carácter excepcional, en el caso en que no sea posible hacer una descripción lo bastante precisa e inteligible del objeto del contrato, en cuyo caso irá acompañada de la mención:

a) "O equivalente".
b) "O parecido".
c) "O genérico".
d) "O copia autorizada".

45. Una vez adjudicado el contrato ¿puede modificarse el pliego de prescripciones técnicas particulares?

a) No, en ningún caso.
b) Sólo por error material, de hecho o aritmético.
c) Sólo cuando no afecte al precio.
d) Sí, siempre que se motive la modificación.

Solución al test n.º 8

1. c) 5 años.

2. a) Determinado.

3. c) El presupuesto base de licitación.

4. d) Contrato de Concesión de Obras.

5. c) En el cálculo del valor estimado deberá tenerse en cuenta cualquier forma de opción eventual y las eventuales prórrogas del contrato.

6. b) Cierto.

7. c) En los contratos celebrados con precios provisionales el precio se determinará, dentro de los límites fijados para el precio máximo, en función de los costes en que realmente incurra el contratista y del beneficio que se haya acordado.

8. a) En los contratos de obra.

9. d) Los costes de mano de obra.

10. a) 1 año.

11. d) De concesión de servicios.

12. a) 3 por 100 del valor estimado del contrato.

13. a) La perfección del contrato.

14. a) En el caso de contratos de obras.

15. d) Un 5 por 100 del precio final ofertado por aquellos, excluido el Impuesto sobre el Valor Añadido.

16. c) Un 5 por 100 del precio final ofertado por el licitador que presentó la mejor oferta, excluido el Impuesto sobre el Valor Añadido.

17. d) 1.000.000 euros.

18. a) En los contratos de servicios.

19. a) Proporcionarán a los empresarios acceso en condiciones de igualdad al procedimiento de contratación.

20. d) Con carácter general, el órgano de contratación al elaborar los pliegos deberá tener en cuenta los resultados de las consultas realizadas.

21. a) En el de obras.

22. c) Un mes.

23. b) La etiqueta.

24. d) Los contratos cuyo objeto tenga relación con la calidad alimentaria.

25. d) A 35 días.

26. c) 1 mes.

27. a) El órgano de contratación, sin obligación de tramitar expediente administrativo, podrá ordenar la ejecución de lo necesario para remediar el acontecimiento producido o satisfacer la necesidad sobrevenida, o contratar libremente su objeto, en todo o en parte, sin sujetarse a los requisitos formales establecidos en la Ley de Contratos del Sector Público, incluso el de la existencia de crédito suficiente.

28. b) 5 años.

29. d) En que las prestaciones que constituyen su objeto tengan carácter intelectual.

30. d) Los costes.

31. c) Aquellos que requieran el empleo de tecnología especialmente avanzada o cuya ejecución sea particularmente compleja.

32. b) 35 días.

33. b) 26 días.

34. c) El 51% de la puntuación asignable en la valoración de las ofertas.

35. c) 20 días.

36. d) 2 meses.

37. b) Cinco.

38. d) Seleccionará aquellos empresarios que, a su solicitud y en atención a su solvencia, podrán presentar proposiciones.

39. d) Cuando haya sido presentada por licitador que no posea la cualificación requerida.

40. a) 3.

41. c) Solo cuando el contrato tenga carácter de emergencia.

42. d) Previamente a la autorización del gasto o conjuntamente con ella, y siempre antes de la licitación del contrato, o de no existir esta, antes de su adjudicación.

43. a) 5 días.

44. a) "O equivalente".

45. b) Sólo por error material, de hecho o aritmético.

La organización municipal. Régimen común: Órganos necesarios: alcalde, tenientes de alcalde, pleno y junta de gobierno local. Órganos complementarios. Las competencias municipales. Régimen de organización de los municipios de gran población: Ámbito de aplicación. Organización y funcionamiento de los órganos municipales necesarios. Gestión económico-financiera

1. Funcionan en régimen de Concejo Abierto:

a) Los municipios de menos de 200 habitantes.
b) Los municipios de menos de 300 habitantes.
c) Los municipios de menos de 500 habitantes.
d) Los municipios que tradicional y voluntariamente cuenten con ese singular régimen de gobierno y administración.

2. La organización municipal responde a las siguientes reglas:

a) El Alcalde, los Tenientes de Alcalde y el Pleno existen en todos los Ayuntamientos.
b) El Alcalde, la Junta de Gobierno y el Pleno existen en todos los Ayuntamientos.
c) El Alcalde y el Pleno existen en todos los Ayuntamientos.
d) El Alcalde y la Junta de Gobierno existen en todos los Ayuntamientos.

3. La Comisión Especial de Cuentas:

a) Existe en todos los municipios.
b) Existe en los municipios que así se acuerde.
c) Existe en los municipios de más de 1000 habitantes.
d) Ninguna de las respuestas es correcta.

4. De acuerdo con la Ley Orgánica de Régimen Electoral, será proclamado alcalde electo:

a) El Concejal que haya obtenido la mayoría simple de los votos de los concejales.
b) El Concejal que encabece la lista que haya obtenido mayor número de votos populares.

c) El Concejal que haya obtenido la mayoría absoluta de los votos de los concejales.

d) El Concejal que haya ganado el sorteo.

5. Los alcaldes tendrán tratamiento de:

a) Ilustrísima en los municipios de Madrid y Barcelona.

b) Excelencia en los municipios que sean capitales de provincia.

c) Señoría en los municipios que no sean capitales de provincia ni las ciudades de Madrid y Barcelona.

d) Ilustrísima en todos los municipios.

6. La cuestión de confianza a la que podrá ser sometido el Alcalde se puede vincular a:

a) La aprobación o modificación de los Presupuestos anuales.

b) La aprobación o modificación del Reglamento Orgánico.

c) La aprobación o modificación de las Ordenanzas Fiscales.

d) Todas las respuestas son verdaderas.

7. No es una atribución del Alcalde:

a) Aprobar la oferta de empleo público.

b) La aprobación del reglamento orgánico y de las ordenanzas.

c) Dictar Bandos.

d) Ejercer la jefatura de la Policía Municipal.

8. Es una atribución del Pleno del Ayuntamiento:

a) La alteración de la calificación jurídica de los bienes de dominio público.

b) La aprobación inicial de las leyes.

c) Desempeñar la jefatura superior de todo el personal.

d) Ordenar la publicación, ejecución y hacer cumplir los acuerdos del Ayuntamiento.

9. La Junta de Gobierno Local se integra por el Alcalde y un número de Concejales:

a) No superior al tercio del número legal de los mismos.

b) No superior a la mitad del número legal de los mismos.

c) No superior a dos tercios del número legal de los mismos.

d) Ninguna de las respuestas es correcta.

10. El régimen peculiar para los Municipios de gran población será aplicable:

a) A los municipios que sean capitales autonómicas.

b) A los municipios cuya población supere los 50.000 habitantes.

c) A los municipios cuya población supere los 150.000 habitantes.

d) Las respuestas a) y b) son correctas.

11. En los municipios de gran población corresponde a la Junta de Gobierno:

a) La aprobación y modificación de las ordenanzas y reglamentos municipales.
b) La aprobación del proyecto de presupuesto.
c) Los acuerdos relativos a la participación en organizaciones supramunicipales.
d) Dictar bandos, decretos e instrucciones.

12. En los municipios de gran población tendrán la consideración de órganos directivos:

a) El Alcalde.
b) El titular de la asesoría jurídica.
c) Los miembros de la Junta de Gobierno Local.
d) Las respuestas a) y c) son correctas.

13. En los municipios de gran población para la defensa de los derechos de los vecinos ante la Administración municipal el Pleno creará:

a) Un órgano de gestión económico-financiera.
b) Una Comisión especial de Sugerencias y Reclamaciones.
c) Un órgano para la resolución de las reclamaciones económico-administrativas.
d) Un órgano de gestión tributaria.

14. En los municipios de gran población el dictamen sobre los proyectos de ordenanzas fiscales corresponderá a:

a) Un órgano de gestión económico-financiera.
b) Una Comisión especial de Sugerencias y Reclamaciones.
c) Un órgano para la resolución de las reclamaciones económico-administrativas.
d) Un órgano de gestión tributaria.

15. El Municipio no ejercerá como competencia propia:

a) Tráfico, estacionamiento de vehículos y movilidad.
b) Abastecimiento de agua potable a domicilio.
c) Administración de Justicia.
d) Cementerios y actividades funerarias.

16. El servicio de transporte colectivo urbano de viajeros deberá prestarse en todo caso:

a) En los Municipios con población superior a 5.000 habitantes.
b) En todos los Municipios.
c) En los Municipios con población superior a 50.000 habitantes.
d) En los Municipios con población superior a 20.000 habitantes.

17. El servicio de prevención y extinción de incendios deberá prestarse en todo caso:

a) En los Municipios con población superior a 50.000 habitantes.
b) En los Municipios con población superior a 5.000 habitantes.
c) En los Municipios con población superior a 20.000 habitantes.
d) En todos los Municipios.

18. El servicio de recogida de residuos deberá prestarse en todo caso en:

a) En los Municipios con población superior a 20.000 habitantes.
b) En los Municipios con población superior a 5.000 habitantes.
c) En todos los Municipios.
d) En los Municipios con población superior a 50.000 habitantes.

19. La organización municipal complementaria que establezca una Comunidad Autónoma con carácter general, respecto a los Municipios de la misma:

a) Se aplica preferentemente a la establecida con tal carácter por el Estado.
b) Se aplica preferentemente a la establecida por el Reglamento Orgánico de cada Municipio.
c) Se aplica después de la del Estado y la del Reglamento Orgánico.
d) Las respuestas a) y b) son ciertas.

20. La elección de un Alcalde, tras unas elecciones locales, se efectúa:

a) Directamente en las elecciones locales.
b) En sesión extraordinaria al efecto.
c) En la sesión constitutiva de la Corporación.
d) Por los vecinos exclusivamente.

21. La destitución del Presidente de una Corporación Local se efectúa a través de la:

a) Renuncia.
b) Cuestión de confianza.
c) Moción de censura.
d) Las respuestas b) y c) son ciertas.

22. ¿Se puede presentar más de una moción de censura contra el mismo Presidente de una Entidad Local?

a) Sí, cuando prospere una de ellas.
b) Solo en distintos períodos de sesiones.
c) Depende del Reglamento Orgánico de la Entidad.
d) Nada de lo expuesto es cierto.

23. En una moción de censura contra un Presidente de una Entidad Local, puede ser candidato:

a) Los cabezas de lista.
b) Los portavoces de los Grupos Políticos.
c) Cualquier miembro de la Corporación.
d) Ninguno de los anteriores.

24. Si un Alcalde pierde una cuestión de confianza:

a) Quedan cesados todos sus miembros.
b) Se procede al nombramiento de otro según las normas aplicadas en el nombramiento del dimitido.
c) Se nombra como tal al primer Teniente de Alcalde.
d) Se hace una nueva sesión constitutiva, tras la celebración de elecciones.

25. El voto de calidad del Presidente de una Corporación Local:

a) Inclina la votación al sector en el que él haya votado, en caso de empate producido en la reunión de un órgano colegiado.
b) Da fe del resultado de la votación.
c) Significa que es muy importante quien emite el voto.
d) Provoca la irrecurribilidad del acuerdo adoptado.

26. La aprobación del proyecto de presupuesto en un Municipio de gran población es competencia del/de la:

a) Presidente.
b) Junta de Gobierno Local.
c) Pleno.
d) Comunidad Autónoma.

27. La delegación de competencias de un Alcalde:

a) Se efectúa por acuerdo de Pleno.
b) Se reviste formalmente en forma de Decreto de dicho Pleno.
c) Se puede dar en todo tipo de materias.
d) Nada de lo anterior es correcto.

28. Los nombramientos de funcionarios en los Ayuntamientos de Municipios de régimen común corresponden al/a la:

a) Pleno.
b) Junta de Gobierno Local.
c) Presidente.
d) Delegado de Personal.

29. La aprobación de las formas de gestión de los servicios públicos en los Ayuntamientos de Municipios de régimen común corresponde genuinamente al/a la:

a) Pleno.
b) Presidente.
c) Junta de Gobierno Local.
d) Comunidad Autónoma respectiva.

30. En un Municipio de 7.000 habitantes, ¿cuántos Concejales habrá de elegirse para su Ayuntamiento?

a) Siete.
b) Diez.
c) Trece.
d) Quince.

31. La representación del Ayuntamiento compete al/a la/a los:

a) Alcalde.
b) Pleno.
c) Junta de Gobierno Local.
d) Tenientes de Alcalde en su ámbito competencial respectivo.

32. La Relación de Puestos de un Ayuntamiento de un Municipio de gran población la aprueba el/la:

a) Junta de Personal.
b) Pleno.
c) Alcalde.
d) Junta de Gobierno Local.

33. Conceder gratificaciones al personal en Ayuntamientos de Municipios de régimen común es competencia del/de la:

a) Pleno.
b) Presidente.
c) Junta de Gobierno Local.
d) Junta de Personal.

34. El ejercicio normal de acciones judiciales compete en un Municipio de gran población al/a la/a los:

a) Presidente.
b) Pleno.
c) Junta de Gobierno Local.
d) Anteriores, en las materias de sus respectivas competencias.

35. Señala cuál de los siguientes puede ser una forma de organización descon-centrada del Municipio, para la administración de núcleos de población separados, sin personalidad jurídica:

a) Parroquia.
b) Pedanía.
c) Aldea.
d) Todos los anteriores pueden serlo.

36. La Junta de Gobierno Local de un Ayuntamiento de Municipio de régimen común tiene, además del Presidente, los siguientes miembros como máximo:

a) Diez.
b) Depende del número de habitantes.
c) Dos tercios del de la Corporación.
d) Un tercio de estos.

37. Los Concejales-Delegados se nombran por el/la:

a) Presidente.
b) Pleno.
c) Grupo Político.
d) Junta de Gobierno Local.

38. Cuando un Teniente de Alcalde sustituye al Alcalde en una sesión, en la deli-beración y votación de un asunto en el que el sustituido debe abstenerse:

a) Tiene un doble voto.
b) Preside circunstancialmente la misma.
c) No puede votar.
d) No puede hacerlo.

39. El Pleno, respecto del nombramiento de los Tenientes de Alcalde:

a) Es oído previamente.
b) Toma conocimiento.
c) Lo aprueba.
d) No tiene nada que hacer.

40. El régimen retributivo de los órganos directivos municipales en un Municipio de gran población se establece por el/la:

a) Concejal-Delegado de Personal.
b) Alcalde.
c) Pleno.
d) Junta de Gobierno Local.

41. Los representantes personales en poblados y barriadas se dan solo en:

a) Los Municipios.
b) Las Provincias.
c) Las Islas menores.
d) Todas las respuestas son correctas.

42. La Comisión Especial de Cuentas es un órgano:

a) Necesario.
b) Complementario y, por lo tanto, facultativo.
c) Voluntario.
d) Decisorio.

43. Las Juntas Municipales de Distrito son creadas por el/la/los:

a) Comunidad Autónoma de que se trate.
b) Consejos Sectoriales.
c) Pleno del Ayuntamiento de que dependan.
d) Alcalde, a quien corresponde el nombramiento de sus integrantes.

44. Los grupos políticos de una Entidad Local deben estar representados forzosamente en la/los:

a) Comisión Especial de Cuentas.
b) Órganos desconcentrados.
c) Consejos Sectoriales.
d) Todas las respuestas son correctas.

45. Tiene carácter transitorio en el mandato de una Corporación Local el/la/las:

a) Comisiones Informativas Especiales.
b) Comisión Especial de Cuentas.
c) Pleno.
d) Comisiones Informativas en general.

46. El órgano complementario que se constituye con y sin miembros de la Corporación para tratar colegiadamente asuntos que afectan a materias concretas de la actividad y competencia de un Municipio se llama:

a) Comisión Informativa.
b) Consejo Sectorial.
c) Junta Municipal de Distrito.
d) Comisión Especial de Cuentas.

47. Los Consejos Sectoriales se presiden por el:

a) Presidente de la Corporación.
b) Miembro de esta que designe el Pleno.
c) Miembro de esta que designe el Presidente.
d) Elegido por y entre sus miembros.

48. Para ser representante personal del Alcalde en una barriada se requiere:

a) Elección por el Pleno.
b) Ser elegido en las elecciones locales por esa circunscripción.
c) Pertenecer al grupo de gobierno municipal.
d) Vivir en ella.

49. La protección civil es servicio mínimo a prestar por los Municipios de más de:

a) 5.000 habitantes.
b) 20.000 habitantes.
c) 50.000 habitantes.
d) Las respuestas b) y c) son ciertas.

50. No es servicio mínimo de un Ayuntamiento de menos de 5.000 habitantes el de:

a) Acceso a los núcleos de población.
b) Alumbrado público.
c) Transporte colectivo urbano de viajeros.
d) Recogida de residuos.

51. Es servicio mínimo de un Ayuntamiento de menos de 5.000 habitantes el de:

a) Servicios funerarios.
b) Medio ambiente urbano.
c) Extinción de incendios.
d) Limpieza viaria.

52. El transporte colectivo urbano de viajeros debe prestarse obligatoriamente en los Municipios de más de:

a) 5.000 habitantes.
b) 10.000 habitantes.
c) 20.000 habitantes.
d) 50.000 habitantes.

53. La evaluación e información de situaciones de necesidad social y la atención inmediata a personas en situación o riesgo de exclusión social, debe prestarse en los Municipios que tengan una población, como mínimo, superior a:

a) 50.000 habitantes.
b) 5.000 habitantes.
c) 20.000 habitantes.
d) 100.000 habitantes.

54. Si se plantea un conflicto de competencias entre dos Ayuntamientos de distintas Provincias de una misma Comunidad Autónoma, se resuelve por el/la/las:

a) Pleno de cada uno de ellos.
b) Ministerio de la Presidencia, Justicia y Relaciones con las Cortes.
c) Respectivas Diputaciones Provinciales.
d) Comunidad Autónoma.

55. ¿A qué órgano del Ayuntamiento le corresponde la creación de los distritos?

a) Al Alcalde.
b) A la Junta de Gobierno Local.
c) Al Teniente de Alcalde.
d) Al Pleno de la Corporación.

56. El órgano administrativo responsable de la asistencia jurídica al Alcalde, a la Junta de Gobierno Local y a los órganos directivos, se denomina:

a) Gabinete Jurídico.
b) Asesoría Jurídica.
c) Asesoría Social.
d) Defensa Jurídica del Ayuntamiento.

57. En los Municipios en los que exista un Consejo Social de la Ciudad, este estará integrado por representantes de las organizaciones:

a) Económicas.
b) Sociales y profesionales.
c) Organizaciones de vecinos más representativas.
d) Todas las respuestas anteriores son correctas.

58. Para la consecución de una gestión integral del sistema tributario municipal, los ayuntamientos de los municipios de gran población puede crear un órgano de gestión tributaria. ¿A qué órgano compete su creación?

a) Al Alcalde.
b) A la Junta de Gobierno Local.

c) Al Pleno.
d) Al Interventor.

59. Los conflictos de atribuciones que surjan entre órganos y Entidades dependientes de una misma Corporación Local se resolverán por:

a) El Pleno o el Presidente de la Corporación, según los implicados en el conflicto.
b) Por el Pleno, en todo caso.
c) Por la Junta de Gobierno local.
d) Por la Asesoría Jurídica de la Corporación.

60. Señala cuál de los siguientes no es un servicio que se deba prestar en todos los Municipios:

a) Biblioteca pública.
b) Pavimentación de las vías públicas.
c) Limpieza viaria.
d) Abastecimiento domiciliario de agua potable.

61. No es una competencia que pueda ser ejercida como propia por el Municipio:

a) La protección y gestión del Patrimonio histórico.
b) Policía nacional y protección civil.
c) La protección contra la contaminación acústica.
d) La protección de la salubridad pública.

62. Los conflictos de competencias planteados entre diferentes Entidades Locales serán resueltos por la Administración de la Comunidad Autónoma o por la Administración del Estado, previa audiencia de:

a) El Senado.
b) Las Comunidades Autónomas afectadas.
c) El Consejo de Estado.
d) El Tribunal Constitucional.

Solución al test n.º 9

1. d) Los municipios que tradicional y voluntariamente cuenten con ese singular régimen de gobierno y administración.

2. a) El Alcalde, los Tenientes de Alcalde y el Pleno existen en todos los Ayuntamientos.

3. a) Existe en todos los municipios.

4. c) El Concejal que haya obtenido la mayoría absoluta de los votos de los concejales.

5. c) Señoría en los municipios que no sean capitales de provincia ni las ciudades de Madrid y Barcelona.

6. d) Todas las respuestas son verdaderas.

7. b) La aprobación del reglamento orgánico y de las ordenanzas.

8. a) La alteración de la calificación jurídica de los bienes de dominio público.

9. a) No superior al tercio del número legal de los mismos.

10. a) A los municipios que sean capitales autonómicas.

11. b) La aprobación del proyecto de presupuesto.

12. b) El titular de la asesoría jurídica.

13. b) Una Comisión especial de Sugerencias y Reclamaciones.

14. c) Un órgano para la resolución de las reclamaciones económico-administrativas.

15. c) Administración de Justicia.

16. c) En los Municipios con población superior a 50.000 habitantes.

17. c) En los Municipios con población superior a 20.000 habitantes.

18. c) En todos los Municipios.

19. b) Se aplica preferentemente a la establecida por el Reglamento Orgánico de cada Municipio.

20. c) En la sesión constitutiva de la Corporación.

21. d) Las respuestas b) y c) son ciertas.

22. d) Nada de lo expuesto es cierto.

23. c) Cualquier miembro de la Corporación.

24. b) Se procede al nombramiento de otro según las normas aplicadas en el nombramiento del dimitido.

25. a) Inclina la votación al sector en el que él haya votado, en caso de empate producido en la reunión de un órgano colegiado.

26. b) Junta de Gobierno Local.

27. d) Nada de lo anterior es correcto.

28. c) Presidente.

29. a) Pleno.

30. c) Trece.

31. a) Alcalde.

32. d) Junta de Gobierno Local.

33. b) Presidente.

34. d) Anteriores, en las materias de sus respectivas competencias.

35. d) Todos los anteriores pueden serlo.

36. d) Un tercio de estos.

37. a) Presidente.

38. b) Preside circunstancialmente la misma.

39. b) Toma conocimiento.

40. c) Pleno.

41. a) Los Municipios.

42. a) Necesario.

43. c) Pleno del Ayuntamiento de que dependan.

44. a) Comisión Especial de Cuentas.

45. a) Comisiones Informativas Especiales.

46. b) Consejo Sectorial.

47. c) Miembro de esta que designe el Presidente.

48. d) Vivir en ella.

49. d) Las respuestas b) y c) son ciertas.

50. c) Transporte colectivo urbano de viajeros.

51. d) Limpieza viaria.

52. d) 50.000 habitantes.

53. c) 20.000 habitantes.

54. d) Comunidad Autónoma.

55. d) Al Pleno de la Corporación.

56. b) Asesoría Jurídica.

57. d) Todas las respuestas anteriores son correctas.

58. c) Al Pleno.

59. a) El Pleno o el Presidente de la Corporación, según los implicados en el conflicto.

60. a) Biblioteca pública.

61. b) Policía nacional y protección civil.

62. b) Las Comunidades Autónomas afectadas.

El sistema electoral local. Causas de inelegibilidad e incompatibilidad. Elección de los concejales y alcaldes. Constitución, vigencia y finalización del mandato corporativo. La censura y a cuestión de confianza en el ámbito local. El recurso contencioso-electoral

1. Al hecho de poder votar en unas elecciones se le denomina:

a) Legitimación.
b) Derecho de sufragio activo.
c) Derecho de sufragio pasivo.
d) Derecho civil.

2. El ejercicio del derecho de sufragio activo ha de ejercerse:

a) Personalmente.
b) Por delegación.
c) Obligatoriamente.
d) Las respuestas a) y b) son correctas.

3. A efectos electorales, los miembros de la Familia Real:

a) Son inelegibles.
b) Carecen del derecho de sufragio para no politizar sus altos cometidos.
c) Son electores y elegibles como cualquier ciudadano.
d) Nada de lo anterior es cierto.

4. Tras la reforma de la Constitución, con motivo de la firma del Tratado de Maastricht, a los extranjeros residentes en España se les ha concedido, además del que pudieran tener reconocido por otros Tratados con España, el:

a) Sufragio pasivo en todo tipo de elecciones.
b) Sufragio pasivo en las elecciones municipales.

c) Sufragio activo en las elecciones municipales.
d) Sufragio activo en todas las elecciones.

5. El órgano encargado de la formación del censo electoral es el/la:

a) Oficina del Censo Electoral.
b) Junta Electoral Central.
c) Junta Electoral correspondiente a la elección que se vaya a celebrar.
d) Ayuntamiento.

6. Dicho órgano actúa bajo la dirección y supervisión del/de la:

a) Junta Electoral Central.
b) Tribunal Supremo.
c) Instituto Nacional de Estadística.
d) Gobierno de la Nación.

7. Puede ampliarse el censo electoral respecto de las elecciones:

a) Al Parlamento Europeo.
b) Generales.
c) Autonómicas.
d) Locales solo.

8. La inscripción en el censo electoral es:

a) Voluntaria.
b) Realizable solo a instancia de parte en cuanto a los residentes de un Municipio.
c) Obligatoria.
d) Irrevisable.

9. El censo electoral se actualiza:

a) Mensualmente.
b) Cuatrienalmente.
c) Semestralmente.
d) Con motivo de cada elección.

10. A salvo de coincidencia, en menos de cuatro meses, con otras elecciones, las elecciones locales se celebran, según la Ley Orgánica del Régimen Electoral General:

a) Previa convocatoria de las Entidades Locales afectadas.
b) En el cuarto domingo de mayo del año que corresponda.
c) Junto a las autonómicas.
d) Coincidiendo con las del Parlamento Europeo.

11. En un Municipio de setenta mil habitantes se elige el siguiente número de Concejales:

a) Trece.
b) Veintiuno.
c) Diecisiete.
d) Veinticinco.

12. Por su parte, en un Municipio de nueve mil habitantes, se elige el siguiente número:

a) Once.
b) Trece.
c) Diecisiete.
d) Veintiuno.

13. Para ser tenidas en cuenta en el cómputo de votos, las candidaturas en las elecciones municipales han de obtener, como mínimo, el siguiente porcentaje en relación con los votos válidos emitidos en la circunscripción:

a) Diez por ciento.
b) Uno por ciento.
c) Cinco por ciento.
d) Quince por ciento.

14. Si en una circunscripción no se presentan candidaturas:

a) Automáticamente se nombra una Comisión Gestora.
b) Queda revalidado el mandato de la anterior Corporación democráticamente elegida.
c) Se celebran sucesivas elecciones hasta que se presenten las mismas.
d) Se efectúan unas elecciones parciales en el plazo de seis meses.

15. Se constituye una Comisión Gestora en un Ayuntamiento cuando el número de hecho de miembros de este sea inferior, en relación con el número legal de miembros, a:

a) Un tercio.
b) La décima parte.
c) La mayoría simple.
d) La mitad.

16. En caso de disolución de una Corporación Local, la Comisión Gestora se designa por:

a) Los Concejales que queden.
b) El Alcalde.
c) La Diputación Provincial.
d) La Junta Electoral Provincial.

17. En caso de disolución de una Corporación Local, no es necesario convocar elecciones parciales, cuando para las siguientes elecciones municipales quede menos de:

a) Un año.
b) Dieciocho meses.
c) Dos años.
d) Treinta y seis meses.

18. La convocatoria de las elecciones locales se efectúa por el:

a) Presidente del Gobierno de la Nación.
b) Consejo de Ministros.
c) Consejo de Gobierno de la Comunidad Autónoma.
d) Órgano electoral correspondiente.

19. La sesión constitutiva de las Corporaciones municipales, como regla general, debe tener lugar el:

a) Cuadragésimo día posterior a las elecciones.
b) Vigésimo día posterior a dichas elecciones.
c) Sexagésimo día posterior a las mismas.
d) Día que señale la Junta Electoral de Zona.

20. Para que en la sesión constitutiva se entienda constituida la Corporación es necesario que concurra a la misma, como mínimo, el siguiente quórum de Concejales electos:

a) Mayoría absoluta.
b) Una décima parte.
c) Tres.
d) Dos tercios.

21. En la elección de Alcalde, si ningún candidato obtiene mayoría absoluta de los votos de los Concejales, se proclama electo al que:

a) Haya obtenido mayor número de votos de entre los Concejales.
b) Resulte de un sorteo entre los candidatos.
c) Encabece la lista más votada popularmente.
d) Se elija en elección específica posterior en la circunscripción.

22. La toma de posesión de un Alcalde se efectúa ante el/la:

a) Subdelegado del Gobierno en la Provincia.
b) Pleno de la Corporación.
c) Junta Electoral de Zona.
d) Junta de Gobierno Local.

Solución al test n.º 10

1. b) Derecho de sufragio activo.

2. a) Personalmente.

3. a) Son inelegibles.

4. b) Sufragio pasivo en las elecciones municipales.

5. a) Oficina del Censo Electoral.

6. a) Junta Electoral Central.

7. a) Al Parlamento Europeo.

8. c) Obligatoria.

9. a) Mensualmente.

10. b) En el cuarto domingo de mayo del año que corresponda.

11. d) Veinticinco.

12. b) Trece.

13. c) Cinco por ciento.

14. d) Se efectúan unas elecciones parciales en el plazo de seis meses.

15. d) La mitad.

16. c) La Diputación Provincial.

17. a) Un año.

18. b) Consejo de Ministros.

19. b) Vigésimo día posterior a dichas elecciones.

20. a) Mayoría absoluta.

21. c) Encabece la lista más votada popularmente.

22. b) Pleno de la Corporación.

Régimen de sesiones de los órganos de gobierno local: celebración de sesiones, debates y votaciones. Control y fiscalización del Pleno. Los actas. Régimen de delegaciones. Estatuto de los miembros de las Corporaciones Locales: adquisición, suspensión y pérdida de la condición de miembro de la corporación. Registro de intereses

1. Atendiendo a su finalidad fundamental, puede definirse la sesión como:

a) Un acto más del procedimiento.
b) Una reunión de los miembros de la Corporación.
c) Un procedimiento que tiene por objeto la formación y declaración de voluntad del órgano colegiado.
d) Una conferencia expositiva.

2. Las sesiones pueden ser:

a) Ordinarias y extraordinarias.
b) Ordinarias y permanentes.
c) Permanentes y especiales.
d) Ordinarias, extraordinarias y extraordinarias urgentes.

3. La periodicidad de las sesiones extraordinarias es:

a) Como mínimo cada mes en los Ayuntamientos de municipios de más de 20.000 habitante.
b) Cada dos meses en los Ayuntamientos de los municipios de una población entre 5.001 habitantes y 20.000 habitantes.
c) Las sesiones extraordinarias no están sujetas a periodicidad.
d) Cada tres meses en los municipios de hasta 5.000 habitantes.

4. Si el Presidente no convocase el Pleno extraordinario solicitado por la cuarta parte, al menos, del número legal de miembros de la Corporación dentro del plazo de quince días hábiles desde que fuera solicitado:

a) Quedará automáticamente convocado para el décimo día hábil siguiente al de la finalización de dicho plazo, a las once horas.

b) Quedará automáticamente convocado para el undécimo día hábil siguiente al de la finalización de dicho plazo, a las doce horas.

c) Quedará automáticamente convocado para el décimo día hábil siguiente al de la finalización de dicho plazo, a las doce horas.

d) Ninguna respuesta es correcta.

5. La convocatoria de las sesiones dará lugar a la apertura del correspondiente expediente, en el que no deberá constar:

a) La constancia de las tasas que procedan.

b) La relación de expedientes conclusos.

c) La fijación del Orden del Día.

d) Minuta del Acta.

6. En el Orden del Día de las sesiones ordinarias se incluirá el punto de ruegos y preguntas:

a) De todos los asistentes.

b) Siempre.

c) De las asociaciones de vecinos.

d) En determinados casos.

7. ¿Es posible habilitarse otro edificio o local para la celebración de las sesiones?

a) En los casos de fuerza mayor.

b) En ningún caso.

c) Se celebrarán en la Casa Consistorial y si no es posible se suspenderá la sesión.

d) En todo caso, se celebrarán en Palacio Provincial o sede de la Corporación de que se trate.

8. Quien se considere aludido por una intervención podrá solicitar del Alcalde o Presidente:

a) La concesión de un turno por alusiones por tiempo de tres minutos.

b) Retirarse de la sesión.

c) Que se conceda un turno por alusiones, que será breve y conciso.

d) La concesión de un turno por alusiones por tiempo de cinco minutos.

9. ¿En qué consiste la moción?

a) Es la propuesta sometida a Pleno tras el estudio del expediente por la Comisión Informativa.

b) Es la propuesta que se somete a Pleno relativa a un asunto incluido en el Orden del Día sin haber pasado por la Comisión Informativa.

c) Es la propuesta que se somete directamente a conocimiento del Pleno, sobre un asunto no comprendido en el Orden del Día y que no tiene cabida en el punto de ruegos y preguntas.

d) Es la propuesta de modificación de un dictamen formulada por un miembro de la Comisión Informativa.

10. La votación podrá ser:

a) Por nombre y apellidos o por partido político.

b) Nominal, secreta y en voz alta.

c) Secreta y no secreta.

d) Nominal, secreta y ordinaria.

11. La votación secreta:

a) Podrá utilizarse para la aprobación de las Ordenanzas.

b) Solo podrá utilizarse para elección o destitución de personas.

c) Solo podrá utilizarse para la aprobación del Presupuesto.

d) Solo podrá utilizarse para el despido del personal laboral.

12. En los municipios de gran población no se exigirá el voto favorable de la mayoría absoluta del número legal de miembros del Pleno para:

a) La concertación de las operaciones de crédito.

b) Los acuerdos relativos a la participación en organizaciones supramunicipales.

c) La aprobación y modificación de los reglamentos de naturaleza orgánica.

d) Los acuerdos relativos a la delimitación y alteración del término municipal.

13. En los municipios de régimen común se exigirá el voto favorable de la mayoría absoluta del número legal de miembros del Pleno para:

a) La determinación de los recursos propios de carácter tributario.

b) La alteración del nombre y de la capitalidad del municipio.

c) Las dos anteriores son correctas.

d) la aprobación y modificación de los presupuestos.

14. La enajenación de bienes, cuando su cuantía exceda del 20 % de los recursos ordinarios de su presupuesto requerirá:

a) Mayoría simple.

b) Mayoría de dos tercios.

c) Mayoría absoluta.

d) Mayoría de un tercio.

15. Cuando las resoluciones administrativas se dicten por delegación:

a) Se deberá dictar una resolución posterior por la Autoridad delegante.

b) Se acompañará de copia del acuerdo de delegación.

c) Podrá ser revocada en cualquier momento.

d) Se hará constar expresamente esta circunstancia y se considerarán dictadas por la Autoridad que la haya conferido.

16. Los acuerdos emanados de los Presidentes de las Entidades Locales, denominados Resoluciones, adoptan la forma de:

a) Dictámenes del Presidente.

b) Reales Decreto de la Presidencia.

c) Acuerdos de la Presidencia.

d) Decreto de la Presidencia.

17. Como regla general, los actos de las Entidades Locales son:

a) Inmediatamente ejecutivos.

b) Ejecutivos cuando así lo disponga la norma.

c) Nunca son ejecutivos.

d) Ejecutivos a los veinte días de su firmeza.

18. El Alcalde y el Presidente de la Diputación darán cuenta sucinta a la Corporación, de las resoluciones que hubieren adoptado desde la última sesión plenaria ordinaria:

a) En cada sesión ordinaria del Pleno.

b) En cada sesión de la Junta de Gobierno.

c) En cada sesión convocada al efecto.

d) En cualquier sesión del Pleno.

19. El responsable de que se remita a los representantes de la Administración General del Estado y de la Comunidad Autónoma un extracto de los actos y acuerdos de una Corporación es, de forma mediata, el:

a) Presidente.

b) El Interventor.

c) Notificador.

d) Jefe de cada Dependencia.

20. El funcionamiento de las Juntas de Distrito se rige por las normas que acuerde:

a) La Junta de Gobierno Local.
b) El Alcalde.
c) El Pleno.
d) El Presidente de la Junta de Distrito.

21. La determinación de la periodicidad de las sesiones plenarias ordinarias se acuerda por el:

a) Propio Pleno en la sesión constitutiva.
b) Alcalde o Presidente.
c) Pleno, con un mínimo de una al mes.
d) Pleno en sesión extraordinaria.

22. Puede pedir la celebración de sesión extraordinaria y debe, por ello, convocarse:

a) Un tercio del número de hecho de miembros de la Corporación.
b) Un tercio del número legal de miembros de la misma.
c) Una cuarta parte de este último número.
d) La décima parte de los mismos.

23. La celebración de una sesión extraordinaria solicitada legalmente, en principio, no debe demorarse, desde que se solicitó, por más de:

a) Cuatro días hábiles.
b) Dos meses.
c) Quince días hábiles.
d) Cuando lo estime oportuno el Alcalde, sin límite de tiempo.

24. Las sesiones extraordinarias se convocarán como mínimo:

a) Dos días naturales antes.
b) Veinticuatro horas antes.
c) Dos días hábiles antes.
d) No se requiere plazo alguno.

25. Las sesiones extraordinarias urgentes deben convocarse con una antelación mínima de:

a) Cuatro días.
b) Dos días naturales.
c) Dos días hábiles.
d) Nada de lo anterior es cierto.

26. Debe motivarse la convocatoria de:

a) Todas las sesiones.
b) Las ordinarias.
c) Las extraordinarias.
d) Ninguna de ellas.

27. Las sesiones que deben comenzar con un pronunciamiento sobre su urgencia son:

a) Todas.
b) Las extraordinarias.
c) Las ordinarias.
d) Las extraordinarias urgentes.

28. El orden del día de las sesiones:

a) Se adjunta a la convocatoria.
b) Se incluye en esta.
c) Se entrega antes de comenzar la sesión, una vez constituida.
d) Ninguna de las respuestas anteriores es correcta.

29. Pueden solicitar que un asunto se estudie en una sesión de Pleno sin haber sido dictaminado por la Comisión Informativa respectiva:

a) Solo el Alcalde.
b) Las Comisiones Informativas.
c) Los Portavoces de los Grupos Políticos.
d) Cualquier Concejal.

30. Se requiere ratificación de la inclusión de un asunto en el Orden del Día:

a) En caso de que se lleve por urgencias.
b) Si no se ha dictaminado previamente por la Comisión pertinente.
c) En los dos casos anteriores.
d) En cualquier caso.

31. Los ruegos y preguntas se incluyen en las sesiones:

a) De todo tipo.
b) Ordinarias.
c) Extraordinarias.
d) Urgentes.

32. La declaración de urgencia de un asunto no incluido en el orden del día requiere:

a) Decreto del Presidente.
b) Que sea sesión extraordinaria.
c) Mayoría absoluta del número legal de miembros.
d) Informe del Secretario General.

33. Un acuerdo sobre un asunto urgente que no haya sido considerado tal es:

a) Irregular.
b) Válido.
c) Nulo.
d) Anulable.

34. Puede redactarse en catalán una convocatoria u orden del día:

a) En cualquier caso.
b) Cuando así lo acuerde la propia Corporación.
c) En cualquier sesión de una Corporación Local.
d) Cuando sea lengua oficial.

35. Para declarar secreto el debate de un asunto en un Pleno se requiere:

a) Decreto del Alcalde o Presidente.
b) Que así se fije en la convocatoria.
c) Que lo acuerde la mayoría de los miembros.
d) Que se acuerde por mayoría absoluta de estos.

36. Para celebrar una sesión fuera de la sede de la Corporación se requiere:

a) Resolución de la Presidencia.
b) Acuerdo del órgano de que se trate.
c) Caso fortuito.
d) Nada de lo anterior, pues puede hacerse en cualquier caso y momento.

37. Terminar una sesión el mismo día en que comienza es:

a) Obligatorio.
b) La regla general.
c) Lo anormal.
d) Preceptivo en las ordinarias.

38. Como regla general, el mínimo de quórum para constituir válidamente el Pleno es de:

a) Un tercio del número legal de miembros.
b) Asistencia del Presidente y el Secretario, exclusivamente.
c) Tres miembros.
d) Depende de la convocatoria en que se celebra.

39. Si no hay quórum en la constitución de una sesión del Pleno se:

a) Celebra media hora después.
b) Celebra con carácter deliberante.
c) Convoca a la misma hora dos días después.
d) Entiende automáticamente convocada, a la misma hora, dos días después.

40. Si una vez constituida la sesión, quedaran menos de tres miembros en la misma se:

a) Levanta la misma.
b) Adoptan acuerdos que no requieran mayoría cualificada.
c) Puede adoptar cualquier acuerdo.
d) Entiende convocada la sesión dos días después.

41. Deben comunicarse a la Alcaldía las ausencias del término municipal de un Concejal que excedan de:

a) Dos días.
b) Un día.
c) Ocho días.
d) No es necesario hacerlo.

42. El Alcalde de un Municipio con población de trescientos mil habitantes puede sancionar a los miembros que no asistan a las sesiones con:

a) Separación del cargo.
b) Reprobación oficial.
c) Multa.
d) Suspensión provisional.

43. Un miembro no puede hacer uso de la palabra en una sesión:

a) Extraordinaria del Pleno o de la Junta de Gobierno Local.
b) Salvo por su Portavoz.
c) Cuando se vote.
d) Puede hacerlo en cualquier momento.

44. Las interrupciones en las sesiones del Pleno:

a) Solo se dan para que pueda informar un particular sobre un asunto concreto.
b) Están prohibidas.
c) Las señala discrecionalmente el Presidente de la sesión.
d) Se realizan siempre antes de votar, para deliberar.

45. La propuesta de modificación de un dictamen formulada por un miembro de la Comisión Informativa se denomina:

a) Moción.
b) Enmienda.
c) Voto particular.
d) Proposición.

46. A cualquier cuestión planteada a los órganos de gobierno en el seno del Pleno se le llama:

a) Voto particular.
b) Pregunta.
c) Ruego.
d) Moción.

47. En las Asambleas Vecinales de una Entidad de ámbito territorial inferior al municipal, los acuerdos se adoptan por:

a) El Alcalde Pedáneo.
b) Mayoría simple.
c) Mayoría absoluta.
d) Unanimidad.

48. Las sesiones extraordinarias de la Junta de Gobierno Local se celebran como mínimo cada:

a) Mes.
b) Quince días.
c) Dos meses.
d) No tienen un mínimo preestablecido.

49. El día y hora de celebración de las sesiones ordinarias de la Junta de Gobierno Local los fija el/la:

a) Reglamento Orgánico.
b) Pleno.
c) Presidente.
d) Ley.

50. Entre la convocatoria y la celebración de la sesión ordinaria de esta Junta de Gobierno Local deben transcurrir:

a) No menos de veinticuatro horas.
b) Setenta y dos horas.
c) Dos días hábiles.
d) Dos días naturales.

51. Las sesiones de la Junta de Gobierno Local son:

a) Públicas.
b) No públicas siempre.
c) A puerta cerrada, salvo votación por mayoría absoluta.
d) Solo deliberantes.

52. Si no hay quórum en primera convocatoria se celebra la reunión de la Junta de Gobierno Local:

a) Una hora después.
b) A los dos días.
c) A la media hora.
d) El día siguiente.

53. Las conclusiones de la Junta de Gobierno Local en reuniones deliberantes se denominan:

a) Dictámenes.
b) Acuerdos.
c) Resoluciones.
d) Instrucciones.

54. Cuando asiste al Presidente, la Junta de Gobierno Local:

a) Adopta acuerdos.
b) Emana dictámenes.
c) Realiza votaciones formales.
d) Expide Decretos.

55. Para votar nominalmente debe acordarse por el/los:

a) Grupos Políticos.
b) Pleno.
c) Alcalde o Presidente.
d) Pleno en votación secreta.

56. La forma de votación prevista con carácter exclusivo para elección de personas es la:

a) Ordinaria.
b) Nominal.
c) A mano alzada.
d) Secreta.

57. La votación por papeletas es la:

a) Forma prohibida.
b) Nominal.
c) Secreta.
d) Ordinaria.

58. Puede delegarse el voto en:

a) Un Concejal del mismo Grupo Político.
b) El Portavoz del Grupo Político.
c) El Presidente.
d) Nadie.

59. Si persiste un empate en una segunda votación se:

a) Celebra una nueva sesión.
b) Lo dirime el Presidente o Alcalde.
c) Levanta la sesión.
d) Efectúa un sorteo.

60. Se requiere quórum de mayoría absoluta del número legal de miembros del Ayuntamiento de un Municipio de régimen común para aprobar:

a) Una delegación de competencias en la Junta de Gobierno Local.
b) La alteración de la calificación jurídica de los bienes comunales.
c) Una Ordenanza de Mercados.
d) Para todos ellos.

Solución al test n.º 11

1. c) Un procedimiento que tiene por objeto la formación y declaración de voluntad del órgano colegiado.

2. d) Ordinarias, extraordinarias y extraordinarias urgentes.

3. c) Las sesiones extraordinarias no están sujetas a periodicidad.

4. c) Quedará automáticamente convocado para el décimo día hábil siguiente al de la finalización de dicho plazo, a las doce horas.

5. a) La constancia de las tasas que procedan.

6. b) Siempre.

7. a) En los casos de fuerza mayor.

8. c) Que se conceda un turno por alusiones, que será breve y conciso.

9. c) Es la propuesta que se somete directamente a conocimiento del Pleno, sobre un asunto no comprendido en el Orden del Día y que no tiene cabida en el punto de ruegos y preguntas.

10. d) Nominal, secreta y ordinaria.

11. b) Solo podrá utilizarse para elección o destitución de personas.

12. a) La concertación de las operaciones de crédito.

13. b) La alteración del nombre y de la capitalidad del municipio.

14. c) Mayoría absoluta.

15. d) Se hará constar expresamente esta circunstancia y se considerarán dictadas por la Autoridad que la haya conferido.

16. d) Decreto de la Presidencia.

17. a) Inmediatamente ejecutivos.

18. a) En cada sesión ordinaria del Pleno.

19. a) Presidente.

20. c) El Pleno.

21. d) Pleno en sesión extraordinaria.

22. c) Una cuarta parte de este último número.

23. c) Quince días hábiles.

24. c) Dos días hábiles antes.

25. d) Nada de lo anterior es cierto.

26. c) Las extraordinarias.

27. d) Las extraordinarias urgentes.

28. a) Se adjunta a la convocatoria.

29. c) Los Portavoces de los Grupos Políticos.

30. b) Si no se ha dictaminado previamente por la Comisión pertinente.

31. b) Ordinarias.

32. c) Mayoría absoluta del número legal de miembros.

33. c) Nulo.

34. d) Cuando sea lengua oficial.

35. d) Que se acuerde por mayoría absoluta de estos.

36. a) Resolución de la Presidencia.

37. b) La regla general.

38. a) Un tercio del número legal de miembros.

39. d) Entiende automáticamente convocada, a la misma hora, dos días después.

40. a) Levanta la misma.

41. c) Ocho días.

42. c) Multa.

43. c) Cuando se vote.

44. c) Las señala discrecionalmente el Presidente de la sesión.

45. c) Voto particular.

46. b) Pregunta.

47. b) Mayoría simple.

48. d) No tienen un mínimo preestablecido.

49. c) Presidente.

50. a) No menos de veinticuatro horas.

51. b) No públicas siempre.

52. a) Una hora después.

53. a) Dictámenes.

54. b) Emana dictámenes.

55. b) Pleno.

56. d) Secreta.

57. c) Secreta.

58. d) Nadie.

59. b) Lo dirime el Presidente o Alcalde.

60. b) La alteración de la calificación jurídica de los bienes comunales.

**El personal al servicio de las Administraciones Públicas.
Clases de personal. Adquisición y pérdida de la relación de servicio.
Situaciones administrativas. Régimen disciplinario**

**El personal al servicio de las Administraciones Públicas.
Derechos y deberes de los empleados públicos: Código de conducta.
Jornada de trabajo, permisos, licencias y vacaciones.
Derechos económicos y protección social. Incompatibilidades**

1. El empleo en el sector público se caracteriza por estar configurado por un modelo:

a) Unitario de personal funcionario.
b) Unitario de personal estatutario.
c) Dual de regímenes jurídicos, personal funcionario y personal laboral.
d) De tres regímenes jurídicos, personal funcionario, personal laboral y personal de designación.

2. El EBEP contiene:

a) Aquello que es común al conjunto de los empleados públicos de todas las Administraciones públicas.
b) Las normas legales específicas aplicables a los empleados públicos de todas las Administraciones públicas.
c) Aquello que es común al conjunto de los funcionarios de todas las Administraciones públicas, más las normas legales específicas aplicables al personal laboral a su servicio.
d) Aquello que es común al conjunto del personal laboral de todas las Administraciones públicas, más las normas legales específicas aplicables al personal funcionario a su servicio.

3. Es un principio de actuación del EBEP:

a) El interés general en la planificación y gestión de los recursos humanos.
b) La eficacia en la planificación y gestión de los recursos humanos.
c) La economía en la planificación y gestión de los recursos humanos.
d) La transparencia en la planificación y gestión de los recursos humanos.

4. Según el artículo 8 del Texto Refundido de la Ley del Estatuto Básico del Empleado Público, aprobado por el Real Decreto Legislativo 5/2015, de 30 de octubre, son empleados públicos quienes desempeñan funciones ………….. en las Administraciones públicas al servicio de los intereses generales. Señala la palabra que falta en la anterior frase:

a) Directivas.
b) Exclusivas.
c) Administrativas.
d) Retribuidas.

5. Corresponden en exclusiva a los funcionarios públicos, en los términos que en la ley de desarrollo de cada Administración pública se establezca, el ejercicio de las funciones que impliquen la participación directa o indirecta:

a) En el archivo y documentación de información administrativa.
b) En tareas administrativas.
c) En el ejercicio de las potestades públicas.
d) En las tareas directivas.

6. Pueden nombrarse funcionarios interinos por exceso o acumulación de tareas por plazo:

a) Máximo de 9 meses, dentro de un periodo de 18 meses.
b) Mínimo de 6 meses y máximo de 12 meses.
c) Máximo de 12 meses.
d) Máximo de 12 meses dentro de un periodo de 3 años.

7. En relación con el personal eventual, el EBEP dispone que:

a) El número máximo de este tipo de personal se establecerá por ley de las Cortes Generales o de las Asambleas legislativas de las Comunidades Autónomas.
b) El cese de este personal no va ligado, en ningún caso, al de la autoridad a la que se preste la función de confianza o asesoramiento.
c) La condición de personal eventual constituye mérito para el acceso a la Función Pública y para la promoción interna.
d) Este personal solo realiza funciones expresamente calificadas como de confianza o asesoramiento especial.

8. En relación con el personal directivo, el EBEP establece que:

a) Su designación atenderá a principios de mérito y capacidad.
b) Su designación atenderá a criterios de eficacia y eficiencia.
c) La determinación de sus condiciones de empleo serán objeto de negociación colectiva.
d) Cuando el personal directivo reúna la condición de funcionario estará sometido a la relación laboral de carácter especial de alta dirección.

9. Señala la opción incorrecta. El acceso al empleo público se efectuará de acuerdo con los principios constitucionales de:

a) Capacidad.
b) Mérito.
c) Igualdad.
d) Participación.

10. Los órganos de selección serán colegiados y su composición deberá ajustarse a los principios de:

a) Imparcialidad y profesionalidad de sus miembros.
b) Representatividad y homogeneidad.
c) Publicidad y transparencia.
d) Eficacia, participación y economía.

11. ¿Cuál de los siguientes no es un sistema de selección de personal laboral fijo en la Administración pública?

a) Transferencia o cesión.
b) Oposición.
c) Concurso-oposición.
d) Concurso de valoración de méritos.

12. ¿Cuál es la edad mínima para poder participar en los procesos selectivos de acceso al empleo público?

a) 14 años.
b) 16 años.
c) 17 años.
d) 18 años.

13. Podrá/n formar parte de los órganos de selección:

a) El personal eventual.
b) Los funcionarios interinos.
c) El personal de designación política.
d) El personal laboral.

14. ¿Puede utilizarse el sistema de concurso de valoración de méritos para la selección de personal funcionario de carrera?

a) No, solo se permiten los sistemas de oposición y concurso-oposición.
b) Excepcionalmente, en virtud de ley.

c) Sí, es uno de los sistemas permitidos.

d) Únicamente para la consolidación de empleo.

15. La renuncia voluntaria a la condición de funcionario:

a) Inhabilita para ingresar de nuevo en la Administración pública.

b) No requiere aceptación expresa por la Administración.

c) Será aceptada expresamente cuando el funcionario esté sujeto a expediente disciplinario o haya sido dictado en su contra auto de procesamiento o de apertura de juicio oral por la comisión de algún delito.

d) Debe ser manifestada por escrito.

16. El funcionario que haya perdido su condición por cambio de nacionalidad, si recupera la nacionalidad:

a) Volverá automáticamente al puesto de trabajo que ocupaba.

b) No podrá volver a ejercer como funcionario.

c) Podrá solicitar la rehabilitación.

d) Podrá acceder a la función pública superando un nuevo proceso selectivo.

17. Será aceptada expresamente por la Administración la renuncia voluntaria a la condición de funcionario en el siguiente caso:

a) Cuando el funcionario esté sujeto a expediente disciplinario.

b) Cuando contra el funcionario haya sido dictado auto de procesamiento por la comisión de algún delito.

c) Cuando el funcionario se encuentre en la situación de excedencia forzosa.

d) Cuando contra el funcionario haya sido dictado auto de apertura de juicio oral por la comisión de algún delito.

18. Según el artículo 59 del EBEP, en las ofertas de empleo público se reservará un cupo de plazas para ser cubiertas entre personas con discapacidad, no inferior al siguiente porcentaje:

a) 2 % de las vacantes.

b) 3 % de las vacantes.

c) 5 % de las vacantes.

d) 7 % de las vacantes.

19. La Oferta de empleo público o instrumento similar comportará la obligación de convocar los correspondientes procesos selectivos para las plazas comprometidas y hasta:

a) Un 10 % adicional.

b) Un 15 % adicional.

c) Un 20 % adicional.
d) Un 30 % adicional.

20. A tenor del artículo 14 del EBEP los empleados públicos tienen derecho:

a) A la inamovilidad en la condición de funcionario de carrera.

b) A la formación continua y a la actualización permanente de sus conocimientos y capacidades profesionales, preferentemente fuera del horario laboral.

c) A la libertad de expresión, sin restricción alguna.

d) A participar en la consecución de los objetivos atribuidos a la unidad donde preste sus servicios y a ser consultado por sus superiores por las tareas a desarrollar.

21. Los empleados públicos tienen derecho a la libertad de expresión:

a) En los términos que establezca una ley.
b) En los términos que se establezcan reglamentariamente.
c) A través de sus representantes sindicales.
d) Dentro de los límites del ordenamiento jurídico.

22. El conjunto ordenado de oportunidades de ascenso y expectativas de progreso profesional conforme a los principios de igualdad, mérito y capacidad, se denomina:

a) Evaluación del desempeño.
b) Promoción profesional.
c) Promoción interna.
d) Carrera profesional.

23. Para tener derecho a la promoción interna, los funcionarios deberán tener una antigüedad de servicio activo en el inferior subgrupo o grupo de clasificación profesional, de al menos:

a) Dos años.
b) Tres años.
c) Cuatro años.
d) Cinco años.

24. El procedimiento mediante el cual se mide y valora la conducta profesional y el rendimiento o el logro de resultados de los empleados públicos, se denomina:

a) Carrera horizontal.
b) Evaluación del desempeño.
c) Concurso de méritos.
d) Mapa de competencias.

25. En relación con el sistema retributivo de los empleados públicos, es cierto, según el EBEP, que:

a) Podrán acordarse incrementos retributivos que globalmente supongan un incremento de la masa salarial superior a los límites fijados anualmente en la Ley de Presupuestos Generales del Estado para el personal.

b) Podrá percibirse participación en tributos o en cualquier otro ingreso de las Administraciones públicas como contraprestación de cualquier servicio, participación o premio en multas impuestas, excepto cuando estuviesen normativamente atribuidas a los servicios.

c) Las cuantías de las retribuciones básicas y el incremento de las cuantías globales de las retribuciones complementarias de los funcionarios, así como el incremento de la masa salarial del personal laboral, deberán reflejarse para cada ejercicio presupuestario en la correspondiente ley de presupuestos.

d) Las Administraciones públicas podrán destinar cantidades por encima del porcentaje de la masa salarial que se fije en las correspondientes Leyes de Presupuestos Generales del Estado a financiar aportaciones a planes de pensiones de empleo o contratos de seguro colectivos que incluyan la cobertura de la contingencia de jubilación, para el personal incluido en sus ámbitos, de acuerdo con lo establecido en la normativa reguladora de los Planes de Pensiones.

26. Las Administraciones públicas podrán destinar cantidades hasta el porcentaje de la masa salarial que se fije en las correspondientes Leyes de Presupuestos Generales del Estado a financiar aportaciones a planes de pensiones de empleo o contratos de seguro colectivos; estas cantidades tendrán a todos los efectos la consideración de:

a) Retribución básica.
b) Retribución complementaria.
c) Indemnización.
d) Retribución diferida.

27. Las retribuciones de los funcionarios en prácticas:

a) Se corresponderán a las del sueldo del Subgrupo o Grupo, en el supuesto de que este no tenga Subgrupo, en que aspiren a ingresar.

b) No podrán superar las del sueldo del Subgrupo o Grupo, en el supuesto de que este no tenga Subgrupo, en que aspiren a ingresar.

c) Se determinarán de acuerdo con la legislación laboral, el convenio colectivo que sea aplicable y el contrato de trabajo.

d) Como mínimo, se corresponderán a las del sueldo del Subgrupo o Grupo, en el supuesto de que este no tenga Subgrupo, en que aspiren a ingresar.

28. La cuantía y estructura de las retribuciones complementarias de los funcionarios se establecerán por:

a) Ley estatal.
b) Las correspondientes leyes de cada Administración Pública.

c) Real Decreto del Consejo de Ministros.

d) Decreto del correspondiente Consejo de Gobierno de la Administración Autonómica.

29. ¿Cuál de las siguientes retribuciones complementarias corresponde al nivel del puesto que desempeñe el funcionario?

a) Complemento específico.

b) Complemento de destino.

c) Complemento de productividad.

d) Gratificación por servicios extraordinarios.

30. ¿Podrá percibirse participación en tributos o en cualquier otro ingreso de las Administraciones públicas como contraprestación de cualquier servicio, participación o premio en multas impuestas?

a) No, en ningún caso.

b) Sí, en cualquier caso.

c) No, excepto cuando estuviesen normativamente atribuidas a los servicios.

d) Sí, excepto cuando estuviesen normativamente atribuidas a los servicios.

31. Quedan excluidas de la obligatoriedad de la negociación colectiva:

a) Las normas que fijen los criterios y mecanismos generales en materia de evaluación del desempeño.

b) Los criterios generales para la determinación de prestaciones sociales y pensiones de clases pasivas.

c) Los criterios generales sobre ofertas de empleo público.

d) La determinación de condiciones de trabajo del personal directivo.

32. Las Juntas de Personal se constituirán en unidades electorales que cuenten con un censo mínimo de:

a) 15 funcionarios.

b) 25 funcionarios.

c) 30 funcionarios.

d) 50 funcionarios.

33. Tal y como señala el artículo 46 del EBEP, están legitimados para convocar una reunión los empleados públicos de las Administraciones respectivas en número no inferior:

a) Al 10 % del colectivo convocado.

b) Al 20 % del colectivo convocado.

c) Al 30 % del colectivo convocado.

d) Al 40 % del colectivo convocado.

34. Tendrán la consideración de sindicatos más representativos a nivel estatal, los que acrediten una especial audiencia, expresada en la obtención, en dicho ámbito de un porcentaje, del total de delegados de personal de los miembros de los comités de empresa y de los correspondientes órganos de las Administraciones Públicas, de al menos el:

a) 10 %.
b) 15 %.
c) 20 %.
d) 25 %.

35. Será objeto de negociación, en su ámbito respectivo y en relación con las competencias de cada Administración pública y con el alcance que legalmente proceda:

a) La determinación concreta de los procedimientos de acceso al empleo público.
b) La regulación concreta de los criterios de promoción profesional.
c) Las materias referidas a calendario laboral.
d) La determinación de condiciones de trabajo del personal directivo.

36. En relación con los Pactos y Acuerdos de las Mesas de Negociación, NO es cierto que:

a) Los Acuerdos versarán sobre materias competencia de los órganos de gobierno de las Administraciones públicas.
b) Los Pactos se celebrarán sobre materias que se correspondan estrictamente con el ámbito competencial del órgano administrativo que lo suscriba.
c) Si los Acuerdos ratificados tratan sobre materias sometidas a reserva de ley que, en consecuencia, solo pueden ser determinadas definitivamente por las Cortes Generales o las asambleas legislativas de las comunidades autónomas, su contenido conservará eficacia directa mientras no sean rechazados.
d) Los Pactos y Acuerdos en sus respectivos ámbitos y en relación con las competencias de cada Administraciónpública, podrán fijar las reglas que han de resolver los conflictos de concurrencia entre las negociaciones de distinto ámbito y los criterios de primacía y complementariedad entre las diferentes unidades negociadoras.

37. Conforme al EBEP, los funcionarios públicos tendrán un permiso por enfermedad grave de un familiar dentro del primer grado de consanguinidad o afinidad, de:

a) Tres días naturales.
b) Tres días hábiles.
c) Cinco días naturales.
d) Cinco días hábiles.

38. Los funcionarios públicos tendrán un permiso por matrimonio o registro o constitución formalizada por documento público de pareja de hecho de:

a) 10 días.
b) 15 días.
c) 20 días.
d) 30 días.

39. Por lactancia de un hijo menor de doce meses los funcionarios públicos tendrán derecho, según el EBEP, a:

a) 30 minutos de ausencia del trabajo, al inicio o al final de la jornada.
b) 1 hora de ausencia del trabajo, infraccionable.
c) 1 hora de ausencia del trabajo que podrá dividir en dos fracciones.
d) 2 horas de ausencia del trabajo que podrá dividir en dos fracciones de una hora cada una.

40. Tal y como señala el artículo 50 del EBEP, los funcionarios públicos tendrán derecho a disfrutar, durante cada año natural, de unas vacaciones retribuidas de:

a) 1 mes.
b) 30 días naturales.
c) 22 días hábiles.
d) 30 días hábiles.

41. Según el artículo 47 del EBEP, la jornada de trabajo de los funcionarios públicos podrá ser:

a) Ordinaria o extraordinaria.
b) Continua o partida.
c) En turno de mañana, en turno de tarde o en turno de noche.
d) A tiempo completo o a tiempo parcial.

42. Los Empleados Públicos:

a) Podrán voluntariamente acatar la Constitución y el resto de normas que integran el ordenamiento jurídico.
b) Podrán abstenerse en aquellos asuntos en los que tengan un interés personal.
c) Su actuación perseguirá la satisfacción de los intereses del Gobierno.
d) Guardarán secreto de las materias clasificadas.

43. Según el artículo 53 del EBEP, es un principio del código ético de los empleados públicos:

a) El desempeño de las tareas correspondientes a su puesto de trabajo se realizará de forma diligente y cumpliendo la jornada y el horario establecidos.
b) Honradez.

c) Respeto a la igualdad entre mujeres y hombres.

d) Ajustar su actuación a los principios de lealtad y buena fe con la Administración en la que presten sus servicios, y con sus superiores, compañeros, subordinados y con los ciudadanos.

44. ¿Cuál de los siguientes es un principio ético del Código de Conducta de los empleados públicos?

a) Tratar con atención y respeto a los ciudadanos, a sus superiores y a los restantes empleados públicos.

b) Informar a los ciudadanos sobre aquellas materias o asuntos que tengan derecho a conocer, y facilitar el ejercicio de sus derechos y el cumplimiento de sus obligaciones.

c) Ejercer sus atribuciones según el principio de dedicación al servicio público absteniéndose no solo de conductas contrarias al mismo, sino también de cualesquiera otras que comprometan la neutralidad en el ejercicio de los servicios públicos.

d) Garantizar la constancia y permanencia de los documentos para su transmisión y entrega a sus posteriores responsables.

45. Cuando adquieran la condición de funcionarios al servicio de organizaciones internacionales, los funcionarios de carrera serán declarados en situación de:

a) Excedencia.

b) Servicios especiales.

c) Servicio en otras Administraciones públicas.

d) Servicio activo.

46. En relación con la excedencia voluntaria por razones de interés particular, de los funcionarios de carrera, es cierto que:

a) Les será computable el tiempo que permanezcan en tal situación a efectos de derechos en el régimen de Seguridad Social que les sea de aplicación.

b) Podrá declararse cuando al funcionario público se le instruya expediente disciplinario.

c) La concesión de excedencia voluntaria por interés particular quedará subordinada a las necesidades del servicio debidamente motivadas.

d) Su duración no podrá ser superior a tres años.

47. La funcionaria en excedencia por razón de violencia de género tendrá derecho a percibir las retribuciones íntegras:

a) Sí, durante todo el tiempo de la excedencia.

b) No, sólo tiene derecho a percibir las prestaciones familiares por hijo a cargo.

c) Durante el primer año de la excedencia.

d) Durante los dos primeros meses.

48. La potestad disciplinaria se ejercerá de acuerdo, entre otros, con el principio de:

a) Irretroactividad de las disposiciones sancionadoras favorables al presunto infractor.
b) Proporcionalidad aplicable a las sanciones pero no a la clasificación de las faltas.
c) Presunción de culpabilidad en el caso del personal directivo.
d) Legalidad y tipicidad de las faltas y sanciones, a través de la predeterminación normativa y, en el caso del personal laboral, de los convenios colectivos.

49. Se considera falta muy grave de los empleados públicos:

a) El incumplimiento del deber de respeto a la Constitución y a los respectivos Estatutos de Autonomía de las Comunidades Autónomas en el ejercicio de la función pública.
b) El abuso de autoridad en el desempeño de sus funciones.
c) La tolerancia por los superiores jerárquicos de la comisión de faltas muy graves del personal bajo su dependencia.
d) Las acciones u omisiones dirigidas a evadir los sistemas de control de horarios o a impedir que sean detectados los incumplimientos injustificados de la jornada de trabajo.

50. Las faltas disciplinarias muy graves prescriben:

a) Al año.
b) A los 3 años.
c) A los 5 años.
d) No prescriben mientras no se extinga la condición de personal funcionario de carrera.

51. Según el artículo 97 del EBEP, las sanciones impuestas por faltas leves prescribirán:

a) A los 6 meses.
b) Al año.
c) A los 2 años.
d) A los 3 años.

52. Según el artículo 98 del EBEP, el procedimiento disciplinario que se establezca en el desarrollo del Estatuto se estructurará atendiendo a los principios de eficacia, celeridad y:

a) Transparencia.
b) Presunción de inocencia.
c) Legalidad.
d) Economía procesal.

53. La suspensión provisional como medida cautelar en la tramitación de un expediente disciplinario no podrá exceder, salvo en caso de paralización del procedimiento imputable al interesado, de:

a) 6 meses.
b) 12 meses.

c) 18 meses.

d) 2 años.

54. En relación con la suspensión provisional como medida cautelar en la tramitación de un expediente disciplinario, no es cierto que:

a) El funcionario suspenso provisional no tendrá derecho a percibir durante la suspensión retribución alguna.

b) El tiempo de permanencia en suspensión provisional será de abono para el cumplimiento de la suspensión firme.

c) Cuando la suspensión no sea declarada firme, el tiempo de duración de la misma se computará como de servicio activo.

d) El funcionario suspenso provisional tendrá derecho a percibir durante la suspensión las prestaciones familiares por hijo a cargo.

55. El incumplimiento de lo dispuesto en las normas sobre compatibilidad cuando ello dé lugar a una situación de incompatibilidad se considerará:

a) Falta leve.

b) Falta grave.

c) Falta muy grave.

d) Falta grave o muy grave.

56. Los funcionarios que se encuentren en situación distinta de la de servicio activo:

a) No pueden incurrir en responsabilidad disciplinaria.

b) Está liberados de la responsabilidad civil o penal contraída por faltas cometidas durante el tiempo en que se ostentó aquella.

c) En todo caso cumplirán la sanción por faltas cometidas dentro de sus peculiares situaciones administrativas en el momento en que se dicte la resolución.

d) De no ser posible el cumplimiento de la sanción en el momento en que se dicte la resolución, por hallarse el funcionario en situación administrativa que lo impida, ésta se hará efectiva cuando su cambio de situación lo permita, salvo que haya transcurrido el plazo de prescripción.

57. Según el EBEP, las infracciones graves prescriben, a contarse desde que se hubieran cometido, y desde el cese de su comisión cuando se trate de faltas continuadas:

a) A los 3 años.

b) A los 2 años.

c) Al año.

d) A los 6 meses.

58. Salvo que el Ministerio de Política Territorial autorice su creación en los de censo inferior, la Policía Local solo existirá en los Municipios con población superior a:

a) 1.500 habitantes.

b) 3.000 habitantes.

c) 4.000 habitantes.
d) 5.000 habitantes.

59. Los empleos de Inspector y Subinspector de Policía Local solo podrán crearse en los Municipios de más de:

a) 25.000 habitantes.
b) 50.000 habitantes.
c) 75.000 habitantes.
d) 100.000 habitantes.

60. La constitución del Registro de Personal:

a) Se efectúa a nivel estatal.
b) Es facultativa para las Corporaciones Locales.
c) Es obligatoria para las Corporaciones Locales.
d) Se supedita a la voluntad de la correspondiente Comunidad Autónoma.

61. ¿Cuál es la norma vigente por la que se regula el régimen jurídico de los funcionarios de Administración Local con habilitación de carácter nacional?

a) La Ley 5/2008, de 29 de octubre.
b) El Real Decreto 1174/1987, de 18 de septiembre.
c) El Real Decreto 128/2018, de 16 de marzo.
d) La Ley 34/2016, de 3 de abril.

62. ¿En qué clase se encuadrarían las Secretarías de Ayuntamientos de municipios cuyas poblaciones están comprendidas entre 5.001 y 20.000 habitantes?

a) Clase primera.
b) Clase segunda.
c) Clase tercera.
d) Clase cuarta.

63. Como regla general, en las Entidades Locales cuya Secretaría esté clasificada en clase tercera, las funciones propias de la Intervención:

a) No se llevarán a cabo dichas funciones, que las desempeñará el Interventor de la Diputación Provincial respectivo.
b) Existirán dos puestos de trabajo denominados Intervención Municipal.
c) Existirá un puesto de trabajo denominado Intervención.
d) Formarán parte del contenido del puesto de trabajo de Secretaría.

64. No puede ser Técnico de Administración General un Licenciado en:

a) Sociología.
b) Ciencias Políticas.
c) Derecho.
d) Ciencias Empresariales.

65. La antigüedad para entrar en el cupo de promoción interna es, como regla general, de:

a) Cinco años.
b) Tres años.
c) Dos años.
d) Depende de la plaza.

66. Pertenece a la Subescala de Servicios Especiales un:

a) Ingeniero Industrial al servicio de una Corporación Local.
b) Técnico de Administración General.
c) Suboficial del Servicio de Extinción de Incendios.
d) Contratado laboralmente.

67. Dentro del Personal de Oficios el escalón inferior lo ocupan los:

a) Ayudantes.
b) Peones.
c) Operarios.
d) Oficiales.

68. ¿Cuándo comenzará a contarse el plazo de prescripción de las faltas disciplinarias cuando se trate de faltas continuadas?

a) Desde el día de comisión de la primera falta.
b) Desde el cese de su comisión.
c) Desde el día siguiente en que se hubiese cometido la última falta disciplinaria.
d) Desde el día en que se hubiera cometido la infracción disciplinaria más grave.

69. Quienes se encuentren en situación de servicios especiales:

a) Percibirán las retribuciones del puesto o cargo que desempeñen y no las que les correspondan como funcionarios de carrera.
b) Percibirán las retribuciones que les correspondan como funcionarios de carrera.
c) No percibirán los trienios que tienen reconocidos durante el tiempo de servicio especial.
d) El tiempo que permanezcan en tal situación no se les puede computar a efectos de ascensos.

70. La concesión de la excedencia voluntaria por interés particular:

a) Es automática.
b) Es excepcional.
c) Depende de las necesidades de trabajo de la Unidad en cada momento concreto, a juicio del responsable.
d) Queda subordinada a las necesidades del servicio debidamente motivadas.

Solución al test n.º 12-13

1. c) Dual de regímenes jurídicos, personal funcionario y personal laboral.

2. c) Aquello que es común al conjunto de los funcionarios de todas las Administraciones públicas, más las normas legales específicas aplicables al personal laboral a su servicio.

3. b) La eficacia en la planificación y gestión de los recursos humanos.

4. d) Retribuidas.

5. c) En el ejercicio de las potestades públicas.

6. a) Máximo de 9 meses, dentro de un periodo de 18 meses.

7. d) Este personal solo realiza funciones expresamente calificadas como de confianza o asesoramiento especial.

8. a) Su designación atenderá a principios de mérito y capacidad.

9. d) Participación.

10. a) Imparcialidad y profesionalidad de sus miembros.

11. a) Transferencia o cesión.

12. b) 16 años.

13. d) El personal laboral.

14. b) Excepcionalmente, en virtud de ley.

15. d) Debe ser manifestada por escrito.

16. c) Podrá solicitar la rehabilitación.

17. c) Cuando el funcionario se encuentre en la situación de excedencia forzosa.

18. d) 7 % de las vacantes.

19. a) Un 10 % adicional.

20. a) A la inamovilidad en la condición de funcionario de carrera.

21. d) Dentro de los límites del ordenamiento jurídico.

22. d) Carrera profesional.

23. a) Dos años.

24. b) Evaluación del desempeño.

25. c) Las cuantías de las retribuciones básicas y el incremento de las cuantías globales de las retribuciones complementarias de los funcionarios, así como el incremento de la masa salarial del personal laboral, deberán reflejarse para cada ejercicio presupuestario en la correspondiente ley de presupuestos.

26. d) Retribución diferida.

27. d) Como mínimo, se corresponderán a las del sueldo del Subgrupo o Grupo, en el supuesto de que este no tenga Subgrupo, en que aspiren a ingresar.

28. b) Las correspondientes leyes de cada Administración pública.

29. b) Complemento de destino.

30. a) No, en ningún caso.

31. d) La determinación de condiciones de trabajo del personal directivo.

32. d) 50 funcionarios.

33. d) Al 40 % del colectivo convocado.

34. a) 10 %.

35. c) Las materias referidas a calendario laboral.

36. c) Si los Acuerdos ratificados tratan sobre materias sometidas a reserva de ley que, en consecuencia, solo pueden ser determinadas definitivamente por las Cortes Generales o las asambleas legislativas de las comunidades autónomas, su contenido conservará eficacia directa mientras no sean rechazados.

37. d) Cinco días hábiles.

38. b) 15 días.

39. c) 1 hora de ausencia del trabajo que podrá dividir en dos fracciones.

40. c) 22 días hábiles.

41. d) A tiempo completo o a tiempo parcial.

42. d) Guardarán secreto de las materias clasificadas.

43. d) Ajustar su actuación a los principios de lealtad y buena fe con la Administración en la que presten sus servicios, y con sus superiores, compañeros, subordinados y con los ciudadanos.

44. c) Ejercer sus atribuciones según el principio de dedicación al servicio público absteniéndose no solo de conductas contrarias al mismo, sino también de cualesquiera otras que comprometan la neutralidad en el ejercicio de los servicios públicos.

45. b) Servicios especiales.

46. c) La concesión de excedencia voluntaria por interés particular quedará subordinada a las necesidades del servicio debidamente motivadas.

47. d) Durante los dos primeros meses.

48. d) Legalidad y tipicidad de las faltas y sanciones, a través de la predeterminación normativa y, en el caso del personal laboral, de los convenios colectivos.

49. a) El incumplimiento del deber de respeto a la Constitución y a los respectivos Estatutos de Autonomía de las Comunidades Autónomas en el ejercicio de la función pública.

50. b) A los 3 años.

51. b) Al año.

52. d) Economía procesal.

53. a) 6 meses.

54. a) El funcionario suspenso provisional no tendrá derecho a percibir durante la suspensión retribución alguna.

55. c) Falta muy grave.

56. d) De no ser posible el cumplimiento de la sanción en el momento en que se dicte la resolución, por hallarse el funcionario en situación administrativa que lo impida, ésta se hará efectiva cuando su cambio de situación lo permita, salvo que haya transcurrido el plazo de prescripción.

57. b) A los 2 años.

58. d) 5.000 habitantes.

59. d) 100.000 habitantes.

60. c) Es obligatoria para las Corporaciones Locales.

61. c) El Real Decreto 128/2018, de 16 de marzo.

62. b) Clase segunda.

63. d) Formarán parte del contenido del puesto de trabajo de Secretaría.

64. a) Sociología.

65. c) Dos años.

66. c) Suboficial del Servicio de Extinción de Incendios.

67. c) Operarios.

68. b) Desde el cese de su comisión.

69. a) Percibirán las retribuciones del puesto o cargo que desempeñen y no las que les correspondan como funcionarios de carrera.

70. d) Queda subordinada a las necesidades del servicio debidamente motivadas.

TEST N.º 14

El presupuesto general de las entidades locales: concepto y contenido, elaboración y aprobación. Especial referencia a las bases de ejecución del presupuesto. La prórroga del presupuesto. La estructura presupuestaria. El crédito presupuestario. Modificaciones de créditos: clases y tramitación. La liquidación del presupuesto: contenido y tramitación

1. Los Presupuestos Generales de las Entidades Locales constituyen de acuerdo con el Texto Refundido de la Ley Reguladora de las Haciendas Locales:

a) La expresión de las obligaciones que, como máximo, pueden reconocer la Entidad y sus Organismos Autónomos.

b) La expresión cifrada, conjunta y sistemática de las obligaciones que, como máximo, pueden reconocer la Entidad y sus Organismos Autónomos.

c) La expresión cifrada, general y sistemática de las obligaciones que, como máximo, pueden reconocer la Entidad y sus Organismos Autónomos.

d) La expresión contable, conjunta y sistemática de las obligaciones que, como máximo, pueden reconocer la Entidad y sus Organismos Autónomos.

2. Las Entidades Locales elaborarán y aprobarán anualmente un Presupuesto General en el que se integrarán:

a) El Presupuesto de los organismos autónomos dependientes.

b) Los estados de previsión de gastos e ingresos de las Sociedades Mercantiles cuyo capital social pertenezca íntegramente a la Entidad Local.

c) Las respuestas a) y b) son correctas.

d) El presupuesto agregado de la propia Entidad.

3. El contenido mínimo de las Bases de Ejecución del Presupuesto deberá incluir:

a) Normas que regulen el procedimiento de ejecución del Presupuesto.

b) Regulación de las transferencias de créditos.

c) Niveles de vinculación jurídica de los créditos.

d) Todas respuestas son correctas.

4. ¿Qué norma regula la estructura de los Presupuestos de las Entidades Locales?

a) Orden EHA/3565/2006, de 3 de diciembre, por la que se aprueba la estructura de los Presupuestos de las Entidades Locales de los bienes de uso privado.

b) Orden EHA/3565/2008, de 3 de diciembre, por la que se aprueba la estructura de los Presupuestos de las Entidades Locales.

c) Orden de 20 de septiembre de 1989 por la que se establece la estructura de los presupuestos de las entidades locales.

d) Orden EHA/3565/2005, de diciembre, por la que se aprueba la estructura de los presupuestos de las entidades locales.

5. Dentro de las áreas de gasto del presupuesto, se incluye en el área de gasto 2 referente a Actuaciones de protección y promoción social:

a) Seguridad y movilidad ciudadana.

b) Pensiones.

c) Cultura.

d) Agricultura, ganadería y pesca.

6. ¿En qué área de gasto se incluye la política de gasto denominada "Infraestructuras"?

a) Actuaciones de carácter económico.

b) Actuaciones de carácter general.

c) Producción de bienes públicos de carácter preferente.

d) Deuda pública.

7. ¿En qué área de gasto se incluye la política de gasto denominada "Administración financiera y tributaria"?

a) Actuaciones de carácter general.

b) Actuaciones de carácter económico.

c) Actuaciones de protección y promoción social.

d) Producción de bienes públicos de carácter preferente.

8. ¿En qué área de gasto se incluye la política de gasto denominada "Sanidad"?

a) Producción de bienes públicos de carácter preferente.

b) Actuaciones de protección y promoción social.

c) Servicios públicos básicos.

d) Actuaciones de carácter general.

9. ¿En qué área de gasto se incluye la política de gasto denominada "Fomento del empleo"?

a) Servicios públicos básicos.

b) Actuaciones de protección y promoción social.

c) Actuaciones de carácter económico.
d) Actuaciones de carácter general.

10. En relación con la Clasificación Económica de los Gastos del Presupuesto de las Entidades Locales se distingue entre:

a) Operaciones abiertas y cerradas.
b) Operaciones limitadas y no limitadas.
c) Operaciones financieras y no financieras.
d) Operaciones a préstamo y liberadas.

11. El Fondo de Contingencia tiene como fin:

a) Atender al abono de los intereses de las operaciones de crédito.
b) Hacer frente a los gastos de contratación del personal laboral.
c) Completar aquellas aplicaciones presupuestarias que necesiten ser ampliadas.
d) Atender a las necesidades imprevistas, inaplazables y no discrecionales, para las que no exista crédito presupuestario o el previsto resulte insuficiente.

12. El Fondo de Contingencia y Otros Imprevistos se ha de incluir obligatoria-mente en los Presupuestos:

a) De los municipios con población superior a 5.000 habitantes.
b) De las capitales de provincia.
c) De los municipios con población superior a 15.000 habitantes.
d) De los municipios con población superior a 25.000 habitantes.

13. Respecto a la Clasificación Económica de los Gastos del Presupuesto de las Entidades Locales, dentro del capítulo 1: Gastos de personal, se encuentra el gasto siguiente:

a) Gastos de naturaleza social.
b) Cotizaciones obligatorias de las entidades locales y de sus organismos autónomos a los distintos regímenes de Seguridad Social.
c) Retribuciones fijas y variables.
d) Todas las respuestas son verdaderas.

14. En relación con la Clasificación Económica de los Ingresos del Presupuesto de las Entidades Locales:

a) Se distinguen las operaciones no financieras de las financieras, subdividiéndose las segundas en operaciones corrientes y de capital.
b) Se distinguen las operaciones no financieras de las financieras, subdividiéndose las primeras en operaciones corrientes y de capital.
c) Se distinguen las operaciones no financieras, operaciones corrientes y de capital.
d) Se distinguen las operaciones no financieras de las financieras y de capital.

15. En relación con la Clasificación Económica de los Ingresos del Presupuesto de las Entidades Locales no forman parte de las operaciones corrientes:

a) Impuestos directos.
b) Transferencias de capital.
c) Tasas, precios públicos y otros ingresos.
d) Ingresos patrimoniales.

16. Dentro de los Pasivos Financieros se recoge:

a) El ingreso que obtienen las entidades locales y sus organismos autónomos por la enajenación de activos financieros.
b) La financiación de las entidades locales y sus organismos autónomos procedente de la emisión de Deuda Pública.
c) Las dos respuestas anteriores son correctas.
d) Ninguna respuesta es correcta.

17. ¿Quién forma el presupuesto de la Entidad Local?

a) El Presidente de la entidad.
b) El Interventor.
c) El Secretario.
d) El Tesorero.

18. Deberán unirse al presupuesto como documentación:

a) Anexo de las inversiones a realizar en un plazo de cuatro años.
b) Anexo de personal de la Entidad Local.
c) Liquidación de los presupuestos de ejercicios anteriores.
d) Todas las respuestas son verdaderas.

19. Aprobado inicialmente el presupuesto general, se expondrá al público, previo anuncio en el boletín oficial de la provincia o, en su caso, de la comunidad autónoma uniprovincial:

a) Por quince días.
b) Por treinta días.
c) Por veinte días.
d) Por cuarenta días.

20. El presupuesto se considerará definitivamente aprobado si durante el plazo de alegaciones:

a) No se hubiesen presentado reclamaciones.
b) Se hubieran presentado reclamaciones con falta de motivación.

c) Se hubieran presentado reclamaciones infundadas.

d) Se hubieran presentado reclamaciones extemporáneas o basadas en datos irreales.

21. Únicamente podrán entablarse reclamaciones contra el Presupuesto:

a) Por ser de manifiesta insuficiencia los ingresos con relación a los gastos.

b) Por no haberse ajustado su elaboración a los trámites legalmente establecidos al efecto.

c) Por no haberse ajustado su aprobación a los trámites legalmente establecidos al efecto.

d) Todas las respuestas son válidas.

22. Si al iniciarse el ejercicio económico no hubiese entrado en vigor el presupuesto correspondiente:

a) Se iniciará de nuevo todo el procedimiento de aprobación.

b) Dará lugar a una cuestión de confianza.

c) Se considerará automáticamente prorrogado el del anterior, con sus créditos iniciales.

d) Se adoptará una moción de censura.

23. Los Créditos extraordinarios son:

a) Aquellas modificaciones del Presupuesto de Gastos en los que el crédito previsto resulta insuficiente y no puede ser objeto de ampliación.

b) Aquella modificación del Presupuesto de gastos mediante la que, sin alterar la cuantía total del mismo, se imputa el importe total o parcial de un crédito a otras partidas presupuestarias con diferente vinculación jurídica.

c) Aquellas modificaciones del Presupuesto de Gastos, mediante las que se asigna crédito para la realización de un gasto específico y determinado que no puede demorarse hasta el ejercicio siguiente y para el que no existe crédito.

d) La incorporación de remanentes de crédito de ejercicio anterior.

24. Los créditos extraordinarios y los suplementos de crédito se podrán financiar indistintamente con el siguiente recurso:

a) Con cargo al Remanente Líquido de Tesorería.

b) Mediante anulaciones o bajas de créditos.

c) Las respuestas a) y b) son correctas.

d) Mediante la venta de bienes patrimoniales de la entidad local.

25. La aprobación de las transferencias de crédito entre distintos grupos de función será competencia:

a) Del órgano que señale las Bases de ejecución del presupuesto.

b) Del Pleno de la Corporación, salvo cuando las bajas y las altas afecten a créditos de personal.

c) Del Presidente de la entidad.

d) Las respuestas b) y c) son correctas.

26. Las transferencias de crédito de cualquier clase estarán sujetas a las siguientes limitaciones:

a) No afectarán a los créditos ampliables.
b) No afectarán a suplementos de crédito concedidos durante el ejercicio.
c) Solo podrán incrementar créditos en un cincuenta por ciento.
d) Las respuestas a) y c) son correctas.

27. Como consecuencia de la liquidación del presupuesto no deberá determinarse:

a) Los remanentes de los presupuestos de los cinco ejercicios anteriores.
b) Los derechos pendientes de cobro y las obligaciones pendientes de pago a 31 de diciembre.
c) El resultado presupuestario del ejercicio.
d) El remanente de Tesorería.

28. A la propuesta de los expedientes de concesión de créditos extraordinarios y suplementos de créditos se habrá de acompañar:

a) Una Memoria justificativa.
b) El estado de ingresos de la entidad.
c) El estado de gastos de la entidad.
d) Las respuestas b) y c) son correctas.

29. Contra la aprobación definitiva del Presupuesto podrá:

a) Interponerse directamente recurso contencioso-administrativo.
b) Interponerse directamente recurso ante el Tribunal de Cuentas.
c) Interponerse recurso de alzada ante el Pleno.
d) Ninguna respuesta es correcta.

30. Tendrán la consideración de interesados para presentar reclamaciones ante la aprobación inicial del presupuesto:

a) Las Cámaras Oficiales.
b) Los Sindicatos.
c) Cualquier ciudadano.
d) Las respuestas a) y b) son correctas.

31. El Presupuesto, con respecto a los gastos, es un/una:

a) Previsión.
b) Límite mínimo.
c) Límite cuantitativo.
d) Cálculo aproximado.

32. Las obligaciones reconocidas y los derechos liquidados se aplicarán a los Presupuestos:

a) Por su importe íntegro.
b) En ningún supuesto.
c) Minorándose.
d) Nada de lo anterior es cierto.

33. Las reglas que deben seguirse en la ejecución del Presupuesto se contienen en la/las/los:

a) Memoria del mismo.
b) Delegaciones de gastos.
c) Bases de Ejecución.
d) Estudios Financieros.

34. A la obligación de la Entidad de destinar los créditos al fin específico que se detalle en la plasmación escrita del Presupuesto, sin poder realizar cambios o traslados de los mismos a otros fines no recogidos en el nivel de que se trate se le denomina:

a) Regulación de las transferencias de créditos.
b) Acumulación de varias fases de la ejecución del Presupuesto.
c) Niveles de vinculación jurídica de los créditos.
d) Disponibilidad presupuestaria.

35. Debe acompañarse como Anexo al Presupuesto General de una Corporación el/los:

a) Presupuestos de los Organismos Autónomos dependientes de la misma.
b) Estados de previsión de gastos e ingresos de las Sociedades Mercantiles de capital íntegro de la Entidad.
c) Estado de consolidación del Presupuesto de la propia Entidad con el de todos los Presupuestos y estados de previsión de sus Organismos Autónomos y Sociedades Mercantiles.
d) Las respuestas a) y b) son ciertas.

36. Asimismo, debe unirse como Anexo el/los:

a) Niveles de vinculación jurídica de los créditos.
b) Presupuesto de los Organismos Autónomos dependientes de la Entidad.
c) Estados de Gastos.
d) Planes y programas de inversión y financiación.

37. Las estimaciones de los distintos recursos económicos a liquidar durante el ejercicio se contienen en/en el:

a) Estado de Ingresos.
b) Estado de previsión de gastos e ingresos.

c) Estado de Gastos.
d) Ninguno de ellos.

38. Por su parte, los créditos necesarios para atender el cumplimiento de las obligaciones ordinarias se contienen en/en el:

a) Estado de Ingresos.
b) Plan de Inversión.
c) Estado de Gastos.
d) Todos los anteriores.

39. El Plan de Inversiones de una Corporación debe coordinarse con el/los:

a) Planes de Etapas del Planeamiento Urbanístico.
b) Programa Financiero o de Financiación.
c) Planes de Inversiones de la Comunidad Autónoma.
d) Las respuestas a) y b) son ciertas.

40. Y debe completarse dicho Plan con el/los:

a) Programa de Actuación del Planeamiento Urbanístico.
b) Planes de Etapas del citado Planeamiento.
c) Planes de Inversión autonómicos.
d) Programa Financiero o de Financiación.

41. Este Plan de Inversiones se formula por un plazo de:

a) Ocho años.
b) Un año, prorrogable uno más.
c) Cuatro años.
d) Dos años.

42. Y se revisa con carácter:

a) Trimestral.
b) Anual.
c) Bianual.
d) Semestral.

43. De este Plan de Inversiones se da cuenta, en un Municipio de régimen común, al/a la:

a) Junta de Gobierno Local, al comienzo de cada ejercicio.
b) Pleno coincidiendo con la aprobación del Presupuesto.
c) Alcalde, cada mes.
d) Opinión pública, al finalizar el mandato de la Corporación.

44. Y al revisarlo:

a) Se liquida el mismo con carácter definitivo.
b) Se le añade un nuevo ejercicio a sus previsiones.
c) Censura la gestión de la Corporación.
d) Nada de lo anterior es correcto.

45. Los Presupuestos que se integran en el Presupuesto General de la Corporación deberán aprobarse:

a) Separadamente de este.
b) Con déficit equilibrado.
c) Sin déficit inicial.
d) Por el Alcalde.

46. Para que, a lo largo del ejercicio económico no se presente déficit en el Presupuesto:

a) Se compensarán en el mismo momento en que se acuerden los decrementos de los créditos y los incrementos de los ingresos.
b) Dicha compensación se efectuará respecto de los decrementos de los ingresos y los incrementos de los créditos.
c) No se llevará a cabo gasto alguno que lo provoque.
d) Se incrementarán los conceptos tributarios vigentes.

47. La estructura de los Presupuestos de las Corporaciones Locales se fija por el:

a) Presidente de las mismas.
b) Ministerio de Hacienda.
c) Pleno de ellas.
d) Interventor General de Fondos respectivo.

48. ¿Quién puede aprobar Reglamentos o Normas generales que desarrollen los procedimientos de ejecución del Presupuesto?

a) El Presidente de la Entidad Local.
b) La Junta General de la Entidad Local.
c) El Pleno de la Entidad Local.
d) El Alcalde de la Entidad Local.

49. Dentro de la clasificación por programas de los gastos, el Área de Gasto 1 se refiere a la:

a) Servicios públicos básicos.
b) Actuaciones de carácter económico.

c) Actuaciones de carácter general.
d) Actuaciones de protección y promoción social.

50. Las áreas de gasto se dividen con carácter inmediato en:

a) Grupos de programas.
b) Políticas de programas.
c) Políticas de gasto.
d) Capítulos de gasto.

51. En la Clasificación Económica de los Gastos no hay Capítulo:

a) De transferencias corrientes.
b) Número diez.
c) De gastos financieros.
d) De activos financieros.

52. Según la Clasificación Económica, los gastos se clasifican, dentro de las operaciones no financieras, en:

a) De obligaciones generales y obligaciones diversas.
b) De actividades generales y económicas.
c) Por objetivos.
d) De operaciones de capital y operaciones corrientes.

53. La política de gasto de los órganos de gobierno de una Corporación Local se incluye en la siguiente área de gasto:

a) 1.
b) 4.
c) 9.
d) 0.

54. Por su parte, la Cultura se incluye en la siguiente área de gasto:

a) 1.
b) 2.
c) 3.
d) 4.

55. Las partidas presupuestarias desarrollan, dentro de la Clasificación Económica de los gastos, los/las:

a) Subfunciones.
b) Subconceptos.
c) Programas.
d) Artículos.

56. El Capítulo 1 de la Clasificación Económica de los Gastos se refiere a:

a) Gastos financieros.
b) Transferencias corrientes.
c) Gastos de Personal.
d) Gastos de servicios.

57. La adquisición de activos financieros por las Entidades Locales, se recoge en el siguiente Capítulo de la Clasificación Económica de los Gastos:

a) 8.
b) 9.
c) 7.
d) 6.

58. Por su parte, dentro de dicha Clasificación, los gastos de indemnizaciones por razón del servicio a los funcionarios se recogen en el siguiente Capítulo:

a) Gastos de Personal.
b) Gastos en bienes corrientes y de servicios.
c) Transferencias corrientes.
d) Gastos Financieros.

59. En la Clasificación Económica de los Ingresos, la financiación de las Entidades procedente de la emisión de deuda pública se recoge en el siguiente Capítulo:

a) Transferencias corrientes.
b) Ingresos patrimoniales.
c) Pasivos Financieros.
d) Transferencias de capital.

60. El Presupuesto de las Entidades Locales legalmente debe aprobarse definitivamente:

a) Antes de concluir el ejercicio económico en el que haya de aplicarse.
b) Antes de concluir el ejercicio económico anterior a aquel en que vaya a regir.
c) Cuando lo estime oportuno la Corporación.
d) En el mes de enero del ejercicio económico a que se refiera.

61. A los efectos anteriores, el Presidente de la Corporación remitirá al Pleno de la misma el proyecto de Presupuesto:

a) Antes del 15 de octubre del año anterior al en que va a regir.
b) Al finalizar el ejercicio económico anterior.
c) Cuando se lo demande el propio Pleno.
d) El primer día hábil del mes de enero del ejercicio económico al que se refiera.

62. En el supuesto de que no esté aprobado el Presupuesto antes del primer día del ejercicio económico a que se refiera:

a) No puede realizarse gasto alguno hasta que no se efectúe dicha aprobación.
b) Incurrirá en responsabilidad contable el Presidente.
c) Deberá incoarse expediente de habilitación de créditos.
d) Se prorroga automáticamente el del ejercicio anterior.

63. La formación del Proyecto de Presupuesto, en un Municipio de régimen común, es competencia del:

a) Pleno de la Corporación.
b) Presidente de la misma.
c) Interventor General de Fondos.
d) Tesorero.

64. El plazo de exposición al público de un Presupuesto, tras su aprobación inicial es de:

a) Treinta días hábiles.
b) Quince días hábiles.
c) Quince días naturales.
d) Un mes.

65. El Pleno de la Corporación tiene de plazo para resolver las reclamaciones presentadas en el período de exposición al público del Presupuesto:

a) Dos meses.
b) Un mes.
c) Treinta días.
d) Veinte días.

66. Debe insertarse el Presupuesto íntegramente en el:

a) Diario de mayor difusión de la Provincia.
b) Boletín Oficial de la Corporación, si lo tuviere.
c) Boletín Oficial de la Provincia.
d) Tablón de Edictos de la Corporación.

67. El Presupuesto entrará en vigor desde:

a) Su aprobación definitiva por el Pleno.
b) La recepción de copia del mismo por la Administración del Estado y de la Comunidad Autónoma respectiva.
c) La publicación en el diario de mayor circulación de la Provincia.
d) El ejercicio correspondiente, una vez publicado en el boletín oficial de la corporación, si lo tuviera, y, resumido por capítulos de cada uno de los presupuestos que lo integran, en el de la provincia o, en su caso, de la Comunidad Autónoma uniprovincial.

68. Contra la aprobación definitiva del Presupuesto el recurso que puede interponerse es:

a) Obligatoriamente, el de reposición como previo a la vía contencioso-administrativa.
b) Ante el Tribunal de Cuentas.
c) El contencioso-administrativo, sin necesidad de previa reposición.
d) El económico-administrativo.

69. El informe del Tribunal de Cuentas está previsto para el supuesto de que:

a) El Presupuesto se apruebe fuera del plazo señalado para ello.
b) Cuando la impugnación se refiera a la nivelación presupuestaria.
c) Se opte por prescindir del período de exposición al público.
d) Se lo pida el Presidente de la Corporación.

70. El acto mediante el cual se declara la existencia de un crédito exigible contra la Entidad derivado de un gasto autorizado y comprometido se denomina:

a) Ordenación de pago.
b) Disposición de gasto.
c) Liquidación de la obligación.
d) Autorización del gasto.

71. Cuando haya de efectuarse un gasto que no tenga crédito previsto en el Presupuesto se:

a) Hace un nuevo Presupuesto.
b) Acude a un suplemento de crédito.
c) Acude a un crédito extraordinario.
d) Utiliza un crédito no afectado.

72. ¿Cómo se denominan aquellas modificaciones del Presupuesto de Gastos en los que, siendo necesario realizar un gasto específico y determinado que no puede demorarse hasta el ejercicio siguiente, el crédito previsto resulta insuficiente y no puede ser objeto de ampliación?

a) Crédito extraordinario.
b) Suplemento de crédito.
c) Ampliación de crédito.
d) Crédito ampliable.

73. El Remanente Líquido de Tesorería, con el que financiar un crédito extraordinario o un suplemento de crédito, se integra por:

a) Mayores ingresos efectivamente recaudados que los previstos.
b) Fondos líquidos y derechos pendientes de cobro.
c) Anulaciones o bajas de créditos.
d) Operaciones especiales de crédito.

74. Se puede acudir a una operación de crédito para dotar un crédito extraordinario o un suplemento de crédito, con el fin de atender nuevos gastos por operaciones corrientes, siempre que la carga financiera de la Entidad no supere el siguiente porcentaje:

a) 25 %.
b) 10 %.
c) 5 %.
d) 50 %.

75. En este caso, la operación de crédito ha de quedar cancelada:

a) Antes de que concluya el ejercicio económico en el que se contraiga.
b) Antes de dos años.
c) Antes de que se renueve la Corporación.
d) Utilizando créditos ampliables.

76. El expediente de habilitación de créditos ha de ser ejecutivo:

a) Después de renovarse la Corporación.
b) En cualquiera de los ejercicios que de mandato tenga la Corporación.
c) En el mismo ejercicio en el que se apruebe.
d) Cuando lo estime oportuno el Alcalde, según las necesidades planteadas.

77. El plazo para resolver una reclamación contra un acuerdo de habilitación de créditos por calamidades públicas es de:

a) Un mes.
b) Quince días.
c) Diez días.
d) Ocho días.

78. Tiene carácter inmediatamente ejecutivo un acuerdo sobre:

a) Habilitación de crédito extraordinario.
b) Habilitación de crédito extraordinario en caso de catástrofe pública.
c) Cualquier suplemento de crédito.
d) Ninguno de los anteriores.

79. La modificación del Presupuesto de gastos mediante la que, sin alterar la cuantía total del mismo, se imputa el importe total o parcial de un crédito a otras partidas presupuestarias con diferente vinculación jurídica se denomina:

a) Habilitación de créditos extraordinarios.
b) Transferencias de crédito.
c) Generaciones de créditos por ingresos.
d) Bajas por anulación.

80. El órgano competente para efectuar la liquidación del Presupuesto, en un Municipio de régimen común, es el/la:

a) Junta de Gobierno Local.
b) Pleno de la Corporación.
c) Tribunal de Cuentas.
d) Alcalde o Presidente.

81. ¿A quién corresponde la incoación del expediente de concesión de crédito extraordinario?

a) Al Pleno de la Entidad local.
b) A la Junta de Gobierno local.
c) Al Secretario de la Corporación local.
d) Al Presidente de la Entidad local.

82. Señala cuál de las siguientes no puede ser una modificación de crédito que se lleve a cabo en los Presupuestos de Gastos de la Entidad y de sus Organismos Autónomos:

a) La incorporación de remanentes de crédito de ejercicio anterior.
b) Las bajas por anulación.
c) La generación de créditos por ingresos.
d) Las transferencias de remanentes de otras entidades.

83. La confección de los estados demostrativos de la liquidación del Presupuesto de la Entidad local, deberá realizarse:

a) Antes del día 1 de marzo del ejercicio siguiente.
b) Antes del día 31 de diciembre del ejercicio actual.
c) Antes del día 31 de octubre del ejercicio siguiente.
d) Antes del día 1 de enero del ejercicio actual.

84. Los remanentes de crédito no estarán integrados por:

a) La diferencia entre los gastos dispuestos o comprometidos y las obligaciones reconocidas.
b) La suma de los créditos disponibles, créditos no disponibles y créditos retenidos pendientes de utilizar.
c) La diferencia entre los gastos reconocidos y las obligaciones pendientes de reconocer.
d) La diferencia entre los gastos autorizados y los gastos comprometidos.

85. Con carácter general, los remanentes de crédito, al cierre del ejercicio:

a) Quedarán anulados y no se podrán incorporar al Presupuesto del ejercicio siguiente.
b) Quedarán anulados pero se podrán incorporar al Presupuesto del ejercicio siguiente.
c) No son anulados y se podrán incorporar al Presupuesto del ejercicio siguiente.
d) Se incorporan al Presupuesto del ejercicio siguiente, en todo caso.

Solución al test n.º 14

1. b) La expresión cifrada, conjunta y sistemática de las obligaciones que, como máximo, pueden reconocer la Entidad y sus Organismos Autónomos.

2. c) Las respuestas a) y b) son correctas.

3. d) Todas respuestas son correctas.

4. b) Orden EHA/3565/2008, de 3 de diciembre, por la que se aprueba la estructura de los Presupuestos de las Entidades Locales.

5. b) Pensiones.

6. a) Actuaciones de carácter económico.

7. a) Actuaciones de carácter general.

8. a) Producción de bienes públicos de carácter preferente.

9. b) Actuaciones de protección y promoción social.

10. c) Operaciones financieras y no financieras.

11. d) Atender a las necesidades imprevistas, inaplazables y no discrecionales, para las que no exista crédito presupuestario o el previsto resulte insuficiente.

12. b) De las capitales de provincia.

13. d) Todas las respuestas son verdaderas.

14. b) Se distinguen las operaciones no financieras de las financieras, subdividiéndose las primeras en operaciones corrientes y de capital.

15. b) Transferencias de capital.

16. b) La financiación de las entidades locales y sus organismos autónomos procedente de la emisión de Deuda Pública.

17. a) El Presidente de la entidad.

18. b) Anexo de personal de la Entidad Local.

19. a) Por quince días.

20. a) No se hubiesen presentado reclamaciones.

21. d) Todas las respuestas son válidas.

22. c) Se considerará automáticamente prorrogado el del anterior, con sus créditos iniciales.

23. c) Aquellas modificaciones del Presupuesto de Gastos, mediante las que se asigna crédito para la realización de un gasto específico y determinado que no puede demorarse hasta el ejercicio siguiente y para el que no existe crédito.

24. c) Las respuestas a) y b) son correctas.

25. b) Del Pleno de la Corporación, salvo cuando las bajas y las altas afecten a créditos de personal.

26. a) No afectarán a los créditos ampliables.

27. a) Los remanentes de los presupuestos de los cinco ejercicios anteriores.

28. a) Una Memoria justificativa.

29. a) Interponerse directamente recurso contencioso-administrativo.

30. d) Las respuestas a) y b) son correctas.

31. c) Límite cuantitativo.

32. a) Por su importe íntegro.

33. c) Bases de Ejecución.

34. c) Niveles de vinculación jurídica de los créditos.

35. c) Estado de consolidación del Presupuesto de la propia Entidad con el de todos los Presupuestos y estados de previsión de sus Organismos Autónomos y Sociedades Mercantiles.

36. d) Planes y programas de inversión y financiación.

37. a) Estado de Ingresos.

38. c) Estado de Gastos.

39. a) Planes de Etapas del Planeamiento Urbanístico.

40. d) Programa Financiero o de Financiación.

41. c) Cuatro años.

42. b) Anual.

43. b) Pleno coincidiendo con la aprobación del Presupuesto.

44. b) Se le añade un nuevo ejercicio a sus previsiones.

45. c) Sin déficit inicial.

46. b) Dicha compensación se efectuará respecto de los decrementos de los ingresos y los incrementos de los créditos.

47. b) Ministerio de Hacienda.

48. c) El Pleno de la Entidad Local.

49. a) Servicios públicos básicos.

50. c) Políticas de gasto.

51. b) Número diez.

52. d) De operaciones de capital y operaciones corrientes.

53. c) 9.

54. c) 3.

55. b) Subconceptos.

56. c) Gastos de Personal.

57. a) 8.

58. a) Gastos de Personal.

59. c) Pasivos Financieros.

60. b) Antes de concluir el ejercicio económico anterior a aquel en que vaya a regir.

61. a) Antes del 15 de octubre del año anterior en que va a regir.

62. d) Se prorroga automáticamente el del ejercicio anterior.

63. b) Presidente de la misma.

64. b) Quince días hábiles.

65. b) Un mes.

66. b) Boletín Oficial de la Corporación, si lo tuviere.

67. d) El ejercicio correspondiente, una vez publicado en el boletín oficial de la corporación, si lo tuviera, y, resumido por capítulos de cada uno de los presupuestos que lo integran, en el de la provincia o, en su caso, de la Comunidad Autónoma uniprovincial.

68. c) El contencioso-administrativo, sin necesidad de previa reposición

69. b) Cuando la impugnación se refiera a la nivelación presupuestaria.

70. c) Liquidación de la obligación.

71. c) Acude a un crédito extraordinario.

72. b) Suplemento de crédito.

73. b) Fondos líquidos y derechos pendientes de cobro.

74. a) 25 %.

75. c) Antes de que se renueve la Corporación.

76. c) En el mismo ejercicio en el que se apruebe.

77. d) Ocho días.

78. b) Habilitación de crédito extraordinario en caso de catástrofe pública.

79. b) Transferencias de crédito.

80. d) Alcalde o Presidente.

81. d) Al Presidente de la Entidad local.

82. d) Las transferencias de remanentes de otras entidades.

83. a) Antes del día 1 de marzo del ejercicio siguiente.

84. c) La diferencia entre los gastos reconocidos y las obligaciones pendientes de reconocer.

85. a) Quedarán anulados y no se podrán incorporar al Presupuesto del ejercicio siguiente.

TEST N.º 15

El impuesto sobre bienes inmuebles. El impuesto sobre actividades económica. El impuesto sobre vehículos de tracción mecánica. El impuesto sobre construcciones, instalaciones y obras. El impuesto sobre el incremento de valor de los terrenos de naturaleza urbana

1. Las Licencias Fiscales de Actividades Comerciales e Industriales y de Profesionales y Artistas han sido sustituidas por el Impuesto sobre:

a) Bienes Inmuebles.
b) Instalaciones y Obras.
c) Actividades Económicas.
d) Ninguno de ellos.

2. Es facultativa para los Ayuntamientos la implantación del Impuesto sobre:

a) Incremento de Valor de los Terrenos de Naturaleza Urbana.
b) Vehículos de Tracción Mecánica.
c) Actividades Económicas.
d) Bienes Inmuebles.

3. En el Impuesto sobre Bienes Inmuebles se grava, respecto de los terrenos a que se refiere:

a) La mera pertenencia a un sujeto pasivo.
b) El valor de los mismos.
c) Cualquier derecho, real o personal, que se constituya en ellos.
d) Todo lo anterior.

4. El hecho imponible del Impuesto sobre Bienes Inmuebles viene constituido por el/la:

a) Propiedad de los bienes inmuebles.
b) Titularidad de un derecho real de usufructo o de superficie, o de la concesión administrativa sobre dichos bienes o sobre los servicios públicos a que estén afectados.

c) Valor de los bienes.

d) Las respuestas a) y b) son ciertas.

5. A los efectos del Impuesto sobre Bienes Inmuebles, la consideración de bienes inmuebles rústicos, de bienes inmuebles urbanos y de bienes inmuebles de características especiales se define por:

a) Cada Ayuntamiento, a través de acuerdo plenario.

b) El Plan General de Ordenación urbana vigente en cada Municipio.

c) Las normas reguladoras del Catastro Inmobiliario.

d) Las Ordenanzas Fiscales del Ayuntamiento.

6. Si un mismo inmueble se encuentra localizado en distintos términos municipales, se entenderá, a efectos del Impuesto sobre Bienes Inmuebles, que pertenece:

a) Al Municipio de mayor población.

b) A cada uno de los Municipios afectados, por partes iguales.

c) A cada uno de los Municipios, por la superficie real que ocupe en su término.

d) Al Municipio en el que tenga mayor superficie.

7. Para que una carretera no esté sujeta al Impuesto sobre Bienes Inmuebles, debe ser:

a) De titularidad privada.

b) Patrimonial del Estado.

c) De peaje.

d) De aprovechamiento público y gratuito para los usuarios.

8. Están exentos de pagar este Impuesto los bienes inmuebles que pertenezcan al/a la:

a) Estado.

b) Cruz Roja.

c) Comunidad Autónoma.

d) Todos los anteriores.

9. El valor catastral de los bienes se determinará por el/las:

a) Normas del Catastro Inmobiliario.

b) Normas de expropiación forzosa.

c) Pleno de cada Ayuntamiento.

d) Normas Urbanísticas del Plan General de Ordenación.

10. La cuota íntegra se obtiene de aplicar el tipo de gravamen al/a la:

a) Hecho imponible.
b) Cuota tributaria.
c) Base liquidable.
d) Sujeto pasivo.

11. Una vez hechas en la base imponible las reducciones que procedan, se obtiene el/la:

a) Tipo de gravamen.
b) Cuota.
c) Base liquidable.
d) Nada de lo anterior.

12. La bonificación prevista sobre bienes inmuebles que constituyan el objeto de la actividad de las empresas de construcción y no figuren entre los bienes de su inmovilizado, en ningún caso puede exceder de:

a) Un año desde el comienzo de la construcción.
b) Un año desde que se inició la urbanización.
c) Tres períodos impositivos a contar desde el siguiente a la iniciación de la urbanización o construcción.
d) Las respuestas a) y b) son correctas.

13. El Impuesto sobre Bienes Inmuebles se devenga:

a) El primer día del período impositivo.
b) Al final de este período impositivo.
c) Con motivo de la venta de los bienes a él sujetos.
d) Cada cinco años.

14. La revisión de los actos dictados en vía de gestión tributaria en el Impuesto sobre Bienes Inmuebles, corresponde al/a la:

a) Propio Ayuntamiento.
b) Centro de Gestión Catastral y Cooperación Tributaria.
c) Delegación del Ministerio de Hacienda de cada Provincia.
d) Dirección General del Catastro.

15. El Impuesto sobre Actividades Económicas en un tributo:

a) Directo y real.
b) Directo y personal.

c) Indirecto y real.
d) Indirecto y personal.

16. Para que las actividades ganaderas estén gravadas por el Impuesto sobre Actividades Económicas:

a) Han de tener carácter dependiente.
b) Deben desarrollarse mediante la estabulación del ganado fuera de las fincas rústicas.
c) Ha de tratarse de ganado trashumante o transterminante.
d) Las respuestas b) y c) son correctas.

17. No constituyen hecho imponible del Impuesto sobre Actividades Económicas la/las:

a) Actividades ganaderas independientes.
b) Actividades mineras.
c) Venta de productos que se reciben en pago de trabajos personales.
d) Ventas reiteradas de artículos al por menor.

18. La cuota tributaria en el Impuesto sobre Actividades Económicas, resulta de:

a) Aplicar las tarifas del mismo y, en su caso, el coeficiente y las bonificaciones previstos por la ley y acordados por cada Ayuntamiento.
b) La realización de la actividad gravada por el mismo.
c) Un porcentaje fijo por cada actividad gravada.
d) Lo que determine cada año el Presupuesto de cada Ayuntamiento.

19. La liquidación, recaudación y revisión de los actos dictados en vía de gestión tributaria del Impuesto sobre Actividades Económicas, es competencia del/de la:

a) Centro de Gestión Catastral y Cooperación Tributaria.
b) Ayuntamiento respectivo.
c) Administración Tributaria del Estado.
d) Ninguno de los anteriores.

20. La cifra de negocios que exime de estar sujeto al pago del Impuesto sobre Actividades Económicas en determinados casos, ha de ser inferior a:

a) Un millón de euros.
b) Dos millones de euros.
c) Diez millones de euros.
d) No hay fijada una en concreto.

21. En el supuesto de espectáculos aislados, este Impuesto sobre Actividades Económicas se devenga:

a) Globalmente, cada año.
b) Considerando los realizados cada semestre.
c) Trimestralmente.
d) Al realizarse cada uno de ellos.

22. Con carácter general, el período impositivo en el Impuesto sobre Actividades Económicas, coincide con el:

a) Comienzo y fin de cada actividad gravada por el mismo.
b) Primer día del año natural.
c) Cada año natural.
d) Comienzo de la actividad, durante los años que dure.

23. Un vehículo dado de baja por antigüedad, pero autorizado para circular excepcionalmente con ocasión de un certamen o exhibición, a los efectos del Impuesto sobre Vehículos de Tracción Mecánica:

a) Está sujeto en su integridad.
b) Goza de una bonificación del 90 %.
c) Solo es gravado proporcionalmente por el tiempo en que sea utilizado en dichos certamen o exhibición.
d) No está sujeto.

24. Los coches adaptados para la conducción por disminuidos físicos, a efectos del Impuesto sobre Vehículos de Tracción Mecánica:

a) Están exentos en todo caso.
b) Quedan exentos cuando la minusvalía del titular sea igual o superior al 33%.
c) Solo son objeto de una bonificación.
d) Están sujetos como cualquier vehículo.

25. Está exento de pagar del Impuesto sobre Vehículos de Tracción Mecánica un vehículo:

a) Con permiso temporal.
b) De representación diplomática.
c) Con matrícula turística.
d) Dado de alta.

26. La modificación por los Ayuntamientos de las cuotas fijadas en el Impuesto sobre Vehículos de Tracción Mecánica, ha de realizarse en función del/de la/de los:

a) Población del Municipio de que se trate.
b) Hecho de que el vehículo sea de primera o segunda u otras adquisiciones.
c) Caballos fiscales de cada vehículo.
d) Concurrencia de cualquiera de los tres supuestos anteriores.

27. En el caso de que a mediados del año se adquiera un vehículo de otro propietario, ya, por lo tanto, matriculado:

a) El período impositivo comenzará desde dicho momento.
b) Se prorrateará la cuota por trimestres naturales.
c) El segundo adquirente pagará al Ayuntamiento la parte proporcional que le corresponda.
d) Nada de lo anterior es cierto.

28. Si una Comunidad Autónoma establece un Impuesto sobre la materia propia del Impuesto sobre Vehículos de Tracción Mecánica:

a) Se suprimirá este en dicha Comunidad Autónoma.
b) Solo será objeto de supresión en los Municipios que así lo acuerden.
c) Se reducirá del importe del Impuesto Municipal lo que se pague a la Comunidad Autónoma.
d) Se cobrará ambos Impuestos, sin rebaja de tipo alguno.

29. En caso de baja del vehículo durante el año natural, la cuota del Impuesto sobre Vehículos de Tracción Mecánica se:

a) Prorratea por semestres.
b) Prorratea por trimestres.
c) Paga íntegramente.
d) Cobra al chatarrista.

30. El hecho de no obtener Licencia de Obras y realizarlas, a los efectos del Impuesto sobre Construcciones, Instalaciones y Obras:

a) No exime de su pago.
b) Al no estar fiscalizadas municipalmente dichas obras, no puede quedar sujeto al Impuesto.
c) Supone un recargo en el mismo, en el que se contemple la infracción urbanística realizada.
d) Las respuestas a) y c) son correctas.

31. La base imponible en el Impuesto sobre Construcciones, Instalaciones y obras está constituida por:

a) El coste real y efectivo de la construcción, instalación u obra.
b) Un 2% de dicho coste.
c) La mera realización de las actividades gravadas.
d) La autoliquidación que efectúen los interesados.

32. El devengo del Impuesto sobre Construcciones, Instalaciones y obras se produce:

a) Cuando se pida la Licencia de Obras.
b) Al iniciarse la construcción, instalación u obra.
c) Al concluirse dichas construcción, instalación u obras.
d) El primer día del año natural.

33. Las Ordenanzas Fiscales pueden regular una bonificación sobre la cuota del Impuesto sobre Construcciones, Instalaciones y obras, a favor de obras declaradas de interés especial, de cómo máximo hasta el:

a) 95 %.
b) 50 %.
c) 60 %.
d) 90 %.

34. El sujeto pasivo del Impuesto sobre el Incremento del Valor de los Terrenos de Naturaleza Urbana, al transmitirse los mismos, es el:

a) Adquirente, si la transmisión es a título lucrativo.
b) Adquirente, si la transmisión es a título oneroso.
c) Transmitente, si la transmisión es a título lucrativo.
d) Adquirente o Transmitente, indistintamente.

35. El incremento puesto de manifiesto en el momento del devengo del Impuesto sobre el Incremento del Valor de los Terrenos de Naturaleza Urbana, que se tiene en cuenta en el mismo, es el experimentado a lo largo de un período máximo de:

a) Cincuenta años.
b) Quince años.
c) Diez años.
d) Veinte años.

36. El tipo de gravamen del Impuesto sobre el Incremento del Valor de los Terrenos de Naturaleza Urbana será fijado por cada Ayuntamiento, sin que pueda exceder del siguiente porcentaje:

a) 10 %.
b) 30 %.
c) 25 %.
d) 4 %.

37. En el supuesto de constitución de un derecho real de goce limitado del dominio, este Impuesto sobre el Incremento del Valor de los Terrenos de Naturaleza Urbana se devenga por este concepto:

a) Al extinguirse dicho derecho real.
b) Como consecuencia de la transmisión del inmueble sobre el que se constituye.
c) En el momento de la citada constitución.
d) En ningún momento.

38. Cuando se trate de actos inter vivos, el plazo para presentar la declaración los interesados en el Impuesto sobre el Incremento del Valor de los Terrenos de Naturaleza Urbana, es de:

a) Dos meses.
b) Seis meses.
c) Treinta días hábiles.
d) Un año.

39. Si, por el contrario, es un acto mortis causa, este plazo será de:

a) Treinta días naturales.
b) Un año como mínimo.
c) Treinta días hábiles.
d) Seis meses.

40. El plazo a que se refieren las dos preguntas anteriores se cuenta a partir de:

a) La fecha en que se produzca el devengo del Impuesto.
b) Que se produzca efectivamente la declaración.
c) Que la Administración requiera a los sujetos interesados.
d) Nada de lo anterior es cierto.

41. Los Notarios están obligados a presentar una relación o índice de los documentos por ellos autorizados en los que se contengan hechos, actos o negocios jurídicos que pongan de manifiesto la realización del hecho imponible de este Impuesto:

a) En la primera quincena del primer mes de cada año, referida al año anterior.
b) En la primera quincena de cada semestre, referida al anterior.
c) En la primera quincena de cada trimestre, referida al anterior.
d) Al final de cada mes.

Solución al test n.º 15

1. c) Actividades Económicas.

2. a) Incremento de Valor de los Terrenos de Naturaleza Urbana.

3. b) El valor de los mismos.

4. d) Las respuestas a) y b) son ciertas.

5. c) Las normas reguladoras del Catastro Inmobiliario.

6. c) A cada uno de los Municipios, por la superficie real que ocupe en su término.

7. d) De aprovechamiento público y gratuito para los usuarios.

8. b) Cruz Roja.

9. a) Normas del Catastro Inmobiliario.

10. c) Base liquidable.

11. c) Base liquidable.

12. c) Tres períodos impositivos a contar desde el siguiente a la iniciación de la urbanización o construcción.

13. a) El primer día del período impositivo.

14. a) Propio Ayuntamiento.

15. a) Directo y real.

16. d) Las respuestas b) y c) son correctas.

17. c) Venta de productos que se reciben en pago de trabajos personales.

18. a) Aplicar las tarifas del mismo y, en su caso, el coeficiente y las bonificaciones previstos por la ley y acordados por cada Ayuntamiento.

19. b) Ayuntamiento respectivo.

20. a) Un millón de euros.

21. d) Al realizarse cada uno de ellos.

22. c) Cada año natural.

23. d) No está sujeto.

24. b) Quedan exentos cuando la minusvalía del titular sea igual o superior al 33 % .

25. b) De representación diplomática.

26. a) Población del Municipio de que se trate.

27. d) Nada de lo anterior es cierto.

28. a) Se suprimirá este en dicha Comunidad Autónoma.

29. b) Prorratea por trimestres.

30. a) No exime de su pago.

31. a) El coste real y efectivo de la construcción, instalación u obra.

32. b) Al iniciarse la construcción, instalación u obra.

33. a) 95 %.

34. a) Adquirente, si la transmisión es a título lucrativo.

35. d) Veinte años.

36. b) 30 %.

37. c) En el momento de la citada constitución.

38. c) Treinta días hábiles.

39. d) Seis meses.

40. a) La fecha en que se produzca el devengo del Impuesto.

41. c) En la primera quincena de cada trimestre, referida al anterior.

Ley 19/2013, de 9 de diciembre, de transparencia, acceso a la información pública y buen gobierno: Transparencia de la actividad pública

Ley orgánica 3/2018, de 5 de diciembre, de protección de datos personales y garantía de los derechos digitales: Disposiciones generales. Principios de la protección de datos. Derechos de las personas. Responsable y encargado del tratamiento de datos

1. La cualidad que permite y facilita el acceso de los ciudadanos a la información pública en poder de la Administración dentro de los límites establecidos por la legislación vigente, se conoce como:

a) Accesibilidad.
b) Transparencia.
c) Objetividad.
d) Buen gobierno.

2. En el Capítulo I del Título I: "Transparencia de la actividad pública" de la Ley 19/2013, concretamente en el art. 3, se señala que serán objeto de aplicación de las disposiciones las entidades privadas:

a) En cuyo capital social la participación, directa o indirecta, sea superior al 50 por 100.
b) Que perciban durante el período de un año ayudas o subvenciones públicas en una cuantía superior a 100.000 euros o cuando al menos el 40 % del total de sus ingresos anuales tengan carácter de ayuda o subvención pública, siempre que alcancen como mínimo la cantidad de 5.000 euros.
c) Con personalidad jurídica propia, vinculadas a cualquiera de las Administraciones Públicas o dependientes de ellas.
d) Que tengan atribuidas funciones de regulación o supervisión de carácter externo sobre un determinado sector o actividad.

3. El cumplimiento de las obligaciones derivadas de la Ley 19/2013, de 9 de diciembre, de transparencia, acceso a la información pública y buen gobierno, podrá realizarse utilizando los medios electrónicos puestos a su disposición por la Administración Pública de la que provenga la mayor parte de las ayudas o subvenciones públicas percibidas cuando se trate de entidades sin ánimo de lucro que persigan exclusivamente fines de interés social o cultural y cuyo presupuesto sea inferior a:

a) 50.000 euros.
b) 100.000 euros.
c) 200.000 euros.
d) 250.000 euros.

4. Según lo previsto en el artículo 18 de la Ley 19/2013, de 9 de diciembre, de transparencia, acceso a la información pública y buen gobierno, se inadmitirán a trámite, mediante resolución motivada, las solicitudes de acceso a la información:

a) Relativas a los intereses económicos y turísticos.
b) Relativas a la garantía de la confidencialidad o el secreto requerido en procesos de toma de decisión.
c) Relativas a información para cuya divulgación sea necesaria una acción previa de reelaboración.
d) Relativas a infraestructuras críticas.

5. El acceso a la información pública requiere:

a) Solicitud previa.
b) Acreditación de la condición de interesado.
c) Motivación expresa.
d) La utilización de medios telemáticos.

6. Cuando la información pública solicitada no contuviera datos especialmente protegidos, el órgano al que se dirija la solicitud concederá el acceso previa .... suficientemente razonada del interés público en la divulgación de la información y los derechos de los afectados cuyos datos aparezcan en la información solicitada, en particular su derecho fundamental a la protección de datos de carácter personal. Señala la palabra que falta:

a) Catalogación.
b) Acreditación.
c) Ponderación.
d) Identificación.

7. El incumplimiento reiterado de la obligación de resolver en plazo procedimientos de acceso a la información pública:

a) Tendrá la consideración de infracción grave.
b) Tendrá la consideración de infracción muy grave.

c) Tendrá la consideración de infracción leve.

d) No tendrá la consideración de infracción.

8. Según el artículo 7 de la Ley 19/2013, de 9 de diciembre, de transparencia, acceso a la información pública y buen gobierno, relativo a la información de relevancia jurídica:

a) Las Administraciones Públicas, en el ámbito de sus competencias, publicarán los proyectos de Reglamento cuya iniciativa les corresponda.

b) Las Administraciones Públicas, en el ámbito de sus competencias, no publicarán los proyectos de Reglamento cuya iniciativa les corresponda.

c) Las Administraciones Públicas, en el ámbito de sus competencias, no podrán publicar los Anteproyectos de Ley hasta su aprobación.

d) Las Administraciones Públicas no podrán publicar los proyectos de Decretos Legislativos cuando se soliciten los dictámenes a los órganos consultivos.

9. La Ley 19/2013 destaca tres ejes fundamentales de toda acción política. Señala cuál de los siguientes no es correcto:

a) La transparencia.

b) El acceso a la información pública.

c) Las normas de buen gobierno.

d) Las incompatibilidades.

10. El título I de la Ley 19/2013 regula e incrementa la transparencia de la actividad de todos los sujetos que prestan servicios públicos o ejercen potestades administrativas mediante un conjunto de previsiones que se recogen en dos capítulos diferenciados y desde una doble perspectiva: el derecho de acceso a la información pública y:

a) Los conflictos de intereses.

b) La publicidad activa.

c) La austeridad.

d) Los principios de actuación.

11. Según la Ley 19/2013, de 9 de diciembre, de Transparencia, Acceso a la Información Pública y Buen Gobierno, el derecho de acceso podrá ser limitado cuando acceder a la información suponga un perjuicio para:

a) La seguridad pública.

b) La igualdad de las partes en los procesos judiciales y la tutela judicial efectiva.

c) La política económica y monetaria.

d) Todo lo anterior.

12. La motivación de una solicitud de acceso a la información, según la Ley 19/2013:

a) Es requisito ineludible para que se facilite la información.
b) Será causa de rechazo de la solicitud.
c) Las dos respuestas anteriores son ciertas.
d) Se deja a la decisión del solicitante.

13. Para que se aplique la Ley 19/2013 a sociedades mercantiles, la participación en las mismas de entidades de Derecho Público debe ser superior al:

a) 10 por 100.
b) 20 por 100.
c) 50 por 100.
d) No se aplica en caso alguno dicha ley a este tipo de sociedades.

14. Según el artículo 5 de la Ley 19/2013, de 9 de diciembre, de transparencia, acceso a la información pública y buen gobierno, la información sujeta a las obligaciones de transparencia será publicada en las correspondientes sedes electrónicas o páginas web:

a) De una manera clara, estructurada y entendible para los interesados.
b) Obligatoriamente, en formatos reutilizables.
c) Previa autorización del órgano inmediatamente superior al responsable de la sede electrónica o página web.
d) En los términos que establezca una ley.

15. Según el artículo 5 de la Ley 19/2013, de 9 de diciembre, de transparencia, acceso a la información pública y buen gobierno, toda la información será comprensible, de acceso fácil y gratuito y estará a disposición de las personas con discapacidad en una modalidad suministrada por medios o en formatos adecuados de manera que resulten accesibles y comprensibles, conforme al principio de:

a) Igualdad de oportunidades.
b) No discriminación.
c) Eficacia.
d) Accesibilidad universal y diseño para todos.

16. Señala la respuesta incorrecta. Según el artículo 6 de la Ley 19/2013, de 9 de diciembre, de transparencia, acceso a la información pública y buen gobierno, los sujetos comprendidos en el ámbito de aplicación de su título I deben publicar información relativa a:

a) Las funciones que desarrollan.
b) La normativa que les sea de aplicación.
c) El personal adscrito.
d) Su estructura organizativa.

17. En virtud del artículo 7 de la Ley 19/2013, de 9 de diciembre, de transparencia, acceso a la información pública y buen gobierno, ¿deben publicar las Administraciones Públicas, en el ámbito de sus competencias, las directrices, instrucciones, acuerdos, circulares o respuestas a consultas planteadas por los particulares u otros órganos?

a) No, en ningún caso.

b) Sí, en todo caso.

c) Sí, siempre que no tengan efectos jurídicos.

d) Sí, en la medida en que supongan una interpretación del Derecho o tengan efectos jurídicos.

18. Conforme al artículo 8 de la Ley 19/2013, de 9 de diciembre, de transparencia, acceso a la información pública y buen gobierno, NO es necesario que los sujetos incluidos en el ámbito de aplicación de su título I deban hacer pública, la siguiente información relativa a los actos de gestión administrativa con repercusión económica o presupuestaria:

a) La relación de los convenios suscritos, con mención de las partes firmantes, su objeto, plazo de duración, modificaciones realizadas, obligados a la realización de las prestaciones y, en su caso, las obligaciones económicas convenidas.

b) Las declaraciones anuales de bienes y actividades de los representantes locales, con especial referencia a los datos relativos a la localización concreta de los bienes inmuebles.

c) Las retribuciones percibidas anualmente por los altos cargos y máximos responsables de las entidades incluidas en el ámbito de la aplicación del citado título I. Igualmente, se harán públicas las indemnizaciones percibidas, en su caso, con ocasión del abandono del cargo.

d) Las resoluciones de autorización o reconocimiento de compatibilidad que afecten a los empleados públicos así como las que autoricen el ejercicio de actividad privada al cese de los altos cargos de la Administración General del Estado o asimilados según la normativa autonómica o local.

19. Señala la respuesta incorrecta. El derecho de acceso a la información pública podrá ser limitado cuando acceder a la información suponga un perjuicio para:

a) Los intereses económicos y comerciales.

b) La garantía de la confidencialidad o el secreto requerido en procesos de toma de decisión.

c) El honor de los funcionarios o cargos directivos.

d) La protección del medio ambiente.

20. Los documentos que contengan datos personales de carácter policial, procesal, clínico o de cualquier otra índole que puedan afectar a la seguridad de las personas, a su honor, a la intimidad de su vida privada y familiar y a su propia imagen, no podrán ser públicamente consultados sin que medie consentimiento expreso de los afectados o hasta que haya transcurrido un plazo desde su muerte, si su fecha es conocida, de:

a) 25 años.
b) 30 años.
c) 40 años.
d) 50 años.

21. Señala la respuesta incorrecta. La solicitud de acceso a la información pública podrá presentarse por cualquier medio que permita tener constancia de:

a) La identidad del solicitante.
b) La información que se solicita.
c) Una dirección de contacto, preferentemente electrónica, a efectos de comunicaciones.
d) La motivación de la solicitud.

22. No es una causa de inadmisión de las solicitudes de acceso a la información pública:

a) Que se refieran a información que esté en curso de elaboración o de publicación general.
b) Que se dirijan a un órgano en cuyo poder no obre la información.
c) Que sean manifiestamente repetitivas.
d) Que se refieran a información para cuya divulgación sea necesaria una acción previa de reelaboración.

23. Cuando la solicitud de información pública no identifique de forma suficiente la información, se pedirá al solicitante que la concrete en un plazo de:

a) 10 días.
b) 15 días.
c) 20 días.
d) 30 días.

24. La resolución en la que se conceda o deniegue el acceso a información pública deberá notificarse al solicitante y a los terceros afectados que así lo hayan solicitado en el plazo máximo, desde la recepción de la solicitud por el órgano competente para resolver, de:

a) 10 días.
b) 15 días.

c) 20 días.
d) 1 mes.

25. El acceso a la información pública se realizará preferentemente por vía electrónica, salvo cuando no sea posible o el solicitante haya señalado expresamente otro medio. Cuando no pueda darse el acceso en el momento de la notificación de la resolución deberá otorgarse, en cualquier caso, en un plazo no superior a:

a) 5 días.
b) 7 días.
c) 10 días.
d) 15 días.

26. El RGPD señala, al determinar cuál es su objeto, que la libre circulación de los datos personales en la Unión:

a) Podrá ser restringida y prohibida por motivos relacionados con la protección de las personas físicas en lo que respecta al tratamiento de datos personales.
b) Podrá ser restringida, pero no prohibida, por motivos relacionados con la protección de las personas físicas en lo que respecta al tratamiento de datos personales.
c) No podrá ser restringida ni prohibida por motivos relacionados con la protección de las personas físicas en lo que respecta al tratamiento de datos personales.
d) No podrá ser restringida, pero sí prohibida, por motivos relacionados con la protección de las personas físicas en lo que respecta al tratamiento de datos personales.

27. ¿En virtud de qué principio previsto por el Reglamento General de Protección de Datos, los datos personales serán adecuados, pertinentes y limitados a lo necesario en relación con los fines para los que son tratados?

a) Principio de exactitud.
b) Principio de limitación de la finalidad.
c) Principio de responsabilidad proactiva.
d) Principio de minimización de datos.

28. En relación con el consentimiento, el Reglamento General de Protección de Datos dispone que:

a) El consentimiento puede deducirse del silencio o de la inacción de los ciudadanos.
b) Se permite el llamado consentimiento tácito.
c) No es admisible el consentimiento del interesado dado en el contexto de una declaración escrita que también se refiera a otros asuntos.
d) Quienes recopilen datos personales deben ser capaces de demostrar que el afectado les otorgó su consentimiento.

29. Según el artículo 5 del *Reglamento (UE) 2016/679, de 27 de abril, relativo a la protección de las personas físicas en lo que respecta al tratamiento de datos personales y a la libre circulación de estos datos*, los datos personales serán tratados, en relación con el interesado, de manera lícita, leal y:

a) Fiable.
b) Segura.
c) Confidencial.
d) Transparente.

30. Conforme al artículo 3 de la LO 3/2018, las personas vinculadas al fallecido por razones familiares o de hecho así como sus herederos:

a) No podrán dirigirse al responsable o encargado del tratamiento para solicitar el acceso a los datos personales de aquella, si no es por vía judicial.
b) Solo podrán dirigirse al encargado del tratamiento, siempre que sea con objeto de rectificar datos manifiestamente falsos.
c) Podrán dirigirse al responsable o encargado del tratamiento siempre que sea con objeto de solicitar la supresión de los datos personales de aquella sin posibilidad de acceder a ellos.
d) Podrán dirigirse al responsable o encargado del tratamiento al objeto de solicitar el acceso a los datos personales de aquella y, en su caso, su rectificación o supresión.

31. Según el artículo 3 de la LO 3/2018, los requisitos y condiciones para acreditar la validez y vigencia de los mandatos e instrucciones de las personas fallecidas respecto al acceso a los datos personales de estas por parte de las personas o instituciones que designaran expresamente, serán establecidos:

a) Por medio de una directiva europea.
b) Por ley estatal.
c) Por ley autonómica.
d) Por real decreto.

32. Conforme a los artículos 4.11 del RGPD y 6.1 de la LO 3/2018, se entiende por *consentimiento del afectado* la aceptación, ya sea mediante una declaración o una clara acción afirmativa, del tratamiento de datos personales que le conciernen manifestada por voluntad libre, de forma específica, informada e/y:

a) Detallada.
b) Unitaria.
c) Inequívoca.
d) Por escrito.

33. Conforme al principio de limitación de la finalidad, los datos personales se-rán recogidos con fines determinados, explícitos y:

a) Limitados.
b) Transparentes.
c) Compatibles.
d) Legítimos.

34. Según el artículo 8.1 de la LO 3/2018, el tratamiento de datos personales solo podrá considerarse fundado en el cumplimiento de una obligación legal exigible al responsable:

a) Cuando así lo prevea una norma de Derecho de la Unión Europea o una norma con rango de ley.
b) Cuando el tratamiento se considere una misión realizada en interés público.
c) Cuando se trate del ejercicio de poderes públicos conferidos al responsable.
d) Cuando el responsable sea un órgano u organismo público.

35. Conforme al artículo 9 de la LO 3/2018, de 5 de diciembre, de Protección de Datos Personales y garantía de los derechos digitales, ¿cuál de los siguientes trata-mientos de categorías especiales de datos fundados en el Derecho español deberá estar amparado en una norma con rango de ley?

a) El interesado dio su consentimiento explícito para el tratamiento de dichos datos personales con uno o más de los fines especificados.
b) El tratamiento es necesario para el cumplimiento de obligaciones y el ejercicio de derechos específicos del responsable del tratamiento o del interesado en el ámbito del Derecho laboral y de la seguridad y protección social.
c) El tratamiento es necesario para proteger intereses vitales del interesado o de otra persona física, en el supuesto de que el interesado no esté capacitado, física o jurídica-mente, para dar su consentimiento.
d) El tratamiento es necesario por razones de interés público en el ámbito de la salud pública, como la protección frente a amenazas transfronterizas graves para la salud, o para garantizar elevados niveles de calidad y de seguridad de la asistencia sanitaria y de los medicamentos o productos sanitarios.

36. Según el artículo 7.1 de la LO 3/2018, el tratamiento de los datos personales de un menor de edad únicamente podrá fundarse en su consentimiento cuando sea mayor de:

a) 12 años.
b) 13 años.
c) 14 años.
d) 16 años.

37. Según el artículo 12.4 de la LO 3/2018, la prueba del cumplimiento del deber de responder a la solicitud de ejercicio de sus derechos formulado por el afectado recaerá:

a) Sobre el responsable del tratamiento.
b) Sobre el encargado del tratamiento.
c) Bien sobre el responsable o bien sobre el encargado.
d) Sobre el representante legal del afectado.

38. En virtud del artículo 12 de la LO 3/2018 es cierto, en relación con los medios para que el afectado pueda ejercer sus derechos, que:

a) El encargado del tratamiento estará obligado a informar al afectado sobre los medios a su disposición para ejercer los derechos que le corresponden.
b) Los medios deberán ser consensuados con los afectados antes de poner en marcha el tratamiento.
c) Los medios deberán ser fácilmente accesibles para el afectado.
d) El ejercicio del derecho podrá ser denegado cuando el afectado opte por otro medio.

39. Conforme al artículo 85 de la LO 3/2018, los responsables de redes sociales y servicios equivalentes deben adoptar protocolos adecuados para posibilitar, ante los usuarios que difundan contenidos que atenten contra el derecho al honor, la intimidad personal y familiar en internet, el ejercicio del derecho de:

a) Olvido.
b) Portabilidad.
c) Rectificación.
d) Información.

40. En relación con el derecho de acceso, el responsable del tratamiento debe facilitar una copia de los datos personales objeto de tratamiento. Cuando el afectado elija un medio distinto al que se le ofrece que suponga un coste desproporcionado:

a) La solicitud será considerada excesiva y, por lo tanto, no tenida en consideración.
b) El afectado asumirá parte del exceso de costes que su elección comporte.
c) En este caso, solo será exigible al responsable del tratamiento la satisfacción del derecho de acceso sin dilaciones indebidas.
d) Será cumplimentada gratuitamente y sin dilaciones indebidas.

41. Conforme al artículo 81 de la LO 3/2018, se garantizará para toda la población un acceso universal a internet, asequible, de calidad y:

a) Gratuito.
b) Seguro.
c) Estable.
d) No discriminatorio.

42. En relación con el derecho de acceso, el artículo 13 de la LO 3/2018 dispone que:

a) Cuando el responsable trate una gran cantidad de datos relativos al afectado y este ejercite su derecho de acceso sin especificar si se refiere a todos o a una parte de los datos, el responsable deberá facilitar la totalidad de los datos.

b) El derecho de acceso se entenderá otorgado si el responsable del tratamiento facilitara al afectado un sistema de acceso remoto, directo y seguro a los datos personales que garantice, temporalmente, el acceso a su totalidad.

c) Se podrá considerar repetitivo el ejercicio del derecho de acceso en más de una ocasión durante el plazo de seis meses, a menos que exista causa legítima para ello.

d) Cuando el afectado elija un medio distinto al que se le ofrece deberá asumir los costes que su elección comporte.

43. Cuando dos o más responsables determinen conjuntamente los objetivos y los medios del tratamiento serán considerados:

a) Autoridades del tratamiento.
b) Responsables y encargados del tratamiento.
c) Copartícipes del tratamiento.
d) Corresponsables del tratamiento.

44. Cuando proceda a la rectificación o supresión del tratamiento, el responsable estará obligado a:

a) Bloquear los datos.
b) Transferir los datos.
c) Limitar los datos.
d) Destruir los datos.

45. ¿Puede recurrir el encargado del tratamiento a la incorporación de otro encargado?

a) No, solo puede haber un encargado por tratamiento.
b) Sí, previa autorización específica por escrito del responsable.
c) No, solo puede recurrir a otro encargado el responsable del tratamiento.
d) Sí, previa autorización por escrito, específica o general, del responsable.

46. Finalizada la prestación de los servicios del encargado:

a) El responsable del tratamiento determinará si los datos persona es deben ser destruidos, devueltos al responsable o entregados, en su caso, a un nuevo encargado.

b) El propio encargado podrá determinar antes de finalizar su prestación, si los datos personales deben ser destruidos, devueltos al responsable o entregados, en su caso, a un nuevo encargado.

c) El responsable del tratamiento deberá ordenar la destrucción de los datos.

d) El responsable deberá nombrar un nuevo encargado del tratamiento, que podrá decidir la destrucción de los datos.

47. Cuando el procedimiento por posible vulneración de la normativa de protección de datos se refiera exclusivamente a la falta de atención de una solicitud de ejercicio de los derechos establecidos en los artículos 15 a 22 del RGPD, se iniciará por acuerdo de admisión a trámite. En este caso, el plazo para resolver el procedimiento, a contar desde la fecha en que hubiera sido notificado al reclamante el acuerdo de admisión a trámite, será de:

a) Tres meses.
b) Seis meses.
c) Nueve meses.
d) Un año.

48. En los procedimientos por posible vulneración de la normativa de protección de datos, las actuaciones previas de investigación no podrán tener una duración superior a:

a) Tres meses.
b) Seis meses.
c) Nueve meses.
d) Doce meses.

49. Para que el tratamiento de datos personales relativos al incumplimiento de obligaciones dinerarias, financieras o de crédito por sistemas comunes de información crediticia, se presuma lícito, los datos únicamente se mantendrán en el sistema mientras persista el incumplimiento, con el límite máximo, desde la fecha de vencimiento de la obligación dineraria, financiera o de crédito, de:

a) Un año.
b) Tres años.
c) Cuatro años.
d) Cinco años.

50. Salvo cuando los datos hubieran de ser conservados para acreditar la comisión de actos que atenten contra la integridad de personas, bienes o instalaciones, los datos del tratamiento de imágenes a través de sistemas de cámaras o videocámaras serán suprimidos en el plazo máximo, desde su captación, de:

a) 15 días.
b) Un mes.
c) Tres meses.
d) Seis meses.

Solución al test n.º 16

1. b) Transparencia.

2. b) Que perciban durante el período de un año ayudas o subvenciones públicas en una cuantía superior a 100.000 euros o cuando al menos el 40 % del total de sus ingresos anuales tengan carácter de ayuda o subvención pública, siempre que alcancen como mínimo la cantidad de 5.000 euros.

3. a) 50.000 euros.

4. c) Relativas a información para cuya divulgación sea necesaria una acción previa de reelaboración.

5. a) Solicitud previa.

6. c) Ponderación.

7. a) Tendrá la consideración de infracción grave.

8. a) Las Administraciones Públicas, en el ámbito de sus competencias, publicarán los proyectos de Reglamento cuya iniciativa les corresponda.

9. d) Las incompatibilidades.

10. b) La publicidad activa.

11. d) Todo lo anterior.

12. d) Se deja a la decisión del solicitante.

13. c) 50 por 100.

14. a) De una manera clara, estructurada y entendible para los interesados.

15. d) Accesibilidad universal y diseño para todos.

16. c) El personal adscrito.

17. d) Sí, en la medida en que supongan una interpretación del Derecho o tengan efectos jurídicos.

18. b) Las declaraciones anuales de bienes y actividades de los representantes locales, con especial referencia a los datos relativos a la localización concreta de los bienes inmuebles.

19. c) El honor de los funcionarios o cargos directivos.

20. a) 25 años.

21. d) La motivación de la solicitud.

22. b) Que se dirijan a un órgano en cuyo poder no obre la información.

23. a) 10 días.

24. d) 1 mes.

25. c) 10 días.

26. c) No podrá ser restringida ni prohibida por motivos relacionados con la protección de las personas físicas en lo que respecta al tratamiento de datos personales.

27. d) Principio de minimización de datos.

28. d) Quienes recopilen datos personales deben ser capaces de demostrar que el afectado les otorgó su consentimiento.

29. d) Transparente.

30. d) Podrán dirigirse al responsable o encargado del tratamiento al objeto de solicitar el acceso a los datos personales de aquella y, en su caso, su rectificación o supresión.

31. d) Por real decreto.

32. c) Inequívoca.

33. d) Legítimos.

34. a) Cuando así lo prevea una norma de Derecho de la Unión Europea o una norma con rango de ley.

35. d) El tratamiento es necesario por razones de interés público en el ámbito de la salud pública, como la protección frente a amenazas transfronterizas graves para la salud, o para garantizar elevados niveles de calidad y de seguridad de la asistencia sanitaria y de los medicamentos o productos sanitarios.

36. c) 14 años.

37. a) Sobre el responsable del tratamiento.

38. c) Los medios deberán ser fácilmente accesibles para el afectado.

39. c) Rectificación.

40. c) En este caso, solo será exigible al responsable del tratamiento la satisfacción del derecho de acceso sin dilaciones indebidas.

41. d) No discriminatorio.

42. c) Se podrá considerar repetitivo el ejercicio del derecho de acceso en más de una ocasión durante el plazo de seis meses, a menos que exista causa legítima para ello.

43. d) Corresponsables del tratamiento.

44. a) Bloquear los datos.

45. d) Sí, previa autorización por escrito, específica o general, del responsable.

46. a) El responsable del tratamiento determinará si los datos personales deben ser destruidos, devueltos al responsable o entregados, en su caso, a un nuevo encargado.

47. b) Seis meses.

48. d) Doce meses.

49. d) Cinco años.

50. b) Un mes.

Ley Orgánica 3/2007, de 22 de marzo, para la igualdad efectiva de mujeres y hombres: Objeto y ámbito de la ley. El principio de igualdad y la tutela contra la discriminación. Políticas públicas para la igualdad

Ley 7/2023, de 30 de noviembre, para la igualdad efectiva de mujeres y hombres de Galicia: Las condiciones de empleo en igualdad en la administración general de la Comunidad Autónoma de Galicia y en el sector público autonómico

1. El objeto y el ámbito de aplicación de la Ley para la Igualdad efectiva entre Mujeres y Hombres, vienen recogidos en su:

a) Disposición Final Primera.
b) Disposición Adicional Primera.
c) Título Primero.
d) Título Preliminar.

2. Según su artículo 1, la LO 3/2007 tiene por objeto hacer efectivo el derecho de:

a) Conciliación de la vida laboral y familiar de mujeres y hombres.
b) Igualdad de trato y de oportunidades entre mujeres y hombres.
c) Participación en los asuntos públicos en igualdad de condiciones.
d) No discriminación por razón de sexo.

3. Las obligaciones establecidas en la LO 3/2007 son de aplicación a:

a) A toda persona, física o jurídica, que se encuentre o actúe en territorio español, cualquiera que fuese su nacionalidad, domicilio o residencia.
b) A todos los ciudadanos españoles, ya sea en territorio español o territorio de cualquier país extranjero.

c) A toda persona, física o jurídica, que se encuentre o actúe en territorio español, con nacionalidad española.

d) A toda persona, física o jurídica, que resida en territorio español, cualquiera que fuese su nacionalidad.

4. Según el artículo 4 de la LO 3/2007, la igualdad de trato y de oportunidades entre mujeres y hombres:

a) Es un deber de las Administraciones Públicas.

b) Es una fuente formal del Derecho.

c) Es un principio informador del ordenamiento jurídico.

d) Es un objetivo fundamental del procedimiento administrativo.

5. El principio de igualdad de trato y de oportunidades entre mujeres y hombres:

a) Sólo se aplica en el ámbito del empleo público.

b) Se garantizará incluso en el acceso al trabajo por cuenta propia.

c) No se aplica en la afiliación y participación en organizaciones sindicales o empresariales.

d) Se garantizará en los términos que prevean los convenios colectivos.

6. La situación en que se encuentra una persona que sea, haya sido o pudiera ser tratada, en atención a su sexo, de manera menos favorable que otra en situación comparable, se considera:

a) Discriminación directa.

b) Acoso sexual.

c) Discriminación indirecta.

d) Violencia de género.

7. Una diferencia de trato basada en una característica relacionada con el sexo ¿constituye discriminación en el acceso al empleo?

a) Sí, en todo caso.

b) No, siempre que la formación necesaria se base en dicha característica.

c) No, siempre que dicha característica constituya un requisito profesional esencial y determinante.

d) No, si debido a la naturaleza de las actividades profesionales concretas o al contexto en el que se lleven a cabo, dicha característica constituya un requisito profesional esencial y determinante, siempre y cuando el objetivo sea legítimo y el requisito proporcionado.

8. En virtud del artículo 6.2 de la LO 3/2007, la situación en que una disposición, criterio o práctica aparentemente neutros pone a personas de un sexo en desventaja particular con respecto a personas del otro:

a) En cualquier caso constituirá discriminación directa.

b) En cualquier caso constituirá discriminación indirecta.

c) No se considera discriminación indirecta si dicha disposición, criterio o práctica pueden justificarse objetivamente en atención a una finalidad legítima y los medios para alcanzar dicha finalidad son necesarios y adecuados.

d) En ningún caso podrá considerarse discriminación.

9. Conforme al artículo 6.3 de la LO 3/2007, toda orden de discriminar por razón de sexo:

a) Sólo se considera discriminatoria si se ordena discriminar directamente.

b) En ningún caso se puede considerar discriminatoria.

c) Sólo se considera discriminatoria si ordena una discriminación indirecta.

d) En cualquier caso se considera discriminatoria, sea directa o indirecta.

10. A los efectos de la LO 3/2007, definimos como acoso sexual:

a) Cualquier comportamiento realizado en función del sexo de una persona, con el propósito o el efecto de atentar contra su dignidad y de crear un entorno intimidatorio, degradante u ofensivo.

b) La situación en que una disposición, criterio o práctica aparentemente neutros pone a personas de un sexo en desventaja particular con respecto a personas del otro, salvo que dicha disposición, criterio o práctica puedan justificarse objetivamente en atención a una finalidad legítima y que los medios para alcanzar dicha finalidad sean necesarios y adecuados.

c) Todo trato desfavorable a las mujeres relacionado con el embarazo o la maternidad.

d) Cualquier comportamiento, verbal o físico, de naturaleza sexual que tenga el propósito o produzca el efecto de atentar contra la dignidad de una persona, en particular cuando se crea un entorno intimidatorio, degradante u ofensivo.

11. Según el artículo 8 de la LO 3/2007, todo trato desfavorable a las mujeres relacionado con el embarazo o la maternidad constituye:

a) Acoso sexual.

b) Acoso por razón de sexo.

c) Discriminación directa por razón de sexo.

d) Discriminación indirecta por razón de sexo.

12. Cualquier comportamiento realizado en función del sexo de una persona, con el propósito o el efecto de atentar contra su dignidad y de crear un entorno intimidatorio, degradante u ofensivo, constituye:

a) Discriminación directa.

b) Acoso sexual.

c) Acoso por razón de sexo.

d) Discriminación indirecta.

13. Conforme al artículo 7.4 de la LO 3/2007, el condicionamiento de un derecho o de una expectativa de derecho a la aceptación de una situación constitutiva de acoso sexual o de acoso por razón de sexo se considerará:

a) Acto de discriminación por razón de sexo.
b) Creación de un entorno intimidatorio, degradante u ofensivo.
c) Anulable y sin efecto.
d) Indemnizable.

14. En virtud del artículo 9 de la LO 3/2007, cualquier trato adverso o efecto negativo que se produzca en una persona como consecuencia de la presentación por su parte de queja, reclamación, denuncia, demanda o recurso, de cualquier tipo, destinados a impedir su discriminación y a exigir el cumplimiento efectivo del principio de igualdad de trato entre mujeres y hombres, se considerará:

a) Discriminación directa.
b) Discriminación por razón de sexo.
c) Injustificado.
d) Acoso sexual.

15. Para prevenir la realización de conductas discriminatorias en los actos y las cláusulas de los negocios jurídicos, el artículo 10 de la LO 3/2007 prevé la existencia de un sistema de sanciones eficaz y:

a) Proporcionado.
b) Comprensible.
c) Cuantificable.
d) Disuasorio.

16. Según el artículo 10 de la LO 3/2007, los actos y las cláusulas de los negocios jurídicos que constituyan o causen discriminación por razón de sexo se considerarán:

a) Válidos, pero anulables.
b) Nulos y sin efecto.
c) Ilegales.
d) Nulos, pero con efectos.

17. Conforme al artículo 12 de la LO 3/2007, cualquier persona podrá recabar de los tribunales la tutela del derecho a la igualdad entre mujeres y hombres, de acuerdo con lo establecido en el artículo 53.2 de la Constitución:

a) Siempre que la relación en la que supuestamente se produce la discriminación se encuentre vigente.
b) Incluso tras la terminación de la relación en la que supuestamente se ha producido la discriminación.

c) Siempre que se haya dado por terminada la relación en la que supuestamente se produce la discriminación.

d) A menos que se haya procedido a la suspensión de la relación en la que supuestamente se produce la discriminación.

18. La capacidad y la legitimación para intervenir en los procesos civiles, sociales y contencioso-administrativos que versen sobre la defensa del derecho de igualdad entre mujeres y hombres, corresponden a:

a) La persona acosada, únicamente.
b) Cualquier ciudadano.
c) Las personas físicas y jurídicas con interés legítimo.
d) Cualquier persona jurídica.

19. La persona acosada será la única legitimada en los litigios:

a) Sobre discriminación directa.
b) Sobre acoso sexual y acoso por razón de sexo.
c) Sobre acoso sexual únicamente.
d) Únicamente sobre acoso por razón de sexo.

20. El artículo 14 de la LO 3/2007 señala como uno de los criterios generales de actuación de los Poderes Públicos para el cumplimiento de los fines de esta ley, la participación equilibrada de mujeres y hombres en:

a) Los órganos colegiados de organismos públicos.
b) Los órganos directivos de las empresas de más de 250 trabajadores.
c) Los tribunales de selección y de decisión.
d) Las candidaturas electorales y en la toma de decisiones.

21. Un criterio general de actuación de los Poderes Públicos, según el artículo 14 de la LO 3/2007, es el establecimiento de medidas que aseguren la .... del trabajo y de la vida personal y familiar de las mujeres y los hombres, así como el fomento de la .... en las labores domésticas y en la atención a la familia. Qué dos palabras completan acertadamente la frase anterior:

a) Conciliación y corresponsabilidad.
b) Estabilidad y cooperación.
c) Corresponsabilidad y cooperación.
d) Estabilidad y conciliación.

22. Según el artículo 15 de la Ley para la Igualdad efectiva entre Mujeres y Hombres, el principio de igualdad de trato y oportunidades informará la actuación de todos los poderes públicos:

a) Con carácter transversal.
b) De forma equilibrada.

c) Solo cuando se trate de colectivos de especial vulnerabilidad o de violencia de hecho.
d) Con carácter no vinculante.

23. Conforme al artículo 15 de la LO 3/2007, las Administraciones Públicas integrarán el principio de igualdad de trato y oportunidades entre hombres y mujeres en la adopción y ejecución de sus disposiciones normativas, en la definición y presupuestación de políticas públicas en todos los ámbitos y en el desarrollo del conjunto de todas sus actividades, de forma:

a) Activa.
b) Inteligente.
c) Visible.
d) Coordinada.

24. Según el artículo 16 de la LO 3/2007, los poderes públicos:

a) Procurarán atender al principio de presencia equilibrada de mujeres y hombres en los nombramientos y designaciones de los cargos de responsabilidad que les correspondan.
b) Podrán atender al principio de presencia equilibrada de mujeres y hombres en los nombramientos y designaciones de los cargos de responsabilidad que les correspondan.
c) Deberán atender al principio de presencia equilibrada de mujeres y hombres en los nombramientos y designaciones de los cargos de responsabilidad que les correspondan.
d) Obligarán atender al principio de presencia equilibrada de mujeres y hombres en los nombramientos y designaciones de los cargos de responsabilidad que les correspondan.

25. Según el artículo 17 de la LO 3/2007, el Gobierno, en las materias que sean de la competencia del Estado, aprobará un Plan Estratégico de Igualdad de Oportunidades:

a) Anualmente.
b) Bianualmente.
c) Cada cuatro años.
d) Periódicamente.

26. El artículo 18 de la LO 3/2007, exige al Gobierno la elaboración de un informe periódico sobre el conjunto de sus actuaciones en relación con la efectividad del principio de igualdad entre mujeres y hombres. Los términos en que se elaborarán estos informes se determinarán:

a) Por ley orgánica.
b) Por ley.
c) Reglamentariamente.
d) En una ley de bases.

27. El Gobierno dará cuenta del informe sobre el conjunto de sus actuaciones en relación con la efectividad del principio de igualdad entre mujeres y hombres:

a) Al Congreso de los Diputados.
b) A las Cortes Generales.
c) A las asociaciones y organizaciones de mujeres.
d) Al Defensor del Pueblo.

28. Los proyectos de disposiciones de carácter general y los planes de especial relevancia económica, social, cultural y artística que se sometan a la aprobación del Consejo de Ministros deberán incorporar:

a) Un Plan Estratégico de Igualdad de Oportunidades.
b) Una estadística o encuesta que posibilite el conocimiento de las diferencias en los valores, roles, situaciones y condiciones, de mujeres y hombres en el ámbito de acción del proyecto o plan.
c) Un informe periódico sobre el conjunto de sus actuaciones en relación con la efectividad del principio de igualdad entre mujeres y hombres.
d) Un informe sobre su impacto por razón de género.

29. El artículo 20 de la LO 3/2007, establece una serie de medidas obligatorias a las que se someterán los estudios y estadísticas que elaboren los poderes públicos. Cuál de las siguientes es una de dichas medidas:

a) Excluir sistemáticamente la variable de sexo en las estadísticas, encuestas y recogida de datos que lleven a cabo.
b) Realizar muestras lo suficientemente amplias para evitar que las diversas variables incluidas puedan ser explotadas y analizadas en función de la variable de sexo.
c) Explotar los datos de que disponen de modo que se puedan conocer las diferentes situaciones, condiciones, aspiraciones y necesidades de mujeres y hombres en los diferentes ámbitos de intervención.
d) Establecer e incluir en las operaciones estadísticas nuevos indicadores que posibiliten un mejor conocimiento de las similitudes en los valores, roles, situaciones, condiciones, aspiraciones y necesidades de mujeres y hombres.

30. Conforme al artículo 22 de la LO 3/2007, las corporaciones locales, con el fin de avanzar hacia un reparto equitativo de los tiempos entre mujeres y hombres, podrán establecer:

a) Planes Municipales de Empleo con perspectiva de género.
b) Ordenanzas de regulación del tiempo.
c) Ordenanzas o Edictos de representación equilibrada en los tiempos de la ciudad.
d) Planes Municipales de organización del tiempo de la ciudad.

31. Según su artículo 1.1, el objeto de la *Ley 7/2023, de 30 de noviembre, para la igualdad efectiva de mujeres y hombres de Galicia*, es:

a) Actuar contra la violencia que, como manifestación de la discriminación, la situación de desigualdad y las relaciones de poder de los hombres sobre las mujeres, se ejerce sobre éstas por parte de quienes sean o hayan sido sus cónyuges o de quienes estén o hayan estado ligados a ellas por relaciones similares de afectividad, aun sin convivencia.

b) Hacer efectivo el derecho de igualdad de trato y oportunidades entre mujeres y hombres para, en el desarrollo de los artículos 9.2 y 14 de la Constitución y 4 del Estatuto de Autonomía para Galicia, seguir avanzando hacia una sociedad más democrática, más justa y más solidaria.

c) Regular los derechos y deberes de las personas físicas y jurídicas, tanto públicas como privadas, previendo medidas destinadas a eliminar y corregir en los sectores público y privado de la Comunidad Autónoma de Galicia, toda forma de discriminación por razón de sexo.

d) Reforzar el compromiso de la Comunidad Autónoma de Galicia con la eliminación de la discriminación de las mujeres y con la promoción de la igualdad entre mujeres y hombres.

32. Según el artículo 2 de la Ley 7/2023, la igualdad de trato y de oportunidades entre mujeres y hombres:

a) Es un deber de las Administraciones Públicas gallegas.

b) Es una fuente formal del Derecho autonómico.

c) Es un principio informador del ordenamiento jurídico autonómico.

d) Es un objetivo fundamental del procedimiento administrativo en Galicia.

33. Según el artículo 4.2 de la Ley 7/2023, la situación en que se encuentra una persona que sea, haya sido o pudiera ser tratada, en atención a su sexo, de manera menos favorable que otra en situación comparable, se considera:

a) Discriminación directa.

b) Acoso sexual.

c) Discriminación indirecta.

d) Violencia de género.

34. En virtud del artículo 4.3 de la Ley 7/2023, la situación en que una disposición, criterio o práctica aparentemente neutros pone a personas de un sexo en desventaja particular con respecto a personas del otro:

a) En cualquier caso constituirá discriminación directa.

b) En cualquier caso constituirá discriminación indirecta.

c) No se considera discriminación indirecta si dicha disposición, criterio o práctica pueden justificarse objetivamente en atención a una finalidad legítima y los medios para alcanzar dicha finalidad son necesarios y adecuados.

d) En ningún caso podrá considerarse discriminación.

35. Según el artículo 5.1 de la Ley 7/2023, en el ámbito de acceso al empleo, incluida la formación correspondiente, no constituye discriminación por razón de sexo la diferencia de trato en base a una característica relacionada con el sexo de una persona cuando, debido a la naturaleza de las actividades profesionales concretas o al contexto en que se lleven a cabo, dicha característica constituya un requisito profesional esencial y determinante, siempre y cuando su objetivo sea legítimo y el requisito sea:

a) Proporcionado.
b) Inequívoco.
c) Justo.
d) Mesurable.

36. Según el artículo 7 de la Ley 7/2023, todo trato desfavorable a las mujeres relacionado con el embarazo o la maternidad constituye:

a) Acoso sexual.
b) Acoso por razón de sexo.
c) Discriminación directa por razón de sexo.
d) Discriminación indirecta por razón de sexo.

37. Cómo denomina el artículo 10 de la Ley 7/2023 a la discriminación por razón de sexo que se funda, por parte del sujeto discriminador, en una apreciación incorrecta del embarazo, la maternidad, las obligaciones familiares o el estado civil de la persona víctima:

a) Discriminación sexista prejuiciosa.
b) Discriminación sexista machista.
c) Discriminación sexista por error.
d) Discriminación sexista por asociación.

38. Siguiendo el artículo 11 de la Ley 7/2023, ¿cuándo se produce discriminación sexista interseccional?:

a) Cuando, junto al sexo, concurren o interactúan otra u otras causas de discriminación, generando una forma específica de discriminación.
b) Cuando se sufre por razón del sexo, el embarazo, el parto o la maternidad, de la asunción de obligaciones familiares o del estado civil de otra persona con la que se estuviera relacionado.
c) Cuando una persona es discriminada de manera simultánea o consecutiva por razón de sexo y por otra u otras causas de discriminación.
d) Cuando la recibe el hombre por razón de su paternidad.

39. En virtud del artículo 12 de la Ley 7/2023, cualquier trato adverso o efecto negativo que se produzca en una persona como consecuencia de la presentación por su parte de queja, reclamación, denuncia, demanda o recurso, de cualquier tipo, destinados a impedir su discriminación y a exigir el cumplimiento efectivo del principio de igualdad de trato entre mujeres y hombres, se considerará:

a) Discriminación directa.
b) Discriminación por razón de sexo.
c) Injustificado.
d) Acoso sexual.

40. Según establece el artículo 13 de la Ley 7/2023, con el fin de hacer efectivo el derecho constitucional de la igualdad, los Poderes Públicos de Galicia adoptarán medidas específicas en favor de las mujeres para corregir situaciones patentes de desigualdad de hecho respecto de los hombres. Tales medidas, que serán aplicables en tanto subsistan dichas situaciones, habrán de ser en relación con el objetivo perseguido en cada caso razonables y:

a) Justificadas.
b) Autorizadas judicialmente.
c) Transparentes.
d) Proporcionadas.

41. Siguiendo el artículo 16 de la Ley 7/2023, ¿qué palabra falta en la siguiente frase?: "Con arreglo al ejercicio de los derechos de conciliación de la vida personal, familiar y laboral, como manifestación del derecho de las mujeres y hombres a la libre configuración de su tiempo, se promoverá la .... a través del reparto equilibrado entre mujeres y hombres de las obligaciones familiares, las tareas domésticas y el cuidado de personas dependientes mediante la individualización de los derechos y el fomento de su asunción por parte de los hombres y la prohibición de discriminación basada en su libre ejercicio por parte de estos".

a) Corresponsabilidad.
b) Equiparación.
c) Alternancia.
d) Cooperación.

42. Según dispone el artículo 17 de la Ley 7/2023, a través de la promoción de la igualdad de oportunidades entre mujeres y hombres, se buscará que la igualdad y libertad de las personas, con independencia de su sexo y de los estereotipos de género, sean reales y:

a) Equiparables.
b) Efectivas.
c) Frecuentes.
d) Permanentes.

43. A efectos de la Ley 7/2023, al conjunto de construcciones sociales, educativas y culturales de los roles, rasgos de la personalidad, actitudes, actividades, comportamientos, valores, apariencia externa, imagen o expectativas sociales que se asocian o atribuyen de forma diferencial en una determinada sociedad a mujeres y hombres, se le entenderá como:

a) Sexo.
b) Sexismo.
c) Género.
d) Estereotipo.

44. En aplicación del principio de transversalidad de la dimensión de género, la Administración general de la Comunidad Autónoma de Galicia y el sector público autonómico establecen como uno de sus criterios de su actuación y para evitar los efectos negativos sobre los derechos de la mujer, el fomento de la comprensión de la maternidad como:

a) Una función social.
b) Una solución política.
c) Una necesidad existencial.
d) Un don divino.

45. Según el artículo 31 de la Ley 7/2023, ¿en qué consiste el uso no sexista del lenguaje?

a) En la utilización de ambos géneros de forma arbitraria.
b) En la utilización de expresiones lingüísticamente correctas substitutivas de otras que invisibilizan el femenino o que lo sitúan en un plano secundario respecto al masculino.
c) En la utilización de los dos géneros de forma conjunta; primero el femenino y después el masculino.
d) En la utilización en el lenguaje de expresiones neutras, que no se puedan asociar a ninguno de los géneros.

46. ¿Cuál de los siguientes no es un criterio mencionado en el artículo 148 de la Ley 7/2023 para fomentar la igualdad en el empleo público?

a) Remover obstáculos que impliquen discriminación en el acceso al empleo público.
b) Garantizar la implementación del teletrabajo con perspectiva de género.
c) Fomentar la contratación exclusiva de mujeres en cargos de dirección.
d) Facilitar la conciliación de la vida personal, familiar y laboral sin menoscabo de la promoción profesional.

47. Según el artículo 72 de la Ley 2/2015, ¿qué están obligadas a hacer las administraciones públicas en relación con la igualdad de trato?

a) Respetar la igualdad de trato y adoptar medidas para evitar cualquier tipo de discriminación laboral entre mujeres y hombres.
b) Implementar cuotas de género en todos los niveles de empleo público.

c) Contratar exclusivamente a mujeres en áreas de alta dirección.

d) Reducir la jornada laboral de las mujeres para promover la igualdad.

48. ¿A quién corresponde en la Comunidad Autónoma de Galicia velar por la aplicación de la transversalidad de la igualdad en el ámbito del empleo público, según el artículo 149 de la Ley 7/2023?

a) A la Consellería de Sanidad.

b) Al Consejo de Gobierno.

c) Al Parlamento de Galicia.

d) A la Consellería de Hacienda y Administración Pública, en colaboración con la Consellería de Política Social e Igualdad.

49. ¿Qué establece el artículo 150 de la Ley 7/2023 en relación con la composición del personal en la Administración autonómica?

a) El fomento de la contratación exclusiva de mujeres en altos cargos.

b) El fomento de la composición equilibrada entre los sexos en todos los cuerpos y categorías del personal.

c) La garantía de que siempre haya más mujeres que hombres en los puestos de responsabilidad.

d) El aumento del número de funcionarios hombres en los puestos administrativos.

50. Según el artículo 151, ¿cuál es la finalidad del informe de impacto de género de las ofertas de empleo público?

a) Detectar situaciones de desventaja entre mujeres y hombres en la oferta de empleo público.

b) Garantizar que las ofertas sean aprobadas por la Comisión de Personal.

c) Exigir la contratación de un número igual de mujeres y hombres en todos los puestos.

d) Establecer un sistema de cuotas de género.

51. ¿Qué instrucción deben seguir los órganos de selección del personal en la Administración pública gallega según el artículo 152 de la Ley 7/2023?

a) Contratación prioritaria de mujeres en todos los cuerpos y escalas.

b) Composición de los órganos de selección de forma equilibrada entre mujeres y hombres, con una diferencia no mayor a uno si el número de miembros es impar.

c) Exclusión de hombres de los órganos de selección en caso de infrarrepresentación femenina.

d) Alternancia entre mujeres y hombres en los órganos de selección, sin importar el número de miembros.

52. Según señala el artículo 153 de la Ley 7/2023, se entiende que existe infrarre-presentación cuando en el cuerpo, escala, grupo o categoría exista una diferencia porcentual entre el número de mujeres y el número de hombres de, al menos:

a) 20 puntos.
b) 30 puntos.
c) 40 puntos.
d) 50 puntos.

53. ¿Qué establece el artículo 154 de la Ley 7/2023 en caso de que, en un proceso selectivo, el parto de una aspirante coincida con la fecha del examen?

a) Se permite que otra persona realice el examen en su lugar.
b) Se contempla el aplazamiento de la fecha del examen para la aspirante.
c) La aspirante pierde el derecho a realizar el examen.
d) Se permite que realice el examen en una fecha anterior al parto.

54. ¿Qué establece el artículo 156 de la Ley 7/2023 sobre la formación en igualdad en la Administración general de la Comunidad Autónoma de Galicia?

a) Que la formación en igualdad es opcional para el personal.
b) Que se debe garantizar la formación continua en igualdad y prevención de violencia de género para todo el personal.
c) Que solo las mujeres deben recibir formación en igualdad.
d) Que la formación en igualdad se aplicará preferentemente a los cargos de dirección.

55. ¿Cuál es la duración mínima de la formación de nivel medio en igualdad y prevención de la violencia de género para el personal de la Administración General de la Comunidad Autónoma de Galicia y del sector público autonómico, según el artículo 157 de la Ley 7/2023?

a) 20 horas.
b) 50 horas.
c) 150 horas.
d) 500 horas.

56. Según el artículo 158 de la Ley 7/2023, ¿qué deben incluir los temarios de los procesos de selección y promoción interna en la Administración gallega?

a) Contenidos sobre igualdad de género y prevención de la violencia de género.
b) Contenidos sobre legislación laboral exclusivamente.
c) Formación en administración financiera.
d) Contenidos sobre derechos laborales, excluyendo la igualdad de género.

57. ¿Qué establece el artículo 28 del Estatuto de los Trabajadores sobre la igualdad retributiva?

a) Que solo se aplica a empleados del sector privado.

b) Que las empresas pueden pagar menos a las mujeres si lo justifican.

c) Que las empresas deben pagar más a los hombres en trabajos de alto riesgo.

d) Que el empresario debe pagar igual salario por trabajos de igual valor, sin discriminación por sexo.

58. ¿Qué instrumento mencionado en el artículo 3 del RD 902/2020 ayuda a garantizar la transparencia retributiva?

a) Auditoría retributiva.

b) Declaración de salarios.

c) Registro de empleados.

d) Informe de rendimiento laboral.

59. ¿Qué características deben tener las salas de lactancia según el artículo 161 de la Ley 7/2023?

a) Solo podrán ser utilizadas por madres lactantes.

b) Deberán tener cambiadores y calentador de leche.

c) Estarán abiertas solo para la lactancia natural.

d) Solo podrán usarlas las madres embarazadas.

60. ¿Quiénes tienen preferencia en las convocatorias de actividades formativas autonómicas, según el artículo 162 de la Ley 7/2023?

a) Personas que hayan disfrutado de permisos relacionados con el cuidado de hijos o familiares en los dos años previos.

b) Personal en excedencia sin motivos de conciliación.

c) Personas que hayan cambiado de puesto de trabajo recientemente.

d) Personas próximas a la edad de jubilación.

61. Según el artículo 163 de la Ley 7/2023, ¿qué grupo tiene derecho preferente para acceder al teletrabajo sin límite temporal?

a) Las trabajadoras embarazadas.

b) Las personas con hijos menores de tres años.

c) Las víctimas de violencia de género.

d) Las personas que solicitan excedencia.

62. Según el artículo 164 de la Ley 7/2023, ¿qué derecho tienen las personas te-letrabajadoras en relación con la conciliación?

a) Solo tienen derecho a adaptaciones de la jornada laboral.
b) Tienen los mismos derechos de conciliación que las personas que trabajan presencialmente.
c) No tienen derecho a reducción de jornada.
d) Solo tienen derecho a flexibilidad horaria.

63. ¿Qué tipo de protocolo contra el acoso sexual debe formar parte del plan de igualdad según el artículo 166 de la Ley 7/2023?

a) Un protocolo centrado en la mediación externa.
b) Un protocolo informal que sea confidencial.
c) Un protocolo aprobado por la Xunta de Galicia.
d) Un protocolo propuesto por los sindicatos.

64. En el procedimiento informal de solución, ¿quién tiene la responsabilidad de recibir las quejas de acoso sexual o por razón de sexo según el artículo 169 de la Ley 7/2023?

a) El jefe inmediato de la persona afectada.
b) Un asesor o asesora confidencial designado.
c) Un comité de evaluación laboral.
d) Un delegado sindical.

65. ¿Qué derecho garantiza el artículo 170 de la Ley 7/2023 a las personas que denuncian situaciones de acoso sexual o por razón de sexo?

a) La confidencialidad durante el procedimiento.
b) La posibilidad de seguir trabajando a distancia.
c) Una indemnización automática.
d) Un traslado inmediato de puesto de trabajo.

Solución al test n.º 17

1. d) Título Preliminar.

2. b) Igualdad de trato y de oportunidades entre mujeres y hombres.

3. a) A toda persona, física o jurídica, que se encuentre o actúe en territorio español, cualquiera que fuese su nacionalidad, domicilio o residencia.

4. c) Es un principio informador del ordenamiento jurídico.

5. b) Se garantizará incluso en el acceso al trabajo por cuenta propia.

6. a) Discriminación directa.

7. d) No, si debido a la naturaleza de las actividades profesionales concretas o al contexto en el que se lleven a cabo, dicha característica constituya un requisito profesional esencial y determinante, siempre y cuando el objetivo sea legítimo y el requisito proporcionado.

8. c) No se considera discriminación indirecta si dicha disposición, criterio o práctica pueden justificarse objetivamente en atención a una finalidad legítima y los medios para alcanzar dicha finalidad son necesarios y adecuados.

9. d) En cualquier caso se considera discriminatoria, sea directa o indirecta.

10. d) Cualquier comportamiento, verbal o físico, de naturaleza sexual que tenga el propósito o produzca el efecto de atentar contra la dignidad de una persona, en particular cuando se crea un entorno intimidatorio, degradante u ofensivo.

11. c) Discriminación directa por razón de sexo.

12. c) Acoso por razón de sexo.

13. a) Acto de discriminación por razón de sexo.

14. b) Discriminación por razón de sexo.

15. d) Disuasorio.

16. b) Nulos y sin efecto.

17. b) Incluso tras la terminación de la relación en la que supuestamente se ha producido la discriminación.

18. c) Las personas físicas y jurídicas con interés legítimo.

19. b) Sobre acoso sexual y acoso por razón de sexo.

20. d) Las candidaturas electorales y en la toma de decisiones.

21. a) Conciliación y corresponsabilidad.

22. a) Con carácter transversal.

23. a) Activa.

24. a) Procurarán atender al principio de presencia equilibrada de mujeres y hombres en los nombramientos y designaciones de los cargos de responsabilidad que les correspondan.

25. d) Periódicamente.

26. c) Reglamentariamente.

27. b) A las Cortes Generales.

28. d) Un informe sobre su impacto por razón de género.

29. c) Explotar los datos de que disponen de modo que se puedan conocer las diferentes situaciones, condiciones, aspiraciones y necesidades de mujeres y hombres en los diferentes ámbitos de intervención.

30. d) Planes Municipales de organización del tiempo de la ciudad.

31. d) Reforzar el compromiso de la Comunidad Autónoma de Galicia con la eliminación de la discriminación de las mujeres y con la promoción de la igualdad entre mujeres y hombres.

32. c) Es un principio informador del ordenamiento jurídico autonómico.

33. a) Discriminación directa.

34. c) No se considera discriminación indirecta si dicha disposición, criterio o práctica pueden justificarse objetivamente en atención a una finalidad legítima y los medios para alcanzar dicha finalidad son necesarios y adecuados.

35. a) Proporcionado.

36. c) Discriminación directa por razón de sexo.

37. c) Discriminación sexista por error.

38. a) Cuando, junto al sexo, concurren o interactúan otra u otras causas de discriminación, generando una forma específica de discriminación.

39. b) Discriminación por razón de sexo.

40. d) Proporcionadas.

41. a) Corresponsabilidad.

42. b) Efectivas.

43. c) Género.

44. a) Una función social.

45. b) En la utilización de expresiones lingüísticamente correctas substitutivas de otras que invisibilizan el femenino o que lo sitúan en un plano secundario respecto al masculino.

46. c) Fomentar la contratación exclusiva de mujeres en cargos de dirección.

47. a) Respetar la igualdad de trato y adoptar medidas para evitar cualquier tipo de discriminación laboral entre mujeres y hombres.

48. d) A la Consellería de Hacienda y Administración Pública, en colaboración con la Consellería de Política Social e Igualdad.

49. b) El fomento de la composición equilibrada entre los sexos en todos los cuerpos y categorías del personal.

50. a) Detectar situaciones de desventaja entre mujeres y hombres en la oferta de empleo público.

51. b) Composición de los órganos de selección de forma equilibrada entre mujeres y hombres, con una diferencia no mayor a uno si el número de miembros es impar.

52. a) 20 puntos.

53. b) Se contempla el aplazamiento de la fecha del examen para la aspirante.

54. b) Que se debe garantizar la formación continua en igualdad y prevención de violencia de género para todo el personal.

55. c) 150 horas.

56. a) Contenidos sobre igualdad de género y prevención de la violencia de género.

57. d) Que el empresario debe pagar igual salario por trabajos de igual valor, sin discriminación por sexo.

58. a) Auditoría retributiva.

59. b) Deberán tener cambiadores y calentador de leche.

60. a) Personas que hayan disfrutado de permisos relacionados con el cuidado de hijos o familiares en los dos años previos.

61. c) Las víctimas de violencia de género.

62. b) Tienen los mismos derechos de conciliación que las personas que trabajan presencialmente.

63. c) Un protocolo aprobado por la Xunta de Galicia.

64. b) Un asesor o asesora confidencial designado.

65. a) La confidencialidad durante el procedimiento.

Funcionamiento electrónico del sector público (Cap. V de la Ley 40/2015, de 1 de octubre, del régimen jurídico del sector público)

Ordenanza reguladora de la administración digital en el Ayuntamiento de A Coruña: Derechos y deberes de la ciudadanía en relación con la administración digital. Red de apoyo a la administración digital. Notificaciones

1. Conforme al artículo 9.2 de la LPACAP, los interesados podrán identificarse electrónicamente ante las Administraciones Públicas a través de cualquier sistema que cuente con un registro previo como usuario que permita garantizar su:

a) Identidad.
b) Motivación.
c) Consentimiento.
d) Ubicación.

2. Según el artículo 155.1 de la LRJSP, cada Administración deberá facilitar el acceso de las restantes Administraciones Públicas a los datos relativos a los interesados que obren en su poder, especificando las condiciones, protocolos y criterios funcionales o técnicos necesarios para acceder a dichos datos con las máximas garantías de seguridad, integridad y:

a) Confidencialidad.
b) Transparencia.
c) Interoperabilidad.
d) Disponibilidad.

3. En relación con el tipo de comunicación del interesado con la Administración no es cierto que:

a) Las personas físicas puedan elegir en todo momento si se comun can con las Administraciones Públicas para el ejercicio de sus derechos y obligaciones a través de medios electrónicos o no, salvo que estén obligadas a relacionarse a través de medios electrónicos con las Administraciones Públicas.

b) Las Administraciones puedan establecer la obligación de relacionarse con ellas a través de medios electrónicos para determinados procedimientos y para ciertos colectivos de personas físicas.

c) Las personas jurídicas están obligadas a relacionarse a través de medios electrónicos con las Administraciones Públicas para la realización de cualquier trámite de un procedimiento administrativo.

d) El medio elegido por la persona para comunicarse con las Administraciones Públicas no puede ser modificado a lo largo del procedimiento.

4. Según el artículo 14 de la LPACAP, NO están obligados a relacionarse electrónicamente con las Administraciones Públicas para la realización de cualquier trámite de un procedimiento administrativo:

a) Los empleados de las Administraciones Públicas en toda relación con estas.

b) Los notarios, en el ejercicio de su actividad profesional.

c) Los registradores mercantiles, en el ejercicio de su actividad profesional.

d) Las entidades sin personalidad jurídica.

5. ¿Pueden las Administraciones Públicas establecer la obligación de relacionarse con ellas a través de medios electrónicos a otros colectivos distintos de los que la LPACAP menciona expresamente en su artículo 14.2?

a) No, solo podrá obligarse a los mencionados en dicho artículo.

b) También están obligados los colectivos de personas físicas que por su capacidad económica tengan acceso a los medios electrónicos necesarios.

c) Sí, para determinados procedimientos, si así se recoge expresamente en una ley.

d) Sí, podrá obligarse reglamentariamente para determinados procedimientos y para ciertos colectivos de personas físicas que, por razón de su capacidad económica, técnica, dedicación profesional u otros motivos quede acreditado que tienen acceso y disponibilidad de los medios electrónicos necesarios.

6. Conforme al artículo 9 de la LPACAP (en redacción dada por la Ley 11/2022, de 28 de junio), los interesados podrán identificarse electrónicamente ante las Administraciones Públicas a través de cualquier sistema que las Administraciones públicas consideren válido en los términos y condiciones que se establezca, siempre que cuenten con un registro previo como usuario que permita garantizar su identidad y previa comunicación a la Secretaría General de Administración Digital del Ministerio de Asuntos Económicos y Transformación Digital. De forma previa a la eficacia jurídica del sistema, habrá de transcurrir desde dicha comunicación el siguiente plazo, durante el cual el órgano estatal competente por motivos de seguridad pública podrá acudir a la vía jurisdiccional, previo informe vinculante de la Secretaría de Estado de Seguridad:

a) 1 mes.

b) 2 meses.

c) 3 meses.

d) 6 meses.

7. El Reglamento (UE) 910/2014 la define como "aquella firma electrónica que cumple con los siguientes requisitos: estar vinculada al firmante de manera única; permitir la identificación del firmante; haber sido creada utilizando datos de creación de la firma electrónica que el firmante puede utilizar, con un alto nivel de confianza, bajo su control exclusivo; estar vinculada con los datos firmados por la misma de modo tal que cualquier modificación ulterior de los mismos sea detectable". Se trata de la:

a) Firma electrónica reconocida.
b) Firma electrónica avanzada.
c) Firma electrónica certificada.
d) Firma electrónica cualificada.

8. Señala la palabra que falta, según el artículo 12.1 de la LPACAP. Las Administraciones Públicas deberán garantizar que los interesados pueden relacionarse con la Administración a través de medios electrónicos, para lo que pondrán a su disposición los ………….. de acceso que sean necesarios así como los sistemas y aplicaciones que en cada caso se determinen:

a) Portales.
b) Servidores.
c) Canales.
d) Códigos.

9. Una condición para que pueda realizarse válidamente la identificación o firma electrónica en el procedimiento administrativo del interesado por un funcionario público mediante el uso del sistema de firma electrónica del que esté dotado para ello, es que:

a) El interesado disponga de los medios electrónicos necesarios.
b) El interesado esté obligado a relacionarse con la Administración por medios electrónicos.
c) El interesado se identifique ante el funcionario y preste su consentimiento expreso para esta actuación.
d) El interesado sea una persona física o jurídica.

10. Según el artículo 38.3 de la LRJSP, cada Administración Pública determinará las condiciones e instrumentos de creación de las sedes electrónicas, con sujeción a varios principios, entre los que no figura el de:

a) Neutralidad.
b) Accesibilidad.
c) Coordinación.
d) Publicidad.

11. Se define en el artículo 39 de la LRJSP como el punto de acceso electrónico cuya titularidad corresponda a una Administración Pública, organismo público o entidad de Derecho Público que permite el acceso a través de internet a la información publicada y, en su caso, a la sede electrónica correspondiente:

a) Portal de transparencia.
b) Plataforma oficial.
c) Portal web.
d) Portal de internet.

12. Según el artículo 41.1 de la LRJSP, se entiende por actuación administrativa automatizada:

a) Cualquier acto o actuación realizada íntegramente a través de medios electrónicos por una Administración Pública en el marco de un procedimiento administrativo y en la que no haya intervenido de forma directa un empleado público.
b) Cualquier acto o actuación realizada al menos en parte a través de medios electrónicos por una Administración Pública en el marco de un procedimiento administrativo y en la que no haya intervenido de forma directa un empleado público.
c) Cualquier acto o actuación realizada íntegramente a través de medios electrónicos por una Administración Pública en el marco de un procedimiento administrativo y en la que haya intervenido de forma directa un empleado público.
d) Cualquier acto o actuación realizada al menos en parte a través de medios electrónicos por una Administración Pública en el marco de un procedimiento administrativo y en la que haya intervenido de forma directa un empleado público.

13. En relación con la firma electrónica del personal al servicio de las Administraciones Públicas, es cierto que:

a) En ningún caso, los sistemas de firma electrónica podrán referirse solo el número de identificación profesional del empleado público.
b) La actuación de una Administración Pública, órgano, organismo público o entidad de derecho público, cuando utilice medios electrónicos, se realizará mediante firma electrónica del titular del órgano o empleado público.
c) Cada Administración Pública determinará los sistemas de firma electrónica que debe utilizar su personal, los cuales deberán identificar de forma separada al titular del puesto de trabajo o cargo y a la Administración u órgano en la que presta sus servicios.
d) Con el fin de favorecer la interoperabilidad y posibilitar la verificación automática de la firma electrónica de los documentos electrónicos, cuando una Administración utilice sistemas de firma electrónica distintos de aquellos basados en certificado electrónico reconocido o cualificado, para remitir o poner a disposición de otros órganos, organismos públicos, entidades de Derecho Público o Administraciones la documentación firmada electrónicamente, deberá superponer un sello electrónico basado en un certificado electrónico reconocido.

14. La Ordenanza de administración digital figura como uno de los elementos tractores definidos por el Ayuntamiento de A Coruña, cuya finalidad es configurar un entorno tecnológico municipal que presenta múltiples objetivos. Indica cuáles son estos objetivos:

a) Disminución de los tiempos de resolución de trámites.

b) Simplificación y automatización de procedimientos y procesos a través de tecnologías emergentes.

c) Homogeneización y normalización de actuaciones administrativas e incremento de la interoperabilidad de la entidad local con otras administraciones públicas, a nivel local, autonómico, nacional y europeo.

d) Todas son correctas.

15. El Título I, Preliminar, de la Ordenanza reguladora de la administración digital en el Ayuntamiento de A Coruña regula en su Capítulo 2 los derechos y deberes de la ciudadanía en relación con la administración digital. Indica en cuántas secciones se divide este Capítulo:

a) 2.

b) 3.

c) 4.

d) 5.

16. El Título I, Preliminar, de la Ordenanza reguladora de la administración digital en el Ayuntamiento de A Coruña regula en su Capítulo 2 los derechos y deberes de la ciudadanía en relación con la administración digital. Indica a través de qué artículos:

a) 10 a 16.

b) 11 a 16.

c) 10 a 17.

d) 12 a 16.

17. En el marco de la Ordenanza reguladora de la administración digital en el Ayuntamiento de A Coruña, se reconoce a la ciudadanía los derechos enunciados en:

a) El artículo 11 de la Ley 39/2015, de 2 de octubre, del procedimiento administrativo común de las administraciones públicas, y de más derechos reconocidcs en otras normas.

b) El artículo 12 de la Ley 39/2015, de 2 de octubre, del procedimiento administrativo común de las administraciones públicas, y de más derechos reconocidcs en otras normas.

c) El artículo 13 de la Ley 39/2015, de 2 de octubre, del procedimiento administrativo común de las administraciones públicas, y de más derechos reconocidos en otras normas.

d) El artículo 14 de la Ley 39/2015, de 2 de octubre, del procedimiento administrativo común de las administraciones públicas, y de más derechos reconocidos en otras normas.

18. Indica qué derechos reconoce a la ciudadanía la Ordenanza reguladora de la administración digital en el Ayuntamiento de A Coruña:

a) Derecho al acceso y utilización de los medios y servicios digitales de la Administración, con independencia de las herramientas tecnológicas empleadas, en condiciones de seguridad técnica y jurídica.

.

b) Derecho al acceso a recibir información pública de calidad, accesible, actualizada y comprensible a través de los medios digitales.

c) Derecho a conocer las modalidades, los soportes o formatos en los que la información está disponible, así como el formato en que se conserva la misma.

d) Todas son correctas.

19. Cuando las personas interesadas en un procedimiento sean desconocidas, se ignore el lugar de la notificación o bien, intentada esta, no fuese posible practicarla en los términos establecidos legalmente, la notificación se hará mediante:

a) La publicación de un anuncio en el Tablón de edictos único y/o en el boletín oficial correspondiente.

b) La publicación de un anuncio en el Tablón de edictos único.

c) La publicación de un anuncio en el en el boletín oficial de la provincia.

d) La publicación de un anuncio en el boletín oficial del Estado.

20. El Título I, Preliminar, de la Ordenanza reguladora de la administración digital en el Ayuntamiento de A Coruña regula la red de apoyo a la administración digital. Indica en qué Capítulo:

a) 2.

b) 3.

c) 4.

d) 5.

21. El Título I, Preliminar, de la Ordenanza reguladora de la administración digital en el Ayuntamiento de A Coruña regula la red de apoyo a la administración digital. Indica en qué artículos:

a) 21 a 25.

b) 22 a 26.

c) 22 a 25.

d) 23 a 25.

22. El aviso legal informará a las personas usuarias sobre:

a) La disponibilidad, accesibilidad y calidad de la información y de los servicios, tales como la política de protección de datos personales, política de cookies, responsabilidad por la información y servicios prestados, condiciones para la reutilización de la información difundida y propiedad intelectual aplicable.

b) La disponibilidad, accesibilidad y de los servicios, tales como la política de protección de datos personales, política de cookies, responsabilidad por la información y servicios prestados, condiciones para la reutilización de la información difundida y propiedad intelectual aplicable.

c) La disponibilidad, accesibilidad y calidad de la información y de los servicios, tales como la política de protección de datos personales, responsabilidad por la información y servicios prestados, condiciones para la reutilización de la información difundida y propiedad intelectual aplicable.

d) La disponibilidad, accesibilidad y calidad de la información y de los servicios, tales como la política de protección de datos personales, política de cookies y servicios prestados, condiciones para la reutilización de la información difundida y propiedad intelectual aplicable.

23. Con carácter general, tienen la obligación de relacionarse por medios electrónicos con la Administración de la entidad local:

a) Los/as empresarios/as autónomos/as en el marco de las actuaciones que realicen en su condición de empresario/a individual o autónomo/a.

b) Los/as empresarios/as individuales o autónomos/as en el marco de las actuaciones que realicen en su condición de empresario/a individual o autónomo./a.

c) Los/as empresarios/as individuales en el marco de las actuaciones que realicen en su condición de empresario/a individual o autónomo/a.

d) Los/as empresarios/as públicos en el marco de las actuaciones que realicen en su condición de empresario/a individual o autónomo/a.

24. La notificación por comparecencia consiste en:

a) El acceso de la persona interesada, o de su representante debidamente identificado, al contenido de la actuación administrativa correspondiente, mediante la sede electrónica del Ayuntamiento de A Coruña.

b) El acceso de la persona interesada al contenido de la actuación administrativa correspondiente, mediante la sede electrónica del Ayuntamiento de A Coruña.

c) El acceso de la persona interesada, o de su representante debidamente identificado, al contenido de la actuación pública correspondiente, mediante la sede electrónica del Ayuntamiento de A Coruña.

d) El acceso de la persona interesada, o de su representante debidamente identificado, al contenido de la actuación administrativa correspondiente, mediante la sede telemática del Ayuntamiento de A Coruña.

25. En el marco de la utilización de los medios electrónicos en la actividad administrativa y en sus relaciones con la entidad local, y para garantizar el buen funcionamiento y gestión de la información, comunicaciones, procesos y aplicaciones de la administración digital, la actuación de la ciudadanía estará presidida por los deberes establecidos en la legislación estatal y autonómica aplicable y, en especial, indica por cuáles:

a) Deber de actuar de buena fe, evitando el abuso en el acceso a la información y en el uso de los servicios y procedimientos de la administración.

b) Deber de facilitar información veraz, completa y actualizada, adecuada a las finalidades para las que se solicita.

c) Deber de custodiar aquellos elementos identificativos personales e intransferibles utilizados en las relaciones administrativas por medios electrónicos con la entidad local.

d) Todas son correctas.

26. Las consultas que se realicen mediante las plataformas puestas a disposición por el Ayuntamiento deben garantizar:

a) Valor probatorio para los efectos previstos en el procedimiento administrativo común.

b) Valor probatorio para los efectos previstos en el procedimiento administrativo general.

c) Valor probatorio para los efectos previstos en el procedimiento administrativo especial.

d) Valor probatorio para los efectos previstos en el procedimiento administrativo específico.

27. En el ámbito de la Administración de la entidad local, las oficinas de atención presencial se clasifican, en función de sus capacidades y del tipo de servicios que prestan. Indica en qué categorías:

a) Oficinas de atención ciudadana que asumen las funciones de las oficinas de asistencia en materia de registro, de acuerdo con la normativa sobre procedimiento administrativo.

b) Puntos especializados de apoyo para la realización de trámites en determinadas materias, que prestan labores auxiliares de registro y digitalización.

c) Son correctas a) y b).

d) Ninguna es correcta.

28. Indica cuáles son las funciones de las oficinas de atención ciudadana:

a) Facilitar información sobre los servicios y trámites de la entidad local y de otras administraciones públicas.

b) Recibir la presentación de solicitudes, escritos y comunicaciones que las personas interesadas dirijan a los órganos de cualquiera administración, y entregar el correspondiente recibo que acredite la fecha y hora de la mencionada presentación.

c) Facilitar a las personas interesadas el código de identificación del órgano, centro o unidad administrativa al que dirigen sus solicitudes, comunicaciones y escritos.

d) Todas son correctas.

29. El Título V, Registro electrónico, comunicaciones y notificaciones de la Administración municipal, de la Ordenanza reguladora de la administración digital en el Ayuntamiento de A Coruña, regula las notificaciones. Indica en qué Capítulo:

a) 1.

b) 2.

c) 3.

d) 4.

30. El Título V, Registro electrónico, comunicaciones y notificaciones de la Administración municipal, de la Ordenanza reguladora de la administración digital en el Ayuntamiento de A Coruña, regula las notificaciones. Indica en qué artículos:

a) 84 a 90.

b) 85 a 90.

c) 84 a 91.

d) 86 a 90.

31. Indica cuáles son las funciones de los puntos especializados de apoyo para la realización de trámites en determinadas materias, que prestan labores auxiliares de registro y digitalización:

a) Facilitar información sobre los servicios y trámites de la entidad local y de otras administraciones públicas relacionados con esa materia determinada y, en la medida de sus posibilidades, con otras materias propias de la gestión municipal.

b) Recibir solicitudes, escritos y comunicaciones que las personas interesadas dirijan a esos órganos especializados por razón de esa materia, y entregar el correspondiente recibo que acredite la data y hora de la mencionada presentación.

c) Facilitar a las personas interesadas el código de identificación del órgano, centro o unidad administrativa de carácter sectorial a la que dirigen sus solicitudes, comunicaciones y escritos.

d) Todas son correctas.

32. La atención ciudadana presencial se fundamenta en:

a) Un sistema de relación y de comunicación con las personas integral, corporativo e multidepartamental.

b) Un sistema de relación con las personas integral, corporativo e multidepartamental.

c) Un sistema de comunicación con las personas integral, corporativo e multidepartamental.

d) Un sistema de relación y de comunicación con las personas integral, gubernativo e multidepartamental.

33. El Ayuntamiento de A Coruña deberá adoptar las medidas necesarias para la protección de los datos personales que consten en:

a) Las resoluciones y actos administrativos, cuando tengan por destinataria a más de una persona interesada, así como aplicar, en su caso, otros límites previstos en la legislación vigente sobre protección de datos de carácter personal.

b) Las resoluciones, cuando tengan por destinataria a más de una persona interesada, así como aplicar, en su caso, otros límites previstos en la legislación vigente sobre protección de datos de carácter personal.

c) Los actos administrativos, cuando tengan por destinataria a más de una persona interesada, así como aplicar, en su caso, otros límites previstos en la legislación vigente sobre protección de datos de carácter personal.

d) Las resoluciones y actos administrativos, cuando tengan por destinataria a más de una persona interesada, así como aplicar, en su caso, otros límites previstos en la ley vigente sobre protección de datos de carácter personal.

34. Las medidas necesarias para la protección de los datos personales podrán incluir, entre otras:

a) La utilización de iniciales, la transcripción para la certificación parcial de acuerdos, en su caso, generada automáticamente mediante el uso de metadatos, o el uso de anexos excluidos de certificación y posterior notificación.

b) La utilización de iniciales, la transcripción para la certificación parcial de resoluciones, en su caso, generada automáticamente mediante el uso de metadatos, o el uso de anexos excluidos de certificación y posterior notificación.

c) La utilización de iniciales, la transcripción para la certificación parcial de acuerdos y resoluciones, en su caso, generada automáticamente mediante el uso de metadatos, o el uso de anexos excluidos de certificación y posterior notificación.

d) La utilización de iniciales, la transcripción para la certificación parcial de acuerdos y resoluciones, en su caso, generada automáticamente mediante el uso de datos, o el uso de anexos excluidos de certificación y posterior notificación.

35. Indica cuáles son los requisitos, entre otros, para que la comparecencia electrónica permita la práctica de la notificación:

a) Deberá quedar acreditación de la identificación de la persona que accede a la notificación, de acuerdo con lo que disponga el Ayuntamiento de A Coruña.

b) Deberá informarse de forma claramente identificable de que el acceso de la persona interesada al contenido tendrá el carácter de notificación para los efectos legales oportunos.

c) Son correctas a) y b).

d) Es correcta únicamente la letra b).

36. La creación, modificación y supresión de las oficinas de asistencia en materia de registro corresponde:

a) Al titular del órgano competente en materia de atención ciudadana.

b) Al titular del órgano competente en materia de atención cívica.

c) Al titular del órgano competente en materia de atención popular.

d) Al titular del órgano competente en materia de atención civil.

37. Indica cuales son las funciones de las oficinas de atención ciudadana, que asumen las funciones de las oficinas de asistencia en materia de registro:

a) Enviar las solicitudes, los escritos y las comunicaciones a los órganos competentes de la entidad local y de otras administraciones públicas.

b) Otorgar apoderamientos apud acta a quien tenga la condición de persona interesada en un procedimiento administrativo y comparezca personalmente.

c) Inscribir la representación de las personas que lo soliciten en el registro electrónico de representación de la entidad local.

d) Todas son correctas.

38. Toda notificación deberá ser cursada dentro de un plazo a partir de la fecha en que el acto fuese dictado. Indica cuál es este plazo:

a) 10 días.

b) 15 días.

c) 20 días.

d) 30 días.

Solución al test n.º 18

1. a) Identidad.

2. d) Disponibilidad.

3. d) El medio elegido por la persona para comunicarse con las Administraciones Públicas no puede ser modificado a lo largo del procedimiento.

4. a) Los empleados de las Administraciones Públicas en toda relación con estas.

5. d) Sí, podrá obligarse reglamentariamente para determinados procedimientos y para ciertos colectivos de personas físicas que, por razón de su capacidad económica, técnica, dedicación profesional u otros motivos quede acreditado que tienen acceso y disponibilidad de los medios electrónicos necesarios.

6. b) 2 meses.

7. b) Firma electrónica avanzada.

8. c) Canales.

9. c) El interesado se identifique ante el funcionario y preste su consentimiento expreso para esta actuación.

10. c) Coordinación.

11. d) Portal de internet.

12. a) Cualquier acto o actuación realizada íntegramente a través de medios electrónicos por una Administración Pública en el marco de un procedimiento administrativo y en la que no haya intervenido de forma directa un empleado público.

13. b) La actuación de una Administración Pública, órgano, organismo público o entidad de derecho público, cuando utilice medios electrónicos, se realizará mediante firma electrónica del titular del órgano o empleado público.

14. d) Todas son correctas.

15. b) 3.

16. a) 10 a 16.

17. c) El artículo 13 de la Ley 39/2015, de 2 de octubre, del procedimiento administrativo común de las administraciones públicas, y de más derechos reconocidos en otras normas.

18. d) Todas son correctas.

19. a) La publicación de un anuncio en el Tablón de edictos único y/o en el boletín oficial correspondiente.

20. c) 4.

21. c) 22 a 25.

22. a) La disponibilidad, accesibilidad y calidad de la información y de los servicios, tales como la política de protección de datos personales, política de cookies, responsabilidad por la información y servicios prestados, condiciones para la reutilización de la información difundida y propiedad intelectual aplicable.

23. b) Los/ as empresarios/as individuales o autónomos/as en el marco de las actuaciones que realicen en su condición de empresario/a individual o autónomo/a.

24. a) El acceso de la persona interesada, o de su representante debidamente identificado, al contenido de la actuación administrativa correspondiente, mediante la sede electrónica del Ayuntamiento de A Coruña.

25. d) Todas son correctas.

26. a) Valor probatorio para los efectos previstos en el procedimiento administrativo común.

27. c) Son correctas a) y b).

28. d) Todas son correctas.

29. d) 4.

30. a) 84 a 90.

31. d) Todas son correctas.

32. a) Un sistema de relación y de comunicación con las personas integral, corporativo e multidepartamental.

33. a) Las resoluciones y actos administrativos, cuando tengan por destinataria a más de una persona interesada, así como aplicar, en su caso, otros límites previstos en la legislación vigente sobre protección de datos de carácter personal.

34. c) La utilización de iniciales, la transcripción para la certificación parcial de acuerdos y resoluciones, en su caso, generada automáticamente mediante el uso de metadatos, o el uso de anexos excluidos de certificación y posterior notificación.

35. c) Son correctas a) y b).

36. a) Al titular del órgano competente en materia de atención ciudadana.

37. d) Todas son correctas.

38. a) 10 días.

Cómo acceder al Curso

Auxiliar Administrativo/a
Test del temario

El uso de los códigos **es exclusivo de los compradores de los productos de Editorial MAD**. Cada producto posee un código único y de un solo uso. Es personal e intransferible y da acceso a servicios y contenidos adicionales. Editorial MAD se reserva el derecho de hacer cuantas comprobaciones sean necesarias para identificar al legítimo poseedor del código y dejar de dar servicio a quien haga uso fraudulento del mismo, además de emprender cuantas acciones legales estime oportunas según la legislación vigente.

Deberás acceder a:

mad.es/registro-campus

Si una vez aceptadas las condiciones de uso del Campus decides hacer uso del mismo, necesitarás del siguiente código de acceso junto con los códigos del resto de títulos que se exigen (si fuera el caso):

SWJ7MV5BI6